Das rückwirkend fingierte Verschulden im Rahmen der Erbenhaftung

Forschungen zum deutschen und internationalen Erb- und Familienrecht

Herausgegeben von Christina Eberl-Borges und Rudolf Meyer-Pritzl

Band 12

PETER LANG

Thomas Mark Gramlich

Das rückwirkend fingierte Verschulden im Rahmen der Erbenhaftung

PETER LANG

Bibliografische Information der Deutschen Nationalbibliothek
Die Deutsche Nationalbibliothek verzeichnet diese Publikation in der Deutschen Nationalbibliografie; detaillierte bibliografische Daten sind im Internet über http://dnb.d-nb.de abrufbar.

Zugl.: Kiel, Univ., Diss., 2019.

Umschlaggestaltung: © Olaf Gloeckler, Atelier Platen, Friedberg

D 8
ISSN 1868-694X
ISBN 978-3-631-78732-8 (Print)
E-ISBN 978-3-631-78851-6 (E-PDF)
E-ISBN 978-3-631-78852-3 (EPUB)
E-ISBN 978-3-631-78853-0 (MOBI)
DOI 10.3726/b15566

Peter Lang – Berlin · Bern · Bruxelles · New York · Oxford · Warszawa · Wien

Diese Publikation wurde begutachtet.

www.peterlang.com

Danksagung

Die vorliegende Arbeit wurde im Wintersemester 2018 von der Rechtswissenschaftlichen Fakultät der Christian-Albrechts-Universität zu Kiel als Dissertation angenommen. Rechtsprechung und Literatur wurden bis einschließlich Januar 2019 berücksichtigt.

Ich bedanke mich herzlich bei meinem Doktorvater Herrn Univ.-Prof. Dr. Rudolf Meyer-Pritzl für die sehr gute Betreuung während meines Promotionsvorhabens. Frau Univ.-Prof. Dr. Saskia Lettmaier danke ich für die zügige Erstellung des Zweitgutachtens.

Mein Dank geht auch an die Herausgeber der zivilrechtlichen Schriften „Forschung zum deutschen und internationalen Erb- und Familienrecht", Frau Univ.-Prof. Dr. Eberl-Borges und Herrn Univ.-Prof. Dr. Rudolf Meyer-Pritzl, für die Aufnahme meiner Arbeit in die Schriftenreihe.

An dieser Stelle möchte ich aber auch meiner Familie danken. Mein besonders herzlicher Dank gilt meinen Eltern, Regina und Ronald Gramlich, für ihre immer fortwährende Unterstützung. Ohne sie wäre mein bisheriger Lebensweg nicht möglich gewesen. Ich danke aber auch genauso herzlich meinem Bruder, Lars Gramlich, meinen Großeltern, Dora und Günther Beyer, sowie meiner Großtante, Christel Rahn, und meinem Großonkel, Gunter Rahn.

Thomas Mark Gramlich

Inhaltsverzeichnis

A. Einleitung

Das Bürgerliche Gesetzbuch bestimmt, dass bei einem Erbfall das Vermögen auf den Erben übergeht, § 1922 Abs. 1 BGB. Die sogenannte Universalsukzession hat aber nicht nur die Folge, dass die Aktiva eines Nachlasses auf den Erben übergehen, sondern auch die Passiva nach § 1967 Abs. 1 BGB. Übersteigen die Aktiva deutlich die Passiva einer Erbschaft, so wird der Erbe in der Regel die Erbschaft annehmen, weil er am Ende durch die Erbschaft immer noch einen Vermögenszuwachs verzeichnen kann. In den Fällen, in denen die Passiva die Aktiva der Erbschaft übersteigen, wird sich der Erbe meistens dazu entscheiden, die Erbschaft nach den §§ 1942 Abs. 1, 1953 Abs. 1 BGB auszuschlagen.

Allerdings können einige Erbschaften auf den ersten Blick nicht einer dieser Gruppen zugeordnet werden bzw. es ist in der relativ kurzen Frist von sechs Wochen zur Ausschlagung (§ 1944 Abs. 1 BGB) nicht möglich, einen exakten Überblick über die Aktiva und Passiva der Erbschaft zu bekommen. In diesen Fällen muss sich der Erbe zwischen Annahme und Ausschlagung entscheiden. Dabei wird seine Entscheidung maßgeblich davon geprägt sein, dass das Stichwort der „Erbenhaftung" wie ein Damoklesschwert über ihm schwebt. Der damalige Gesetzgeber hat sich aber dafür entschieden, dem Erben die Möglichkeit von Haftungsbeschränkungen zu gewähren, sodass er auch nach Annahme der Erbschaft seine Haftung auf den Nachlass beschränken kann.

Bezüglich der Regelungen zu den Haftungsbeschränkungsmöglichkeiten des Erben wird dem damaligen Gesetzgeber allerdings vorgeworfen, sich als „Fallensteller"[1] betätigt zu haben. Der Erbe unterliegt nämlich einem Trugschluss, wenn er glaubt, dass sein Eigenvermögen nun endgültig vor dem Zugriff der Nachlassgläubiger gesichert ist, denn mit dem Erheben einer Haftungsbeschränkungsmöglichkeit setzt sich der Erbe der Gefahr der Haftung aus § 1978 Abs. 1 BGB aus. Die Pflichten, die den Erben nach § 1978 Abs. 1 BGB treffen, richten sich vor der Erbschaftsannahme nach der Geschäftsführung ohne Auftrag und nach der Erbschaftsannahme nach dem Auftragsrecht. Über den Verweis auf das Auftragsrecht ergeben sich Auskunfts-, Rechenschafts- und Herausgabepflichten, aber auch eine Schadensersatzpflicht, wenn der Nachlass durch eine Schlechtverwaltung reduziert wurde. Diese Haftung des Erben ist zum einem aus dem Grund gefährlich, weil er mit seinem Eigenvermögen für den Schadensersatzanspruch aus § 1978 Abs. 1 BGB haftet, und zum anderen, weil der Erbe wegen

1 *Muscheler*, ErbR II, Rn. 3541.

§ 1922 Abs. 1 BGB Eigentümer mit dem Erbfall wurde und als solcher zur nachlasserhaltenden sowie auch zu einer nachlassmindernden Nachlassverwaltung grundsätzlich befugt ist. Durch die Behandlung des Erben als Beauftragten bzw. im Falle des § 1978 Abs. 1 S. 2 BGB als Geschäftsführer ohne Auftrag kommt man zu dem ungewöhnlichen Ergebnis, dass die dem Erben als Eigentümer grundsätzlich zustehende Verwaltungsbefugnis für die in der Vergangenheit liegenden Verwaltungsmaßnahmen abhandenkommt und gleichzeitig die getätigten Verwaltungsmaßnahmen als Pflichtverletzung gegenüber den Nachlassgläubigern eingestuft werden, sofern sie nachlassmindernde Auswirkungen hatten. Für einen Schadensersatzanspruch aus §§ 1978 Abs. 1 S. 1, 280 Abs. 1, 662 BGB ist aber auch ein Verschulden des Erben erforderlich. Auch dies ist nicht unproblematisch zu bejahen, da der Erbe doch im Zeitpunkt der Verwaltungsmaßnahme der materielle Rechtsinhaber des Nachlasses war und als solcher auch zu nachlassmindernden Handlungen befugt war.

Die Arbeit beginnt mit einer Darstellung der vorhandenen Regelungen der Erbenhaftung, um einen Überblick über das oft als schwierig[2] bezeichnete Rechtsgebiet zu ermöglichen. Im Anschluss wird die Regelung des § 1978 Abs. 1 BGB vorgestellt und genau untersucht.

Es ist das Ziel der Arbeit, einen Lösungsansatz zu präsentieren, wie ein Verschulden im Rahmen der Regelung des § 1978 Abs. 1 BGB konstruiert werden kann, wenn im Zeitpunkt der vom Erben vorgenommenen nachlassmindernden Handlung noch gar keine Verwaltungspflicht gegenüber den Nachlassgläubigern bestand. Es wird dabei so vorgegangen, dass zunächst der Versuch unternommen wird, eine ähnliche Haftungsverfassung im übrigen Zivilrecht zu finden, um so die Haftungsverfassung des § 1978 Abs. 1 BGB besser in das Gesamtgefüge der Haftungsverhältnisse einordnen zu können. Im Anschluss daran soll ein Vorschlag entwickelt werden, wie eine Haftung des Erben aus § 1978 Abs. 1 BGB dogmatisch begründet werden kann und ob eine Korrektur der Haftung vorgenommen werden muss.

Die dogmatische Begründung des Verschuldens des Erben ist von großer Bedeutung, weil ansonsten mangels Verschuldens ein Schadensersatzanspruch der Nachlassgläubiger gegen den Erben aus §§ 1978 Abs. 1 S. 1, 280 Abs. 1, 662 BGB leerlaufen würde und so die Durchsetzung der Interessen der Nachlassgläubiger gefährdet wäre. Mit dieser dogmatischen Begründung hat sich die

---

2 *Olzen* Jura 2001, 520, 520; *Graf,* ZEV 2000, 125, 126; Staudinger-*Dutta,* Vorbem. zu §§ 1967 ff. BGB, Rn. 49; *Schreiber* Jura 2010, 117; *Muscheler,* ErbR II, Rn. 3539–3543; *Lange/Kuchinke,* ErbR, S. 1188; *Dauner-Lieb,* Sondervermögen, S. 65.

Literatur noch nahezu gar nicht beschäftigt, sodass auch der Bedarf für eine derartige Arbeit vorhanden ist.

Der zweite Schwerpunkt dieser Ausarbeitung liegt in der Frage, ob der Gesetzgeber mit der Regelung des § 1978 Abs. 1 BGB einen Haftungstatbestand geschaffen hat, bei dem sowohl die Interessen des Erben als auch die Interessen der Nachlassgläubiger in einem angemessenen Verhältnis beachtet wurden, oder ob sich der Gesetzgeber tatsächlich als „Fallensteller"[3] betätigt hat. Je nach Ergebnis dieser Untersuchung soll eine Lösung *de lege lata* sowie *de lege ferenda* präsentiert werden.

Im Anschluss daran erfolgt eine kurze rechtsvergleichende Betrachtung zu den Regelungen der Schweiz über die Erbenhaftung. Besonderes Augenmerk wird dabei auf die Ausgestaltung der Verwaltungshaftung des Erben gelegt, um Unterschiede zur hiesigen Rechtsordnung hinsichtlich der Gewichtung der Interessen des Erben und der Nachlassgläubiger herausarbeiten zu können.

---

3 *Muscheler,* ErbR II, Rn. 3541.

B. Wichtige Begrifflichkeiten

Bevor auf die Regelungen der Erbenhaftung eingegangen werden kann, müssen die Grundbegriffe geklärt werden. Dazu gehören die Begriffe Schuld und Haftung sowie die denkbaren Haftungsverfassungen.

I. Begriff der Schuld und der Haftung

Bei Schuld und Haftung handelt es sich um zwei unterschiedliche Begriffe, die sich jedoch gegenseitig bedingen, denn beide entstehen durch das vom Schuldner und Gläubiger abgeschlossene Rechtsgeschäft.[4] *Larenz* beschreibt die Haftung daher auch als den „Schatten“ der Schuld.[5] Zunächst jedoch zur Schuld. Der Begriff der Schuld wird als „rechtliches Leistensollen“ definiert.[6] Die Schuld fordert den Schuldner dazu auf, seine Leistung zu erbringen.[7] Kommt der Schuldner diesem Leistungsbegehren nicht nach, so kommt der zweite Begriff ins Spiel, die Haftung.

Die Haftung hat im Gegensatz zur Schuld keinen fordernden Charakter, sondern sie „exekutiert“, sie vollzieht also.[8] Nicht zu verwechseln ist die Haftung mit der Haftung im Sinn der Verantwortlichkeit.[9] So bestimmt zum Beispiel § 1 Abs. 1 ProHaftG eine „Haftung“ des Produktherstellers. Im Rahmen dieser Norm ist unter „Haftung“ allerdings nur die Verantwortlichkeit für einen Schaden zu verstehen.[10] Die Bedeutung des hier vorgestellten Haftungsbegriffs ist das „Zugriffsrecht des Gläubigers“ bzw. aus Sicht des Schuldners das „Unterworfensein“ unter dem Zugriffsrecht des Schuldners.[11]

Das Haftungsobjekt ist das Vermögen des Schuldners.[12] Der Schuldner haftet grundsätzlich mit seinem ganzen Vermögen, also persönlich.[13] Zusammengefasst lässt sich sagen, dass die Haftung mit dem ganzen Vermögen den Schuldner

---

4 *Muscheler,* ErbR II, Rn. 3378 f.
5 *Larenz,* SchuldR I, S. 22; *Kreß,* Allg. SchuldR, S. 541 zu der Schuld ohne Haftung.
6 *Muscheler,* ErbR II, Rn. 3378.
7 *Muscheler,* ErbR II, Rn. 3378; *v. Tuhr, BGB* AT, S. 11.
8 *Muscheler,* ErbR II, Rn. 3378.
9 *Larenz,* SchuldR I, S. 22.
10 *Larenz,* SchuldR I, S. 22.
11 *v. Tuhr, BGB* AT, S. 11 zur Gläubigersicht; *Larenz,* SchuldR I, S. 21–22 zur Schuldnersicht.
12 *v. Tuhr, BGB* AT, S. 19.
13 *Muscheler,* ErbR II, Rn. 3379; *Larenz,* SchuldR I, S. 21; *Kreß,* Allg. SchuldR, S. 539.

ein gewisses Risiko aussetzt und so dafür sorgt, dass der Schuldner sich an seine Leistungspflicht hält.[14]

Das Gesetz ordnet an einigen Stellen an, dass die Haftung des Schuldners beschränkt sein soll, zum Beispiel die beschränkte Erbenhaftung, wenn eine Nachlassverwaltung angeordnet ist oder das Nachlassinsolvenzverfahren eröffnet wurde, § 1975 BGB.

Die unbeschränkte Haftung hat zur Folge, dass Schuld und Haftung in gleicher Höhe bestehen. Die beschränkte Haftung führt dazu, dass die Schuld höher ist als die Haftung.[15]

II. Haftungsverfassungen

Wie oben bereits dargestellt, gibt es zunächst die unbeschränkte und die beschränkte Haftung. Bei der beschränkten Haftung kann wieder zwischen zwei Haftungsmöglichkeiten unterschieden werden. Bei der sog. „pro-viribus-Haftung" (rechnerische Haftung) wird die Haftung rechnerisch auf einen Betrag reduziert. Die „pro-viribus-Haftung" wird aber zurecht nicht als echte unbeschränkte Haftungsverfassung angesehen, weil sie nur die Schuld um den rechnerischen Betrag reduziert, aber die Haftung für diese Schuld unbeschränkt lässt.[16] Die zweite denkbare beschränkte Haftungsmöglichkeit ist die „cum-viribus-Haftung" (gegenständlich beschränkte Haftung). Bei ihr wird ein Teil des Vermögens der Vollstreckung entzogen.[17] Im Gegensatz zur „pro-viribus-Haftung" bleibt die Schuld in unveränderter Höhe bestehen und die Haftung wird beschränkt.[18]

---

14 *Muscheler*, ErbR II, Rn. 3379.

15 *Kreß*, Allg. SchuldR, S. 544.

16 *Muscheler*, ErbR II, Rn. 3383; *Kreß*, Allg. SchuldR, S. 545.

17 *Muscheler*, ErbR II, Rn. 3384.

18 *Muscheler*, ErbR II, Rn. 3384.

C. Die Erbenhaftung in den Entwürfen der Ersten und Zweiten Kommission

Entscheidend für die Ausgestaltung der Erbenhaftung ist, ob das Gesetz das Vermögen des Erblassers im Wege eines Vonselbsterwerbs auf den Erblasser übergehen lässt oder ob es eines Erwerbsaktes des Erben bedarf.[19] Die Väter des BGB haben sich dafür entschieden, dass der Erbe das Vermögen (Rechte und Verbindlichkeiten) kraft Gesetzes erwirbt.[20] Für die Nachlassverbindlichkeiten soll er nach damaligem Entwurf unbeschränkt, aber mit der Möglichkeit der Beschränkung haften.[21] Ein Mittel zur Haftungsbeschränkung war im Ersten Entwurf das sog. Inventarrecht.[22] Der Begriff „Inventarrecht" ist missverständlich, denn er erweckt den Eindruck, dass die beschränkte Haftung allein deshalb eintritt, weil ein Inventar errichtet wurde.[23] Die Haftungsbeschränkung war im Ersten Entwurf aber nur zu erreichen, wenn der Erbe den Nachlasskonkurs beantragte oder sich auf die sogenannte Abzugseinrede berief.[24] Die Abzugseinrede eröffnete den Erben die Möglichkeit, die Forderungen der Nachlassgläubiger zu kürzen, und zwar um den Wert, den sie im Falle eines Nachlasskonkurses weniger erhalten hätten.[25] Problematisch an der Abzugseinrede war, dass sie zu einer Haftung *pro viribus* führte, wohingegen die Eröffnung des Nachlasskonkurses eine gegenständliche Haftung (*cum viribus*) des Erben bedeutete.[26] Die Abzugseinrede schaffte es nicht in die endgültige Fassung des BGB, weil ansonsten die Einheit des Haftungssystems nicht hätte verwirklicht werden können.[27] Außerdem sei es eine „Ungeheuerlichkeit", beim Erben genaue Kenntnisse vom Nachlasskonkursverfahren vorauszusetzen, damit dieser die Höhe der Kürzung der

---

19 Vgl. *Schlüter/Röthel*, ErbR, § 31 Rn. 2.

20 E I §§ 2051, 2092 Abs. 2; Mot. V, S. 526.

21 Vgl. Mot. V, S. 604.

22 E I § 2092; Mot. V, S. 604.

23 Zur Missverständlichkeit des Begriffs: Mot. V, S. 606; *Muscheler*, ErbR II, Rn. 3480; *Binder*, ErbR, S. 42; *Endemann*, ErbR, S. 111.

24 Mot. V, S. 604 f.

25 E I § 2133 ff.; Mot. V, S. 605.

26 E I § 2133 Abs. 1 u. Abs. 3; Mot. V, S. 605.

27 *Planck*, Vorbem. zu §§ 1967 ff. BGB, S. 127.

Forderung bestimmen konnte.[28] Von der Zweiten Kommission wurde noch die Nachlassverwaltung eingeführt, die ebenfalls eine Haftungsbeschränkung nach sich zieht.[29]

28 *Binder,* ErbR, S. 67.
29 *Martin,* Erbenhaftung, S. 26.

D. Die bestehenden Regelungen zur Erbenhaftung

Um ein besseres Verständnis für die Regelungen der Erbenhaftung zu erhalten, sollen sie hier vorgestellt werden. Die folgende Darstellung bezweckt, einen anschaulichen Überblick über die ansonsten als kompliziert[30] geltenden Vorschriften der §§ 1967 ff. BGB zu geben. Ohne vorherige Erläuterung des Regelungskomplexes der §§ 1967 ff. BGB, ist es nicht möglich, die Haftung des Erben gegenüber den Nachlassgläubigern aus § 1978 Abs. 1 BGB in ihren Details zu verstehen und gegebenenfalls Unstimmigkeiten ausfindig zu machen.

I. Ausgangslage

1. Regelungsziel der Erbenhaftung

Das Ziel der §§ 1967 ff. BGB ist es, drei unterschiedliche Interessen in Einklang zu bringen. Der Erbe möchte nicht bzw. nur mit dem Nachlass haften, die Gläubiger des Erblassers wollen den Erben mit Nachlass und Eigenvermögen haften lassen und die Eigengläubiger wollen ihre Forderungen aus dem Eigenvermögen und Nachlass befriedigen.[31]

2. Herleitung der Erbenhaftung

In § 1922 Abs. 1 BGB heißt es, dass das Vermögen als Ganzes mit dem Tod einer Person auf eine oder mehrere andere Personen übergeht. Die erste Frage, die sich dabei stellt, ist, ob auch die Verbindlichkeiten im Rahmen dieser Universalsukzession auf den Erben übergehen. Eine entscheidende Rolle spielt dabei die Vorschrift des § 1967 Abs. 1 BGB, die anordnet, dass der Erbe für Nachlassverbindlichkeiten haftet. Das Wort „haftet“ in § 1967 Abs. 1 BGB legt nahe, dass der Erbe nur als haftende Person herangezogen wird, aber nicht Schuldner der Nachlassverbindlichkeiten wird.[32] Für diesen Standpunkt spricht, dass die erste Entwurfsfassung noch davon ausging, dass die einzelnen

---

30 *Olzen* Jura 2001, 520, 520; *Graf,* ZEV 2000, 125, 126; Staudinger-*Dutta,* Vorbem. zu §§ 1967 ff. BGB, Rn. 49; *Schreiber* Jura 2010, 117; *Muscheler,* Erbrecht II, Rn. 3539–3543; *Lange/Kuchinke,* ErbR, S. 1188; *Dauner-Lieb,* Sondervermögen, S. 65.

31 Müko-*Küpper,* Vor § 1967 BGB, Rn. 2.

32 *Lange/Kuchinke,* ErbR, S. 87.

Rechte und Verbindlichkeiten auf den oder die Erben übergehen sollten.[33] Später wurde sie in die heutige Bestimmung umgestaltet und § 1967 Abs. 1 BGB wurde eingeführt. Gegen die Ansicht, dass die Universalsukzession in § 1922 Abs. 1 BGB Verbindlichkeiten nicht erfasst, kann man zweierlei entgegenhalten: Der Wortlaut in § 1922 Abs. 1 BGB spricht vom „Vermögen als Ganzes"[34] und zweitens findet § 1922 Abs. 1 BGB auch Anwendung, wenn es sich um einen verschuldeten Nachlass handelt. Bei einem überschuldeten Nachlass stellen die Passiva das Vermögen dar.[35] Gegen das Wortlaut-Argument wird wiederum angeführt, dass dies nur die Universalsukzession zum Ausdruck bringen soll.[36] Die h.M.[37] geht jedoch davon aus, dass die Verbindlichkeiten im Wege der Universalsukzession übergehen und damit § 1967 Abs. 1 BGB nur eine deklaratorische Wirkung zukommt. Nicht zuletzt auch deshalb, weil der Vorgang der Gesamtrechtsnachfolge ansonsten in zwei Vorgänge aufgespaltet wird, nämlich in den Erwerb der Rechte nach § 1922 Abs. 1 BGB und den Erwerb der Verbindlichkeiten nach § 1967 Abs. 1 BGB.[38] Erwirbt der Erbe die Verbindlichkeiten, so ist es nur logisch, wenn § 1967 Abs. 1 BGB so zu verstehen ist, dass der Erbe Schuldner wird[39] und nicht lediglich als haftende Person herangezogen wird[40]. Der Begriff „haftet" ist an dieser Stelle des Gesetzes untechnisch zu verstehen.[41]

Subjekt der Erbenhaftung nach den §§ 1967 ff. BGB ist also der Erbe, der im Wege der Universalsukzession nach § 1922 Abs. 1 BGB sowohl in die Rechte als auch in die Verbindlichkeiten des Erblassers eingetreten ist.

---

33 E I § 2051; *Lange/Kuchinke,* ErbR, S. 86 Fn. 19.

34 Planck-*Flad,* § 1922 BGB, S. 15; *v. Breska,* Nachlassverbindlichkeiten, S. 16.

35 RGRK-*Kregel,* § 1922 BGB, Rn. 10.

36 *Lange/Kuchinke,* ErbR, S. 97 Fn. 29.

37 BGH NJW 1960, 1715, 1715; Planck-*Flad,* § 1922 BGB, S. 15; RGRK-*Kregel,* § 1922 BGB, Rn. 10; *Brox/Walker,* ErbR, § 1 Rn. 11; Staudinger-*Dutta,* Vorbem. zu §§ 1967 ff. BGB, Rn. 7; *Muscheler,* Universalsukzession, S. 11–13; a.A. *Kipp/Coing,* ErbR, S. 502; *Martin,* Erbenhaftung, S. 15–16.

38 MüKo-*Leipold,* § 1922 BGB, Rn. 16; RGRK-*Kregel,* § 1922 BGB, Rn. 10; *Muscheler,* ErbR II, Rn. 3483.

39 Mot. V, S. 604; *Endemann,* ErbR, S. 94–95; Staudinger-*Dutta,* Vorbem. zu §§ 1967 ff. BGB, Rn. 7.

40 *Lange/Kuchinke,* ErbR, S. 87.

41 *Muscheler,* ErbR II, Rn. 3483; vgl. S. 4–5 zur Unterscheidung von Schuld und Haftung.

II. Arten der Nachlassverbindlichkeiten

Die §§ 1967 ff. BGB eröffnen die Haftung des Erben für Nachlassverbindlichkeiten. Es ist zunächst also zu klären, zwischen welchen Verbindlichkeiten unterschieden wird und für welche eine Haftungsbeschränkung auf den Nachlass möglich ist. Unvererbliche Verbindlichkeiten können keine Nachlassverbindlichkeiten darstellen.[42] Eine Unvererblichkeit kann sich zum einen aus dem Gesetz selbst ergeben, z.B. die Verpflichtung zum Unterhalt unter Verwandten nach den §§ 1601 ff. BGB erlischt gem. § 1615 Abs. 1 BGB, gleiches gilt für die Verpflichtung zum Familienunterhalt (§§ 1360a Abs. 3, 1615 Abs. 1 BGB) sowie für den Trennungsunterhalt (§§ 1361 Abs. 4, 1360a Abs. 3, 1615 Abs. 1 BGB), das Vorkaufsrecht (§ 473 S. 1 BGB), das Rentenversprechen (§ 520 BGB), die Verpflichtung zur Ausführung eines Auftrags (§ 673 S. 1 BGB) und auch für die Geschäftsbesorgung (§§ 675 Abs. 1, 673 S. 1 BGB). Im Gegensatz zu den anderen Unterhaltsverpflichtungen wird die Verpflichtung zum Scheidungsunterhalt nach dem Tode des Verpflichteten zur Nachlassverbindlichkeit, § 1586b Abs. 1 S. 1 BGB. Weiterhin ist auch eine gewillkürte Unvererblichkeit möglich.

1. Erblasserschulden

Nach § 1967 Abs. 2 BGB gehören zu den Nachlassverbindlichkeiten die „vom Erblasser herrührenden Schulden". Aus dieser Bestimmung geht hervor, dass es sich dabei um Schulden handelt, die vor dem Erbfall entstanden sind. Problematischer sind die Verbindlichkeiten, deren Entstehung vor dem Erbfall begann, bei denen aber alle Entstehungsvoraussetzungen erst nach dem Erbfall erfüllt waren. Aus dem Wort „herrührenden" ist zu entnehmen, dass nicht notwendig ist, dass bereits im Zeitpunkt des Erbfalls alle Entstehungsvoraussetzungen erfüllt sein müssen.[43] Die Verbindlichkeiten sind Erblasserschulden, wenn ihre Entstehung hauptsächlich in der „Sphäre des Erblassers" stattfand.[44] Für bedingte oder befristete Verbindlichkeiten hat der BGH entschieden, dass sie trotzdem vom Erblasser herrühren, wenn der Zeitpunkt oder die Bedingung erst nach dem Erbfall eingetreten ist.[45] Die Abtretung einer künftigen Forderung ist wirksam, auch wenn die Forderung selbst erst nach dem Tode des Erblassers entstanden ist.[46]

---

42 MüKo-*Küpper*, § 1967 BGB, Rn. 5.

43 MüKo-*Küpper*, § 1967 BGB, Rn. 9.

44 *Brox/Walker*, ErbR, § 37 Rn. 18; *Lange/Kuchinke*, ErbR, S. 1193; MüKo-*Küpper*, § 1967 BGB, Rn. 5; Staudinger-*Dutta*, § 1967 BGB, Rn. 8.

45 BGH NJW 1997, 861, 863; BAG NZA 1990, 685, 686.

46 BGH NJW 1997, 3370, 3371; BGH NJW 1960, 1715.

Andere Verbindlichkeiten, die in der Person des Erben entstanden sind und deren Entstehung nicht beim Erblasser angelegt war, werden Eigenschulden des Erben genannt. Für diese Schulden ist eine Haftungsbeschränkung nicht nötig.[47]

2. Erbfallschulden

Mit den Worten „den Erben als solche treffenden Verbindlichkeiten" in § 1967 Abs. 2 BGB sind die sogenannten Erbfallschulden gemeint.[48] Die Gesetzesformulierung ist wenig hilfreich, weil den Erben auch die Erblasserschulden als solche treffen.[49] Die Erbfallschulden entstehen aufgrund des Erbfalls.[50] Das BGB nennt in § 1967 Abs. 2 BGB Verbindlichkeiten aus Pflichtteilsrechten, Vermächtnissen und Auflagen. Darüber hinaus sind der Voraus (§ 1932 Abs. 1 BGB), die Beerdigungskosten (§ 1968 BGB), der Dreißigste (§ 1969 Abs. 1 BGB) und die Kosten für die Todeserklärung (§ 34 Abs. 2 VerschG) als Erbfallschulden zu qualifizieren.[51] Ob auch die Erbschaftsteuerschuld des Erben eine Erbfallschuld und damit Nachlassverbindlichkeit im Sinne des § 1967 Abs. 2 BGB darstellt, ist umstritten.[52]

3. Nachlasskosten- und Nachlassverwaltungskostenschulden

Zu den Erblasser- und Erbfallschulden treten die sog. Nachlasskosten- und Nachlassverwaltungskostenschulden. Das sind Verbindlichkeiten, die zur Nachlassabwicklung oder für andere Geschäfte um den Nachlass vom Erben eingegangen werden und somit zu den Erbfallschulden gezählt werden können, weil sie ebenfalls vom Erben begründet werden.[53] Zu den Nachlasskostenschulden werden unter anderem die Kosten für die Eröffnung einer Verfügung von Todes wegen (§§ 348 ff. FamFG), der Nachlasspflegeschaft (§ 1961 BGB), der

47 *Herzog,* NZM 2013, 175, 179.

48 *Schlüter/Röthel,* ErbR, § 31 Rn. 16; *Brox/Walker,* ErbR, § 37 Rn. 19; Staudinger-*Dutta,* § 1967 BGB, Rn. 31; *Lange/Kuchinke,* ErbR, S. 1198; MüKo-*Küpper,* § 1967 BGB, Rn. 10.

49 MüKo-*Küpper,* § 1967 BGB, Rn. 10. *Muscheler,* ErbR II, Rn. 3391.

50 *Endemann,* ErbR, S. 95.

51 *Brox/Walker,* ErbR, § 37 Rn. 19.

52 Gegen Nachlassverbindlichkeit: *Endemann,* ErbR, S. 96; *Muscheler,* ErbR, Rn. 3395; RGRK-*Johannsen,* § 1967 BGB, Rn. 16; Staudinger-*Dutta,* § 1967 BGB, Rn. 33; *Lange/Kuchinke,* ErbR, S. 1202; für Nachlassverbindlichkeit: BFH NJW 1993, 350; *Brox/Walker,* ErbR, § 37 Rn. 19; Soergel-*Stein,* § 1967 BGB, Rn. 7.

53 *Brox/Walker,* ErbR, § 37 Rn. 20; Staudinger-*Dutta,* § 1967 BGB, Rn. 37; *Schlüter/Roth,* ErbR, § 31 Rn. 17; MüKo-*Küpper,* § 1967 BGB, Rn. 10a.

Nachlassverwaltung (§§ 1975 ff. BGB) und des Nachlassinsolvenzverfahrens (§ 1975 BGB i.V.m. §§ 315 ff. InsO) gezählt.[54] Nachlassverwaltungskosten sind Kosten, die durch die Verwaltung des Nachlasses durch Nachlasspfleger, -verwalter, -insolvenzverwalter oder Testamentsvollstrecker entstanden sind.[55]

4. Nachlasserben- oder Nachlasseigenschulden

Schwieriger ist die Zuordnung der sogenannten Nachlasserben- und Nachlasseigenschulden. Das sind Schulden, die dem Erben entstehen, wenn er zum Beispiel ein zum Nachlass gehörendes Haus renovieren lässt, es handelt sich also um Verbindlichkeiten, die der Erbe zur ordnungsgemäßen Verwaltung des Nachlasses eingeht.[56] Für die Gläubiger solcher Verbindlichkeiten ist es wichtig zu wissen, ob es sich dabei nur um eine reine Nachlassverbindlichkeit mit der Möglichkeit der Haftungsbeschränkung handelt oder ob auch der Erbe mit seinem Eigenvermögen verpflichtet wird. Die Rechtsprechung[57] und der überwiegende Teil der Literatur[58] sind zu dem Ergebnis gekommen, dass diese Schulden eine Doppelstellung aufweisen und damit sowohl als Nachlassverbindlichkeit als auch als Eigenverbindlichkeit einzuordnen sind. Das führt dazu, dass der Erbe für diese Art von Verbindlichkeiten unbeschränkt haftet.[59] Bei den Nachlasserbenschulden kann der Erbe jedoch gem. § 1978 Abs. 3 BGB Regress am Nachlass nehmen, wenn er die Verbindlichkeit mit seinem Eigenvermögen beglichen hat.[60]

---

54 Zu diesen und weiteren Beispielen: MüKo-*Küpper*, § 1967 BGB, Rn. 11; *Brox/Walker*, ErbR, § 37 Rn. 20; hingegen werden von *Schlüter/Roth* Kosten der Nachlassverwaltung und -insolvenz zu den Nachlassverwaltungskosten gezählt, *Schlüter/Roth*, ErbR, § 31 Rn. 17; letztendlich ist diese Unterscheidung aber unbedeutend, da sowohl Nachlasskosten- als auch Nachlassverwaltungskostenschulden zu den Erbfallschulden zählen; *Lange/Kuchinke*, ErbR, S. 1202 verstehen die Nachlasskosten- und Nachlassverwaltungsschulden als eigene Gruppe der Nachlassverbindlichkeiten.

55 RGZ 90, 94–95; BGH NJW 2013, 3446, 3447; *Muscheler*, ErbR II, Rn. 3396; zum Beispiel: *Brox/Walker*, ErbR, § 37 Rn. 21.

56 MüKo-*Küpper*, § 1967 BGB, Rn. 15.

57 RGZ 90, 94–95; BGH NJW 1960, 959; BGH NJW 1963, 345; BGH NJW 1978, 1385; BGH NJW 1990, 1237; BGH NJW 2013, 3446, 3447.

58 *Brox/Walker*, ErbR, § 37 Rn. 21; Palndt-*Weidlich*, § 1967 BGB, Rn. 8; *Schreiber* Jura 2010, 117, 118; *Schlüter/Roth*, ErbR, § 31 Rn. 18; *Lange/Kuchinke*, ErbR, S. 1204–1205; Staudinger-*Dutta*, § 1967 BGB, Rn. 42.

59 *Lange/Kuchinke*, ErbR, S. 1204.

60 OLG Hamburg NJW-RR 1986, 177; *Brox/Walker*, ErbR, § 37 Rn. 21.

5. Eigen- oder Erbenschulden

Eigen- oder Erbenschulden sind Verbindlichkeiten, die keinen Bezug zum Nachlass haben.[61] Für derartige Verbindlichkeiten haftet der Erbe immer mit seinem Eigenvermögen.[62] Geht der Erbe Verbindlichkeiten ein, die das Maß der ordnungsgemäßen Verwaltung des Nachlasses überschreiten, so handelt es sich um eine Eigenschuld des Erben.[63]

6. Einordnung der Wohngeldschulden nach § 16 Abs. 2 WEG

Nicht ganz unproblematisch ist die Einordnung der Wohngeldschulden nach § 16 Abs. 2 WEG. Wohngeld (oder auch Hausgeldschulden genannt) sind Lasten und Kosten, die im Zusammenhang mit gemeinschaftlichem Eigentum anfallen und von den einzelnen Wohnungseigentümern in Anteilen zu begleichen sind, § 16 Abs. 2 WEG. Durch Beschlüsse der Wohnungseigentümer werden diese gem. § 28 Abs. 1 S. 2 Nr. 2, Abs. 2 WEG verpflichtet, das Wohngeld zu zahlen.[64]

Unproblematisch ist die Einordnung der Wohngeldschulden als Erblasserschulden, wenn der Beschluss der Wohnungseigentümer zu Lebzeiten des Erblassers gefasst wurde.[65] Ein anderer denkbarer Zeitpunkt ist der, dass der Erbfall zwischen gefasstem Beschluss und Fälligkeit des Wohngeldes eintritt.[66] Auch hier soll es sich um eine Erblasserschuld handeln, weil der Beschluss der Wohnungseigentümer noch zu Lebzeiten des Erblassers zustande kam bzw. dieser die Möglichkeit zur Mitwirkung hatte.[67]

a) Meinungsbild

Problematisch ist die Einordnung der Wohngeldschulden, die durch einen nach dem Tod des Erblassers gefassten Beschluss der Wohnungseigentümer entstanden sind. Diese Frage ist für den Erben besonders wichtig, weil er nur die Möglichkeit zur Haftungsbeschränkung hat, wenn es sich bei den

---

61 MüKo-*Küpper,* § 1967 BGB, Rn. 25; *Endemann,* ErbR, S. 96.

62 *Endemann,* ErbR, S. 96.

63 *Schlüter/Roth,* ErbR, § 31 Rn. 23.

64 Bärmann-*Becker,* § 16 WEG, Rn. 21; § 16 Abs. 2 WEG ist keine Anspruchsgrundlage, *Hügel/Elzer,* § 16 WEG, Rn. 7.

65 *Bonifacio,* MDR 2006, 244, 244; *Dötsch,* ZMR 2006, 902, 903; *Siegmann,* NZM 2000, 995, 997.

66 *Dötsch,* ZMR 2006, 902, 904; *Bonifacio,* MDR 2006, 244, 244.

67 *Bonifacio,* MDR 2006, 244, 244; *Dötsch,* ZMR 2006, 902, 904; *Marotzke,* ZEV 2000, 151, 153.

Wohngeldschulden, die aufgrund eines Beschlusses der Wohnungseigentümer nach dem Erbfall entstanden sind, um reine Nachlassverbindlichkeiten handelt. Für die Nachlassgläubiger ist es dagegen günstiger, wenn die Wohngeldschulden Eigenverbindlichkeiten darstellen, weil ansonsten der Nachlass als Haftungssumme durch die Belastung mit weiteren Forderungen reduziert wird. Die anderen Wohnungseigentümer in der Wohnungseigentümergemeinschaft haben das Interesse, dass der Erbe sich nicht auf eine Haftungsbeschränkungsmöglichkeit berufen kann, sondern die Wohngeldschulden begleichen muss. Wie so oft muss also ein möglichst schonender Ausgleich der widerstreitenden Interessen erreicht werden.

Damit der Erbe sich auf eine Haftungsbeschränkungsmöglichkeit berufen kann, muss eine Nachlassverbindlichkeit gem. § 1967 Abs. 2 BGB bestehen. Strittig ist aber, ob es sich um eine Erblasserschuld und damit um eine reine Nachlassverbindlichkeit handelt oder ob sie zu den Nachlasserbenschulden bzw. sogar zu den Eigenverbindlichkeiten des Erben zählen. Ein Teil der Literatur und Rechtsprechung ordnet sie den reinen Nachlassverbindlichkeiten zu.[68] Das OLG Hamburg kommt über eine Billigkeitserwägung zu dem Ergebnis, dass die Verpflichtung aus dem Beschluss der Wohnungseigentümer als Nachlassverbindlichkeit anzusehen ist.[69] Die meisten Vertreter der Ansicht, dass die in Frage stehenden Wohngeldschulden als reine Nachlassverbindlichkeiten einzuordnen sind, nehmen die Modifikation vor, dass eine Nachlasserbenschuld entsteht, wenn er die Eigentumswohnung für sich behalten will.[70] Ein großer Teil der Literatur sieht die Wohngeldschulden zumindest als Nachlasserbenschulden an, weil sie im Zusammenhang mit der ordnungsgemäßen Verwaltung des Nachlasses stehen.[71] Auch der BGH und ein Teil der Rechtsprechung sehen die Wohngeldschulden grundsätzlich als Nachlasserbenschulden an.[72] *Bonifacio* nimmt hingegen eine Eigenverbindlichkeit des Erben an.[73]

---

68 OLG Köln NJW-RR 1992, 460, 461; BayObLG NJW-RR 2000, 306, 307; LG Bamberg ZWE 2011, 420, 420; AG Düsseldorf ZWE 2013, 42, 43; *Niedenführ,* NZM 2000, 641, 642; *Hügel,* ZWE 2006, 174, 179; *Köhler,* ZWE 2007, 186, 187.

69 OLG Hamburg NJW-RR 1986, 177, 178.

70 Diese Modifikation lehnt das BayObLG (NJW-RR 2000, 306, 307) ab.

71 *Marotzke,* ZEV 2000, 151, 154; *Siegmann,* NZM 2000, 995, 996; Soergel-*Stein,* § 1967 BGB, Rn. 4; *Dötsch,* ZMR 2006, 902, 906; *Herzog,* NZM 2013, 175, 183.

72 BGH NJW 2013, 3446, 3447; OLG Schleswig ZWE 2014, 38, 39; angedeutet hat der BGH die Einordnung der Wohngeldschulden als Nachlasserbenschulden auch schon in einem früheren Urteil, NJW 2012, 316, 317.

73 *Bonifacio,* MDR 2006, 244, 245.

b) Eigene Stellungnahme

Um zu entscheiden, welche Ansicht vorzugswürdig ist, ist es unerlässlich, die Argumentationen der einzelnen Ansichten zu untersuchen.

aa) Einordnung der Wohngeldschulden als reine Nachlassverbindlichkeiten

Zwischen den Ansichten, die Wohngeldschulden, die mit Beschluss der Wohnungseigentümer nach dem Erbfall entstanden sind, als reine Nachlassverbindlichkeiten gem. § 1967 Abs. 2 BGB einordnen, gibt es unterschiedliche Ansätze, dies zu begründen.

Das OLG Köln ordnet die nach dem Erbfall entstandenen Wohngeldschulden zunächst als reine Nachlassverbindlichkeiten ein, weil sie mit der zum Nachlass gehörenden Eigentumswohnung zusammenfallen. Dies ändert sich erst dann, wenn der Erbe kundtut, dass er die Wohnung behalten will.[74] Maßgeblich ist also die innere Willensrichtung des Erben. Unter den Vertretern, die dafür plädieren, dass es sich bei diesen Wohngeldschulden um reine Nachlassverbindlichkeiten handelt, wird allgemein auf die innere Willensrichtung des Erben abgestellt.[75] Das BayObLG hält dies hingegen nicht für erforderlich. Die Argumentation, warum die innere Willensrichtung nicht maßgeblich sei, stieß in der Literatur auf Kritik. Das BayObLG führt an, dass es auf die Willensrichtung des Erben, die Wohnung behalten zu wollen, schon deshalb nicht ankomme, weil sich die Erben in dem zugrundeliegenden Sachverhalt auf eine Einrede gem. § 1990 Abs. 1 S. 1 BGB berufen könnten. *Marotzke* hält dieses Argument für „ausgesprochen unglücklich", denn es wird damit von der Rechtsfolge des § 1990 Abs. 1 S. 1 BGB auf dessen Tatbestandsvoraussetzungen geschlossen.[76]

Die Behaltensabsicht des Erben als maßgeblich zu betrachten, stieß in der Literatur ebenfalls auf viel Kritik. Das Behalten bzw. die Behaltensabsicht ist kein juristischer Begriff und im Rechtsverkehr nicht praktikabel, weil innere Willensrichtungen von außen betrachtet nur schwer festzustellen sind.[77]

Das OLG Hamburg möchte hingegen die Wohngeldschulden nicht unter § 1967 Abs. 2 BGB subsumieren, sondern behandelt sie aufgrund einer Billigkeitserwägung wie reine Nachlassverbindlichkeiten. Die Gründe für die Einordnung als reine Nachlassverbindlichkeit bestehen für das OLG Hamburg darin,

---

74 OLG Köln NJW-RR 1992, 460, 461.

75 Vgl. z.B. LG Bamberg ZWE 2011, 420; *Niedenführ*, NZM 2000, 641, 642; *Hügel*, ZWE 2006, 174, 179.

76 *Marotzke*, ZEV 2000, 151, 153.

77 *Bonifacio*, MDR 2006, 244, 245; *Dötsch*, ZMR 2006, 902, 906.

dass der Erbe die Wohnungseigentümergemeinschaft aufgrund ihrer Unauflöslichkeit gem. § 11 Abs. 1 WEG nicht kündigen kann und dass die Mittel der Erbschaftsausschlagung sowie die Dereliktion[78] gem. § 928 Abs. 1 BGB zu drastisch seien.[79] *Siegmann* entgegnet, dass das Gesetz für eine solche Billigkeitserwägung gar keinen Raum biete, weil es dem Erben abschließend mehrere Möglichkeiten zur Haftungsbeschränkung einräume.[80] *Marotzke* sieht hingegen Raum für eine Billigkeitserwägung, erwidert aber, dass das OLG Hamburg übersehen habe, dass der Erbe die Eigentumswohnung auch veräußern und so eine „wertneutrale Vermögensumschichtung" erreichen könnte.[81] Weiterhin hat der Erbe auch noch die Möglichkeit, die Zwangsversteigerung einer überschuldeten Immobilie gem. § 175 ZVG zu beantragen.[82]

Für *Niedenführ* ist die Behandlung der Wohngeldschuld als reine Nachlassverbindlichkeit aus dem Grund gerechtfertigt, dass die Wohngeldverpflichtung ohne Zutun des Erben entstanden ist und lediglich an den Erwerb der Eigentumswohnung als Nachlassgegenstand geknüpft ist.[83] Allerdings wird dabei übersehen, dass die auf das Wohngeld gerichtete Forderung nicht mit dem Wohnungseigentum des Schuldners entsteht, sondern allein auf dem durch die Wohnungseigentümergemeinschaft gefassten Beschluss beruht.[84] Das ist nur konsequent, weil sich die Anspruchsgrundlage für Wohngeldforderungen aus § 28 Abs. 2, 5 WEG ergibt und demnach der Beschluss als Tatbestandsvoraussetzung maßgeblich ist.

bb) Einordnung der Wohngeldschulden als Nachlasserbenschulden bzw. Eigenverbindlichkeiten des Erben

Das Hauptargument gegen die Einordnung als reine Nachlassverbindlichkeit ist, dass der Erbe die Kosten und Lasten gem. § 16 Abs. 2 WEG auf die anderen Wohnungseigentümer abwälzen kann, wenn er eine der Einreden aus § 1990 Abs. 1 S. 1 BGB erhebt und so eine Haftungsbeschränkung herbeiführt.[85] Auch

---

78 Umstritten ist, ob eine Dereliktion bei Eigentumswohnungen überhaupt möglich ist. Ablehnend: BGH NJW 1991, 2488, 2490; BGH NJW 2007, 2547; BayObLG NJW 1991, 1962; *Briesemeister,* ZWE 2007, 218, 226.

79 OLG Hamburg NJW-RR 1986, 177, 177.

80 *Siegmann,* NZM 2000, 995, 997.

81 *Marotzke,* ZEV 2000, 151, 154.

82 LG Düsseldorf Urt. v. 29.2.2012 – 25 S 139/11, BeckRS 2013, 12834.

83 *Niedenführ,* NZM 2000, 641, 642.

84 *Bonifacio,* MDR 2006, 244, 245; *Dötsch,* ZMR 2006, 902, 906.

85 *Siegmann,* NZM 2000, 995, 996; *Bonifacio,* MDR 2006, 244, 245.

unter den Vertretern dieser Einordnung werden unterschiedliche Begründungsansätze vertreten. Ein Teil begründet die Einordnung damit, dass der Wohngeldanspruch aufgrund der Beschlussfassung entsteht.[86] An dieser Beschlussfassung hätte der Erbe als Mitglied der Wohnungseigentümerversammlung gem. § 23 Abs. 1 WEG mitwirken können bzw. er hat es sogar unter Umständen getan. Dies lässt den Schluss zu, dass es sich um ein dem Erben und nicht dem Erblasser zurechenbares Rechtsgeschäft handelt, wodurch die in Frage stehenden Wohngeldschuld als Nachlasserbenschuld einzuordnen sind. Wie bereits oben ausgeführt, ist das insoweit konsequent, als eine Tatbestandsvoraussetzung für den Wohngeldanspruch gem. § 28 Abs. 2, 5 WEG der Beschluss der Wohnungseigentümergemeinschaft ist.

Ein anderer Teil begründet die Einordnung als Nachlasserbenschuld damit, dass die Wohngeldverbindlichkeit aufgrund der Eigentümerstellung des Erben entstanden ist.[87] Dies ist nicht mit der Ansicht des OLG Köln zu verwechseln, das eine reine Nachlassverbindlichkeit damit begründet, dass das Eigentum an der Wohnung ein Nachlassbestandteil sei und damit vom Erblasser herrühre.[88] Hier geht es darum, dass den Erben die Wohngeldforderungen treffen, weil er Eigentümer der Wohnung ist.[89] Es könnte also gesagt werden, dass das Eigentum isoliert vom Erwerb betrachtet wird, während das OLG Köln auf die Nachlasszugehörigkeit des Eigentums und damit auf den Erwerb abstellt. Zumindest mittelbar führt die Eigentümerstellung auch zu der Verpflichtung zur Zahlung der Wohngeldschulden. Zu beachten ist aber, dass die Eigentümerstellung des Erben nur dazu führt, dass er gem. § 23 Abs. 1 WEG auf der Wohnungseigentümerversammlung stimmberechtigt ist. Der Anspruch auf das Wohngeld wird aber erst durch den Beschluss dieser Wohnungseigentümerversammlung begründet.[90]

Diesen Begründungsansätzen könnte entnommen werden, dass es sich also um reine Eigenverbindlichkeiten des Erben handelt. Diese Schlussfolgerung würde allerdings verkennen, dass Wohngeldforderungen im Zusammenhang mit der ordnungsgemäßen Verwaltung des Nachlasses stehen und so als Nachlasserbenschuld einzuordnen sind.[91] Am Ergebnis, dass der Erbe sich auf keine

86 *Bonifacio,* MDR 2006, 244, 245; *Dötsch,* ZMR 2006, 902, 905.

87 *Marotzke,* ZEV 2000, 151, 154; Bärmann-*Becker,* § 16 WEG, Rn. 184; *Rebmann,* Pflichtbelastete Rechtspositionen, S. 202; Soergel-*Stein,* § 1967 BGB, Rn. 4; *Lange/Kuchinke,* ErbR, S. 1196; *Siegmann,* NZM 2000, 995, 996.

88 OLG Köln NJW-RR 1992, 460, 461.

89 *Marotzke,* ZEV 2000, 151, 154.

90 *Bonifacio,* MDR 2006, 244, 245.

91 *Marotzke,* ZEV 2000, 151, 154.

Haftungsbeschränkung berufen kann, ändert diese Einordnung ohnehin nichts. Allerdings ist die Einordnung als Nachlasserbenschuld im Interesse des Erben, weil er gem. § 1978 Abs. 3 BGB den Nachlass in Regress nehmen kann, wenn es zu einer Nachlassseparation kommt.[92]

Der BGH ordnet die Wohngeldschulden unter bestimmten Voraussetzungen auch als Nachlasserbenschulden ein.[93] Für eine Nachlasserbenschuld ist es erforderlich, dass das Verhalten im Zusammenhang mit der Verwaltung des Nachlasses steht.[94] Dabei muss der Erbe in irgendeiner Art gehandelt haben, ansonsten liegt eine Nachlassverbindlichkeit vor.[95] Entscheidend ist also, ob ein Handeln des Erben bei der Begründung der Wohngeldforderung vorliegt. In der Beschlussfassung der Wohnungseigentümerversammlung sieht der BGH keine ausreichende Handlung des Erben, weil diese durch Mehrheitsbeschlüsse und in der Regel ohne Zutun des Erben zustande kommen.[96] Der BGH stellt nicht auf die Entstehung der Wohngeldschulden ab, sondern auf das viel allgemeinere Kriterium des Haltens der Wohnung zur Beantwortung der Frage, ob der Erbe im Rahmen der Verwaltung des Nachlasses gehandelt hat.[97] Daran schließt sich die Frage an, wann ein solches Halten der Wohnung vorliegt. Grundsätzlich versteht der BGH darunter den Zeitraum ab der Erbschaftsannahme bzw. wenn die Ausschlagungsfrist des § 1944 Abs. 1 BGB abgelaufen ist. Ein gewichtiges Argument für diese Ansicht ist, dass ein einheitliches Kriterium aufstellt wird, um zu bestimmen, ab wann von Verwaltungsmaßnahmen des Erben ausgegangen werden kann. Dem kann entgegnet werden, dass es sich bei dem „Halten der Wohnung“ um keinen juristischen Begriff handelt und dieser nicht den §§ 1967 ff. BGB zu entnehmen ist. Das ist zwar richtig, aber der BGH knüpft den Begriff an die juristischen Begriffe der Annahme der Erbschaft bzw. des Ablaufs der Ausschlagungsfrist. Eine Ausnahme macht der BGH, wenn der Erbe gar keine Möglichkeit zur Handlung gehabt hat. Dies soll zum Beispiel dann der Fall sein, wenn einem Dritten ein Wohnrecht eingeräumt wurde.[98]

---

92 OLG Hamburg NJW-RR 1986, 177; *Brox/Walker,* ErbR, § 37 Rn. 21; falsch ist es aber anzunehmen, dass der Erbe gegen die Nachlassgläubiger einen Anspruch auf Befreiung von der Verbindlichkeit hat, wie es das BayObLG (NZM 2000, 41, 43) angenommen hat, vgl. *Niedenführ,* NZM 2000, 641, 642.

93 BGH NJW 2013, 3446, 3447; (wohl auch schon) BGH NJW 2012, 316, 317.

94 BGH NJW 2013, 3446, 3447; MüKo-*Küpper,* § 1967 BGB, Rn. 15.

95 BGH NJW 2013, 3446, 3447; MüKo-*Küpper,* § 1967 BGB, Rn. 21.

96 BGH NJW 2013, 3446, 3447.

97 BGH NJW 2013, 3446, 3447; a.A AG Düsseldorf ZWE 2013, 42, 43.

98 BGH NJW 2013 3446, 3448; bzgl. dieser Ausnahme verweist der BGH auf den Sachverhalt des AG Düsseldorf ZWE 2013, 42.

Im Ergebnis hat sich der BGH hier für eine Lösung der Problematik entschieden, die zu einheitlichen Ergebnissen führt, aber auch auf die Besonderheiten von Ausnahmefällen eingeht.

cc) Analoge Anwendung des § 134 Abs. 3, 4 HGB

In der Einordnung der Wohngeldschulden als Nachlasserbenschulden stimmt *Marotzke* mit dem BGH überein, präsentiert darüber hinaus aber einen interessanten Ansatz, nämlich die analoge Anwendung des § 134 Abs. 3, 4 HGB. Diesen Vorschlag unterbreitete *Marotzke* hinsichtlich der Entscheidung des BayObLG, welches Wohngeldschulden als reine Nachlassverbindlichkeiten versteht. Es sei nicht einzusehen, warum die Wohngeldforderungen zeitlich unbegrenzt reine Nachlassverbindlichkeiten sein sollen, aber der Erbe eines OHG-Anteils „gnadenlos" einer Dreimonatsfrist ab Kenntniserlangung vom Anfall der Erbschaft gem. § 139 Abs. 3 HGB ausgesetzt wird. Der Erbe soll sich über eine analoge Anwendung des § 139 Abs. 3, 4 HGB der persönlichen Haftung für die Wohngeldschulden entziehen können, die innerhalb von drei Monaten nach dem Erbfall entstanden sind.[99] Für eine Analogie fehlt es wohl an der vergleichbaren Interessenlage. Verbindlichkeiten, denen ein OHG-Gesellschafter ausgesetzt ist, können wesentlich höher und unüberschaubarer sein als die Forderungen, denen ein Wohnungseigentümer ausgesetzt ist.[100] Zudem wird kritisiert, dass die Regelung des § 139 HGB im Zusammenhang mit der Auflösung der Gesellschaft nach den §§ 131 ff. HGB steht, die bei der Wohnungseigentümergemeinschaft gem. § 11 Abs. 1 WEG gerade nicht möglich ist.[101] Dem wurde erwidert, dass es bei der analogen Anwendung nur um den Rechtsgedanken der Vorschrift des § 139 HGB geht, für kurze Zeiträume eine Haftung für Wohngeldschulden zu vermeiden.[102] Mit der Entscheidung des BGH ist der Bedarf einer Analogie an dieser Stelle gering geworden, weil der Erbe nun nicht mehr die Möglichkeit hat, sich für längere Zeit auf eine Haftungsbeschränkung zu berufen.

dd) Zwischenergebnis

Die deutlich besseren Argumente sprechen dafür, die nach dem Erbfall durch Beschluss entstandenen Wohngeldforderungen als Nachlasserbenschulden einzuordnen. Gegen die Einordnung als reine Eigenverbindlichkeit ist zum einen

99 *Marotzke,* ZEV 2000, 151, 154.

100 *Rebmann,* Pflichtbelastete Rechtspositionen, S. 234–238.

101 *Bonifacio,* MDR 2006, 244, 245.

102 *Dötsch,* ZMR 2006, 902, 907.

einzuwenden, dass diese Verbindlichkeiten in der Regel im Zusammenhang mit der Verwaltung des Nachlasses stehen, aber zum anderen auch, dass die Wohngeldforderungen oft ohne eindeutige Handlung des Erben entstehen und es in Anbetracht dessen gerecht erscheint, dem Erben die Regressmöglichkeit über § 1978 Abs. 3 BGB gegen den Nachlass einzuräumen, wenn es zu einer Haftungssonderung kommt.

c) Analoge Anwendung des § 2014 BGB

Auch wenn nach der BGH-Entscheidung anerkannt ist, dass es sich bei den Wohngeldschulden, die nach dem Tode des Erblassers entstanden sind, zumindest auch um Eigenverbindlichkeiten handelt, soll trotzdem im Folgenden der Versuch unternommen werden, den Erben eine Schonfrist einzuräumen. Es könnte interessengerechter sein, den Erben eine gewisse Zeit einzuräumen, den Nachlass zu überblicken. Wie eben bei der Frage der analogen Anwendung des § 139 HGB aufgezeigt, ist es also nicht systemfremd, den Erben eine Schonfrist für andere Verbindlichkeiten als Nachlassverbindlichkeiten einzuräumen. Dem kann natürlich entgegengehalten werden, dass es sich bei § 139 HGB um eine absolute Ausnahme handelt und bei der Erbenhaftung der Grundsatz gilt, dass der Erbe (vorübergehende) Haftungsbeschränkungsmöglichkeiten nur zugesprochen bekommt, wenn die Verbindlichkeiten Nachlassverbindlichkeiten sind. Das bedeutet aber nicht, dass nicht auch in den Fällen bestimmter Wohngeldforderungen ebenfalls eine Ausnahme gemacht werden kann. Möglicherweise kann eine Schonfrist aus § 2014 BGB für den Erben entnommen werden, der Wohngeldforderungen ausgesetzt ist, die nach dem Erbfall entstanden sind. § 2014 BGB setzt allerdings voraus, dass es sich um eine Nachlassverbindlichkeit handeln muss. Der klare Wortlaut verbietet also eine direkte Anwendung. Es könnte aber eine analoge Anwendung des § 2014 BGB in Betracht kommen. Angesichts des klaren Wortlauts müssen aber gute Gründe für eine solche analoge Anwendung sprechen.

Zunächst müsste eine planwidrige Regelungslücke vorliegen.[103] Die könnte darin gesehen werden, dass das WEG dem Erben keine Möglichkeit bietet, für nach dem Erbfall entstandene Wohngeldschulden eine zumindest vorübergehende Haftungsbeschränkung herbeizuführen. Eine Regelungslücke kann also angenommen werden. Fraglich ist aber, ob die Regelungslücke auch planwidrig ist. In § 139 HGB ist eine ähnliche Regelung getroffen worden. Möglicherweise

103 Vgl. *Larenz*, Methodenlehre, S. 381; *Engisch*, Einführung in das juristische Denken, S. 134–156 zu den Voraussetzungen für eine Analogie.

kennt der Gesetzgeber die Problematik, dass trotz des Fehlens einer Nachlassverbindlichkeit eine Haftungsbeschränkungsmöglichkeit interessengerecht wäre, es aber für den Fall der Wohngeldforderungen als nicht notwendig betrachtet hat. Allerdings spricht deutlich für eine Planwidrigkeit, dass das Problem der Erbenhaftung für Wohngeldschulden im WEG gar nicht erwähnt wird. Es kann also von einer Planwidrigkeit ausgegangen werden.[104]

Für eine Analogie ist weiterhin eine vergleichbare Interessenlage erforderlich. Eine Vergleichbarkeit könnte sich aus dem Grund ergeben, dass die hier problematisierten Wohngeldschulden oftmals genauso wenig auf einen Willensentschluss des Erben beruhen wie die (reinen) Nachlassverbindlichkeiten. Gegen eine Vergleichbarkeit spricht aber, dass Nachlasserbenschulden eben eine Mischform aus Eigen- und Nachlassverbindlichkeiten[105] sind und der Erbe für diese unbeschränkt haftet[106]. Das klassische Beispiel für Nachlasserbenschulden sind zum Beispiel Renovierungsarbeiten. Der Erbe schließt selbst einen Vertrag mit den Handwerkern ab und verpflichtet sich trotz des Nachlassbezugs persönlich. Die Wohngeldschulden werden nach richtiger Ansicht rechtsgeschäftlich durch Mehrheitsbeschluss der Wohnungseigentümergemeinschaft begründet. Im Gegensatz zu dem Vertrag mit den Handwerkern kann der Erbe gänzlich ohne sein Zutun zur Zahlung des Wohngelds verpflichtet werden. Der BGH hat diesen Umstand gesehen und entschieden, dass es für die Handlung gar nicht auf den Beschluss der Wohnungseigentümergesellschaft ankommt, sondern nur darauf, ob der Erbe die Wohnung „hält".[107] An der dadurch bewirkten Einordnung als Nachlasserbenschuld soll auch nicht gerüttelt werden, allerdings könnte es interessengerecht sein, den Erben eine Schonfrist für die Begleichung des Wohngelds einzuräumen. Es kann demnach eine gewisse Vergleichbarkeit zwischen dieser konkreten Form der Nachlasserbenschuld und den reinen Nachlassverbindlichkeiten festgestellt werden. Die anderen Wohnungseigentümer werden durch die relativ kurze Frist von drei Monaten auch nicht wesentlich benachteiligt, weil ihnen der Erbe nach dieser Zeit für die entstandenen Wohngeldschulden haftet. Nur der Zugriff innerhalb der ersten drei Monate würde ihnen verwehrt bleiben.

---

104 Zwar nicht im Zusammenhang mit § 2014 BGB, sondern mit § 139 HGB, besteht auch nach *Rebmann*, Pflichtbelastete Rechtspositionen, S. 232–234 eine planwidrige Regelungslücke.

105 RGZ 90, 94–95; BGH NJW 1960, 959; BGH NJW 1963, 345; BGH NJW 1978, 1385; BGH NJW 1990, 1237; BGH NJW 2013, 3446, 3447.

106 *Lange/Kuchinke*, ErbR, S. 1204.

107 BGH NJW 2013, 3446, 3447; vgl. S. 33.

Es könnten aber auch einige Argumente gegen eine analoge Anwendung des § 2014 BGB angeführt werden.

Der Erbe, der ein Grundstück mit einem Einfamilienhaus erbt, muss für die Lasten und Kosten unbeschränkt persönlich aufkommen, die nach dem Erbfall entstanden sind. Er kann in diesem Fall auch nicht die Einrede des § 2014 BGB erheben. Dem Wohnungseigentümer die Einrede des § 2014 BGB zuzugestehen, würde also eine Ungleichbehandlung nach sich ziehen. Weiterhin ist nicht ersichtlich, warum die anderen Wohnungseigentümer die Wohngeldschulden des Erben für eine gewisse Zeit mittragen sollen, obwohl das Risiko der Unübersichtlichkeit des Nachlasses auf den Erblasser zurückzuführen ist und damit grundsätzlich vom Erben zu tragen ist. Der BGH hat sich mit seiner Entscheidung vom 5. Juli 2013 für eine Regelung entschieden, die Ausnahmen aufstellt, wenn zum Beispiel die Wohnung mit einem Wohnrecht eines Dritten belastet ist.[108] In diesen Fällen haftet der Erbe nicht für die Wohngeldschulden, solange er nicht an Beschlüssen der Wohnungseigentümergemeinschaft mitgewirkt hat. In den Fällen, in denen eine analoge Anwendung durchaus interessengerecht wäre, hat sich der BGH also schon für eine klare Regelung ausgesprochen.

Dem könnte nun entgegenhalten werden, dass für solche Ausnahmen eine gesetzliche Grundlage nötig sei. Diese Argumentation würde allerdings verkennen, dass der BGH in seiner Entscheidung auf die Einordnung der Wohngeldschulden als Nachlasserbenschuld oder als reine Nachlassverbindlichkeit abgestellt hat und so zu einer logischen und interessengerechten Lösung kommt. Außerdem führt die hier in Frage stehende Analogie dazu, dass der Anwendungsbereich des § 2014 BGB, der vom Wortlaut her klar auf Nachlassverbindlichkeiten begrenzt ist, ausufert. Eine analoge Anwendung des § 2014 BGB wäre also sehr konstruiert und ist deswegen abzulehnen.

III. Haftungsbeschränkungsmöglichkeiten des BGB für den Alleinerben

Nach dem Inkrafttreten des BGB entbrannte ein Streit darüber, ob sich das BGB in den §§ 1967 ff. BGB für die Haftungsverfassung „unbeschränkt, aber beschränkbar“ oder „beschränkt, aber unbeschränkbar“ entschieden hat. Der wohl größte Teil der Literatur und die Rechtsprechung hat sich für „unbeschränkt, aber beschränkbar“ entschieden.[109] Für diese Ansicht spricht, dass

---

108 BGH NJW 2013, 3446, 3448.

109 RGZ 59, 301, 302; BGH ZEV 2013, 609, 610; OLG Dresden ZBlFG 1905/06, 410, 411; *v. Lübtow*, ErbR II, S. 1091; MüKo-*Küpper*, Vorbem. zu §§ 1967 ff. BGB, Rn. 2;

die Universalsukzession nach § 1922 Abs. 1 BGB dazu führt, dass keine zwei Vermögen nebeneinander bestehen, sondern dass diese miteinander verschmelzen, sodass nur eine zunächst unbeschränkte Haftung sinnvoll erscheint.[110] *Martin* kritisiert, dass die Nachlassgläubiger sich bei einer unbeschränkten, aber beschränkbaren Haftung aus einer größeren Haftungssumme befriedigen können, als es zu Lebzeiten des Erblassers der Fall war, und die zunächst unbeschränkte Haftung nicht gerecht sei.[111] Dabei übersieht er aber, dass die Gläubiger einer nicht unerheblichen Gefahr ausgesetzt sind, wenn der Nachlass und das Eigenvermögen des Erben miteinander verschmelzen.[112] *Siber* geht davon aus, dass zumindest in den Fällen, in denen die Einrede des § 1990 BGB erhoben werden kann, eine beschränkte Haftung vorgesehen ist.[113] Allerdings ist es bei der Einrede des § 1990 BGB so, dass sie erhoben werden muss, um ihre beschränkende Wirkung zu entfalten. Tut der Erbe dies nicht, bleibt es bei der unbeschränkten Haftung.

Die Haftungsbeschränkungsmöglichkeiten in den §§ 1975, 1990, 1973, 1974 BGB) führen zu einer Haftung „cum viribus“ (gegenständlich beschränkt).[114] Kritisiert wird diese Haftungsform, weil eine Trennung zwischen Nachlass und Eigenvermögen des Erben zwar rechtlich unproblematisch, aber tatsächlich schwierig ist und somit die Nachlassgläubiger benachteiligt werden. Andererseits ist an der rechnerisch beschränkten (unechten) Haftungsbeschränkung problematisch, dass für sie das gesamte Vermögen ermittelt werden muss bzw. eine Schätzung zu ungerechten Ergebnissen führen kann.[115] Das der Erbenhaftung in den §§ 1967 ff. BGB zugrundeliegende Prinzip, dass die widerstreitenden Interessen von Erben, Nachlass- und Eigengläubigern zu einem bestmöglichen

---

Staudinger-*Dutta*, Vorbem. zu §§ 1967 ff. BGB, Rn. 8; *Muscheler*, ErbR II, Rn. 3488; Palandt-*Weidlich*, Einf. v. § 1967 BGB, Rn. 1; *Brox/Walker*, ErbR, § 37 Rn. 10–11; Planck-*Flad*, Vorbem. zu §§ 1967 ff. BGB, S. 127; *Endemann*, ErbR, S. 99–100; a.A.: *Martin*, Erbenhaftung, S. 59–61; *Siber*, Haftung für Nachlaßverbindlichkeiten, S. 52; differenzierend: *Kipp/Coing*, ErbR, S. 521.

110 *Kipp/Coing*, ErbR, S. 518.

111 *Martin*, Erbenhaftung, S. 21.

112 *Kipp/Coing*, ErbR, S. 518.

113 *Siber*, Haftung für Nachlaßschulden, S. 52; So auch *Kipp/Coing*, ErbR, S. 523;

114 *Muscheler*, ErbR II, Rn. 3489; Staudinger-*Dutta*, Vorbem. zu §§ 1967 ff. BGB, Rn. 8; *Kipp/Coing*, ErbR, S. 521; *Dauner-Lieb*, Sondervermögen, S. 73; *Schlüter/Roth*, ErbR, § 31 Rn. 3 a.E. nehmen irrtümlich als Haftungsverfassung des BGB für den Erben eine rechnerisch beschränkbare Haftung an.

115 Zu der Kritik: *Lange/Kuchinke*, ErbR, S. 1180; *Boehmer*, Erbenhaftung, S. 58–59 zu den Vorteilen einer rechnerischen Beschränkung.

Ausgleich gebracht werden müssen, wird durch die „cum-viribus-Haftung“ gefördert. Die den Nachlassgläubigern drohende Benachteiligung durch eine teilweise schwierige tatsächliche Trennung von Nachlass und Eigenvermögen des Erben wird durch die Anordnung einer unbeschränkten, aber beschränkbaren Haftung abgemildert. Es kann weiterhin auch nicht im Interesse der Nachlassgläubiger sein, wenn die Erben im Zweifel sofort die Ausschlagung wählen, weil sie eine zu strenge Haftung fürchten.

Der Gesetzgeber hat sich aber keinesfalls einheitlich für die Haftung „cum viribus“ entschieden. Der Erbe des Sozialhilfeempfängers haftet „pro viribus“ nach den §§ 34 Abs. 2, 35 Abs. 1 S. 2 SGB II, § 102 Abs. 2 S. 2 SGB XII, § 103 Abs. 2 S. 2 SGB XII sowie der Erbe des Mündels nach § 1836e Abs. 1 S. 2 BGB und auch der Erbe des Betreuten nach §§ 1908i Abs. 1 S. 1, 1836e Abs. 1 S. 2 BGB.

Im Wesentlichen kann zwischen vorübergehenden und endgültigen Haftungsbeschränkungen entschieden werden. Als endgültige Haftungsbeschränkung (a)) gestattet das BGB dem Erben die Mittel der Nachlassverwaltung und -insolvenz nach § 1975 BGB (aa) und bb)). Sie sind die „Kernbausteine im System der Erbenhaftung“.[116] In den Fällen, in denen der Nachlass so gering ist, dass er die Kosten eines Nachlassverwaltungs- oder Nachlassinsolvenzverfahrens nicht decken würde, kann der Erbe die Einreden aus §§ 1990 Abs. 1 S. 1, 1991 BGB (cc)) erheben. Bei Überschwerung des Nachlasses kann der Erbe die Überschwerungseinrede nach § 1992 S. 2 BGB (dd)) erheben. Fordert der Erbe im Wege des Aufgebotsverfahrens nach § 1970 BGB die Gläubiger auf, ihre Forderung anzumelden, kann er die Ausschlusseinrede und Erschöpfungseinrede gem. § 1973 Abs. 1 S. 1 BGB (ee)) gegenüber ausgeschlossenen Gläubigern geltend machen. Macht ein Gläubiger die Forderung später als fünf Jahre geltend, kann er die Verschweigungseinrede nach § 1974 Abs. 1 S. 1 BGB erheben (ff)).

Als Mittel der vorübergehenden Haftungsbeschränkung (b)) kommt zum einen die Dreimonatseinrede gem. § 2014 BGB (aa)) und zum anderen die Aufgebotseinrede nach § 2015 Abs. 1 BGB (bb)) in Betracht.

1. Mittel zur endgültigen Haftungsbeschränkung

a) Nachlassverwaltung

Das Verfahren der Nachlassverwaltung ist für nicht überschuldete Nachlässe eingeführt worden.[117] Nach § 1975 Alt. 1 BGB führt sie zur Nachlassabsonderung

116 *Dauner-Lieb,* Sondervermögen, S. 65.
117 Prot. V 823.

gem. § 1976 BGB. Die durch die Universalsukzession erreichte Konfusion bzw. Konsolidation von Nachlass und Eigenvermögen des Erben wird rückwirkend kraft Gesetzes wieder aufgehoben (Separation).[118] Nach der Definition des § 1975 BGB handelt es sich bei der Nachlassverwaltung um eine Nachlasspflegschaft.[119] Aus diesem Grund sind die allgemeinen Vorschriften über die Nachlasspflegschaft in den §§ 1960 ff. BGB anzuwenden.

aa) Antrag auf Nachlassverwaltung

Das Nachlassgericht ordnet die Nachlassverwaltung entweder auf Antrag des Erben (§ 1981 Abs. 1 BGB) oder der Nachlassgläubiger (§ 1981 Abs. 2 S. 1 BGB) an. Im Übrigen ist gem. § 316 Abs. 1 InsO analog auch der verwaltende Testamentsvollstrecker antragsberechtigt, der Nacherbe ab dem Nacherbfall (§§ 2144, 1981 Abs. 1 BGB) und der Erbschaftskäufer (§ 2383 BGB).[120] Der Erbe kann sein Antragsrecht nach § 2013 Abs. 1 S. 1 BGB verlieren, wenn er es versäumt, ein Inventar in der vom Nachlassgericht gesetzten Frist zu errichten (§ 1994 Abs. 1 BGB) oder wenn er absichtlich ein unrichtiges oder unvollständiges Inventar einreicht (§ 2005 Abs. 1 BGB). Haftet der Erbe gegenüber einem Gläubiger unbeschränkt (§ 2006 Abs. 3 BGB), verliert er sein Antragsrecht auf Nachlassverwaltung nicht, § 2013 Abs. 2 BGB. Die strenge Rechtsfolge der unbeschränkten Haftung ist aus Gründen des Nachlassgläubigerschutzes angebracht. Für sie ist es nur noch schwer nachzuvollziehen, welche Vermögensbestandteile zum Nachlass und welche zum Eigenvermögen des Erben gehören.[121] Das Antragsrecht der Nachlassgläubiger auf Anordnung eines Nachlassverwaltungsverfahrens ist nach § 1981 Abs. 2 S. 2 BGB ausgeschlossen, wenn seit der Annahme der Erbschaft zwei Jahre verstrichen sind. Der Erbe hingegen ist in seinem Antragsrecht zeitlich unbeschränkt.[122]

Umstritten ist, ob der Erbe schon vor der Annahme der Erbschaft den Antrag stellen kann.[123] Ein gewichtiges Argument in diesem Streit ist, dass dem

---

118 Palandt-*Weidlich,* § 1976 BGB, Rn. 1; Staudinger-*Dobler,* § 1976 BGB, Rn. 1 u. 4; Mot. V, S. 631; MüKo-*Küpper,* § 1976 BGB, Rn. 1.

119 So auch BayObLGZ 1976, 167, 171.

120 *Firsching/Graf,* NachlassR, Rn. 4.788; *Muscheler,* ErbR II, Rn. 3549; *Lange/Kuchinke,* ErbR, S. 1245.

121 Mot. V S. 619.

122 Staudinger-*Dobler,* § 1981 BGB, Rn. 10; RGRK-*Johannsen,* § 1981 BGB, Rn. 1; Palandt-*Weidlich,* § 1981 BGB, Rn. 1.

123 Ablehnend Staudinger-*Dobler,* § 1981 BGB, Rn. 11; *Kipp/Coing,* ErbR, S. 545; *Muscheler,* ErbR II, Rn. 3547; *Lange/Kuchinke,* ErbR, S. 1245; bejahend: PWW-*Zimmer,* § 1981 BGB, Rn. 5; *Firsching/Graf,* NachlassR, Rn. 4.787; MüKo-*Küpper,* § 1981 BGB,

vorläufigen Erben das Rechtsschutzbedürfnis fehlen würde, weil er nach § 778 Abs. 1 ZPO den Nachlassgläubigern nicht mit seinem Eigenvermögen haftet.[124]

Nach § 1982 BGB kann die Anordnung der Nachlassverwaltung vom Nachlassgericht abgelehnt werden, wenn keine kostendeckende Nachlassmasse vorhanden ist. Ist dies der Fall, so kann der Erbe die haftungsbeschränkenden Einreden der §§ 1990 Abs. 1 S. 1, 1991 BGB geltend machen.

Die Anordnung der Nachlassverwaltung muss durch das Nachlassgericht bekannt gemacht werden, § 1983 BGB.

bb) Bestellung eines Nachlassverwalters

Nach Anordnung der Nachlassverwaltung bestellt das Nachlassgericht (§ 1962 BGB) einen Nachlassverwalter, §§ 1960 Abs. 2, 1915 Abs. 1 S. 1, 1789 S. 1 BGB. Als Nachlassverwalter kann „jede geeignete und unbefangene Persönlichkeit" bestellt werden.[125] Eine Pflicht zur Übernahme des Amtes besteht nach § 1981 Abs. 3 BGB aber nicht. Der Erbe selbst erfüllt nicht das Kriterium einer „geeigneten und unbefangenen Person", weil bei ihm eine Interessenkollision zu befürchten ist und eine tatsächliche Separation von Nachlass und Eigenvermögen erschwert werden würde.[126] Der verwaltende Testamentsvollstrecker kann Nachlassverwalter sein.[127] Für Miterben wird teilweise plädiert, dass sie als Nachlassverwalter eingesetzt werden können.[128]

Der Nachlassverwalter hat den gesamten Nachlass zu verwalten und Nachlassverbindlichkeiten aus dem Nachlass zu berichtigen, § 1985 Abs. 1 BGB. Das RG hat entschieden, dass zwischen dem Verwalter und dem Erben ein gesetzliches Schuldverhältnis entsteht.[129] Der Nachlassverwalter untersteht der Aufsicht des Nachlassgerichts gem. §§ 1975, 1962, 1915 Abs. 1, 1837 Abs. 2 BGB. Bei Pflichtverletzungen haftet er dem Erben über §§ 1985 Abs. 1, 1915 Abs. 1, 1833 BGB.

Der Nachlassverwalter erhält nach § 1987 BGB eine angemessene Vergütung.

Rn. 2; Palandt-*Weidlich,* § 1981 BGB, Rn. 1; RGRK-*Johannsen,* § 1981 BGB, Rn. 1; Planck-*Flad,* § 1981 BGB, S. 186.

124 Staudinger-*Dobler,* § 1981 BGB, Rn. 11.

125 MüKo-*Küpper,* § 1981 BGB, Rn. 8; so auch Staudinger-*Dobler,* § 1981 BGB, Rn. 28.

126 Planck-*Flad,* § 1981 BGB, S. 186; Staudinger-*Dobler,* § 1981 BGB, Rn. 29; Palandt-*Weidlich,* § 1981 BGB, Rn. 5; *Firsching/Graf,* NachlassR, Rn. 4.808; a.A.: *Möhring/Beisswingert/Klingelhöffer,* Vermögensverwaltung, S. 139; *Weissler,* Nachlassverfahren, S. 425.

127 Staudinger-*Dobler,* § 1981 BGB, Rn. 29.

128 *Riehlen,* MDR 1989, 603, 604; mit Zweifeln Staudinger-*Dobler,* § 1981 BGB, Rn. 29.

129 RGZ 150, 189, 190.

cc) *Wirkung der Nachlassverwaltung*

Wie eingangs schon erwähnt, wird durch die in § 1922 BGB angeordnete Universalsukzession Nachlass und Erbeneigenvermögen miteinander verschmolzen. Wenn das Gericht die Nachlassverwaltung anordnet, kommt es zu einer rückwirkenden Separation der beiden Vermögen.[130] Mit Nachlassabsonderung haftet der Erbe nur noch beschränkt auf den Nachlass, denn mit der Nachlassabsonderung können Eigengläubiger des Erben nicht mehr in den Nachlass vollstrecken und Nachlassgläubiger nicht mehr in das Eigenvermögen des Erben, § 1984 Abs. 2 BGB.

Zum Schutz der Nachlassgläubiger verliert der Erbe nach § 1984 Abs. 1 S. 1 BGB seine Verwaltungs- und Verfügungsbefugnis. Diese Befugnisse gehen nach §§ 1984 Abs. 1 S. 2, 1985 Abs. 1 BGB i.V.m. §§ 81, 82 InsO auf den Nachlassverwalter über.

Der Erbe verliert aber nicht nur Rechte, sondern erhält gegen den Nachlass aus § 1978 Abs. 3 BGB einen Ersatzanspruch, wenn er Aufwendungen getätigt hat. Im Gegenzug ist er aber auch Ansprüchen der Nachlassgläubiger aus § 1978 Abs. 1 BGB ausgesetzt.[131]

Weiterhin sind Zwangsvollstreckungen oder Arreste in den Nachlass zugunsten anderer Gläubiger als die Nachlassgläubiger ausgeschlossen, § 1984 Abs. 2 BGB. Im Umkehrschluss sind Zwangsvollstreckungsmaßnahmen der Nachlassgläubiger auch während der Nachlassverwaltung zulässig.[132]

Weil der Erbe auch Schuldner aller Nachlassverbindlichkeiten wird, entsteht zwischen Nachlassgläubigern und Erben ein Gegenseitigkeitsverhältnis gem. § 387 BGB. Der Nachlassgläubiger kann demnach mit Forderungen außerhalb des Nachlasses aufrechnen. Wurde die Aufrechnung vor der beschränkten Haftung des Erben nach § 1975 BGB erklärt, so wird nach § 1977 Abs. 1 BGB die Aufrechnung als nicht erfolgt angesehen, sodass die Forderungen nicht nach § 389 BGB erloschen sind. Diese Vorschrift soll nach ihrer *ratio* den Erben davor schützen, dass Nachlassverbindlichkeiten mit seinem Vermögen getilgt werden.[133] Da die Vorschrift dem Schutz des Erben dient, tritt ihre Wirkung nicht ein, wenn der Erbe einer solchen Aufrechnung zugestimmt hat.[134] Wenn die

---

130 Mot. V, S. 631; Prot. V, S. 813.

131 Vgl. S. 71 ff.

132 *Muscheler,* ErbR II, Rn. 3587.

133 *Brox/Walker,* ErbR, § 39 Rn. 3; Staudinger-*Dobler,* § 1977 BGB, Rn. 1; MüKo-*Küpper,* § 1977 BGB, Rn. 1.

134 Staudinger-*Dobler,* § 1977 BGB, Rn. 1.

Nachlassgläubiger des Erben mit einer Forderung gegen ihn aus dem Nachlass aufrechnen, werden diese Aufrechnungen ebenfalls als nicht erfolgt angesehen, § 1977 Abs. 2 BGB. § 1977 Abs. 2 BGB soll aber nur den Nachlass davor schützen, dass er durch solche Aufrechnungen dezimiert wird.[135] Bei unbeschränkter Haftung des Erben kommt die Vorschrift des § 1977 BGB nicht zur Anwendung, § 2013 Abs. 1 S. 1 BGB.

Fraglich ist, ob § 1977 BGB auch dann anzuwenden ist, wenn der Erbe mit einer Forderung aus dem Nachlass gegen eine Forderung eines Eigengläubigers aufrechnet.[136] Verneint wird dies mit dem Argument, dass der Erbe seine Verfügungsmacht gem. § 1984 Abs. 1 S. 1 BGB nur *ex nunc* verliert und deswegen soll auch die Aufrechnung wirksam bleiben, die schon vor Anordnung des Nachlassverwaltungsverfahrens oder vor Eröffnung des Nachlassinsolvenzverfahrens erklärt wurde. Außerdem würde in dieser Situation der Erbe nach § 1978 BGB ersatzpflichtig werden.[137]

dd) Ende des Nachlassverwaltungsverfahrens

Die Nachlassverwaltung kann mit der Eröffnung des Nachlassinsolvenzverfahrens enden (§ 1988 Abs. 1 BGB), wenn das Nachlassgericht die Nachlassverwaltung mangels kostendeckender Masse aufhebt (§ 1988 Abs. 2 BGB) oder wenn die Nachlassverbindlichkeiten berichtigt sind (§§ 1975, 1919, 1986 Abs. 1 BGB).

b) Nachlassinsolvenzverfahren

Wenn der Nachlass überschuldet ist, kann die Anordnung der Nachlassverwaltung abgelehnt werden, § 1982 BGB. Dem Erben steht dann aber die Möglichkeit des Nachlassinsolvenzverfahrens offen.[138] Das Nachlassinsolvenzverfahren wird also im Gegensatz zur Nachlassverwaltung angeordnet, wenn der Nachlass überschuldet ist. Das frühere Nachlasskonkursverfahren wurde von dem Nachlassinsolvenzverfahren durch das Inkrafttreten der InsO am 01.01.1999 ersetzt.

---

135 MüKo-*Küpper*, § 1977 BGB, Rn. 1; *Brox/Walker*, ErbR, § 39 Rn. 3; Staudinger-*Dobler*, § 1977 BGB, Rn. 7.

136 Dagegen: RGRK-*Johannsen*, § 1977 BGB, Rn. 6; Staudinger-*Dobler*, § 1977 BGB, Rn. 10; *Dauner-Lieb*, Sondervermögen, S. 89.

137 Staudinger-*Dobler*, § 1977 BGB, Rn. 10.

138 *Endemann*, ErbR, S. 107.

aa) Voraussetzungen für die Eröffnung des Nachlassinsolvenzverfahrens

Für das Nachlassinsolvenzverfahren ist nach § 315 S. 1 InsO das Insolvenzgericht ausschließlich zuständig, in dessen Bezirk der Erblasser zum Zeitpunkt seines Todes seinen allgemeinen Gerichtsstand hatte. Eine Ausnahme ist in § 315 S. 2 InsO vorgesehen, wenn die selbständige wirtschaftliche Tätigkeit des Erblassers an einem anderen Ort ihren Schwerpunkt hatte.

Antragsberechtigt sind nach § 317 Abs. 1 InsO jeder Erbe, der Nachlassverwalter oder ein anderer Nachlasspfleger, der verwaltende Testamentsvollstrecker und auch jeder Nachlassgläubiger. Der Erbe ist nach § 1980 Abs. 1 S. 2 BGB sogar zur Antragstellung verpflichtet. Der Nachlassgläubiger verliert sein Antragsrecht nach zwei Jahren, § 319 InsO. Das Antragsrecht der anderen Berechtigten ist zeitlich unbegrenzt.[139] Während die Nachlassverwaltung nach § 2013 Abs. 1 S. 1 BGB bei unbeschränkter Haftung nicht möglich ist, kann ein Nachlassinsolvenzverfahren trotzdem nach § 316 Abs. 1 Alt. 2 BGB stattfinden. Es entfällt dann aber die Pflicht des Erben zur Antragstellung nach § 2013 Abs. 1 S. 1 BGB. An dieser Stelle wird die „Doppelfunktion“ von Nachlassverwaltung sowie -insolvenz deutlich. Sie dienen nicht nur den Interessen des Erben, sondern auch dem Interesse der Nachlassgläubiger an einer gerechten Verteilung des Nachlasses.[140]

Nach § 320 InsO ist als Eröffnungsgrund entweder die Zahlungsunfähigkeit oder die Überschuldung des Nachlasses erforderlich. Der Begriff der eingetretenen Zahlungsunfähigkeit wird in § 17 Abs. 2 InsO allgemeingültig für die InsO legaldefiniert, wonach jemand zahlungsunfähig ist, wenn er nicht in der Lage ist, die fälligen Zahlungspflichten zur erfüllen.[141] In § 18 Abs. 2 InsO wird die drohende Zahlungsunfähigkeit legaldefiniert. Drohende Zahlungsunfähigkeit besteht, wenn der Schuldner voraussichtlich nicht in der Lage sein wird, die bestehenden Zahlungspflichten im Zeitpunkt der Fälligkeit zu erfüllen. Die Nachlassgläubiger können sich nicht auf die drohende Zahlungsunfähigkeit als Eröffnungsgrund berufen, weil sie ansonsten den Erben mit einem Antrag in Bedrängnis bringen könnten.[142] Bei drohender Zahlungsunfähigkeit besteht die Antragspflicht des Erben aus § 1980 Abs. 1 S. 1 BGB nicht.[143]

---

139 *Firsching/Graf,* NachlassR, Rn. 4.857.

140 *Dauner-Lieb,* Sondervermögen, S. 68.

141 MüKo-*Siegmann,* § 320 InsO, Rn. 2.

142 MüKo-*Siegmann,* § 320 InsO, Rn. 3; Braun-*Bauch,* § 320 InsO, Rn. 7.

143 Braun-*Bauch,* § 320 BGB, Rn. 7; Palandt-*Weidlich,* § 1980 BGB, Rn. 3; MüKo-*Siegmann,* § 320 Ins0, Rn. 3; *Muscheler,* ErbR II, Rn. 3632.

Als weiteren Eröffnungsgrund nennt die InsO die Überschuldung. So wie die Zahlungsunfähigkeit wird auch die Überschuldung in § 19 Abs. 2 InsO legaldefiniert. Diese liegt vor, wenn der Nachlass die bestehenden Verbindlichkeiten nicht mehr deckt. Verbindlichkeiten sind nach § 325 InsO alle Nachlassverbindlichkeiten und die in § 324 InsO genannten.

bb) Ernennung eines Insolvenzverwalters

Hat das Gericht das Insolvenzverfahren eröffnet, ernennt es auch einen Insolvenzverwalter, § 27 Abs. 1 InsO. Nach § 80 Abs. 1 InsO hat der Insolvenzverwalter den Nachlass zu verwalten und kann deswegen über ihn verfügen. Diesbezüglich treffen ihn Pflichten gem. §§ 148 Abs. 1, 151, 152 InsO. Der Insolvenzverwalter steht unter Aufsicht des Insolvenzgerichts, § 58 Abs. 1 S. 1 InsO. Nach § 60 InsO haftet der Insolvenzverwalter allen Beteiligten gegenüber für schuldhaft verursachte Vermögensschäden.[144] Im Gegenzug erhält er eine angemessene Vergütung, § 63 Abs. 1 S. 1 InsO.

cc) Wirkung der Eröffnung des Nachlassinsolvenzverfahrens

Der Erbe wird nach Eröffnung des Nachlassinsolvenzverfahrens zum Insolvenzschuldner. Ist eine Nacherbschaft vom Erblasser angeordnet, so tritt der Nacherbe beim Nacherbfall in die Rolle des Insolvenzschuldners ein.[145] Parallel dazu werden die Nachlassgläubiger zu Insolvenzgläubigern, § 325 InsO. Zu den Insolvenzgläubigern kann auch der Erbe gehören, wenn ihm Ansprüche gegen den Erblasser zustanden, § 326 Abs. 1 InsO. Beim Erbschaftskauf wird der Käufer mit dem Abschluss des Kaufvertrags zum Insolvenzschuldner, weil § 330 Abs. 1 InsO eindeutig auf das schuldrechtliche Rechtsgeschäft abstellt („verkauft“).[146] Der Erbe verliert seine Verwaltungs- und Verfügungsbefugnis über den Nachlass, §§ 80, 81 InsO.[147]

Für den Erben ist die Haftungsbeschränkung nach § 1975 BGB bei der Eröffnung des Insolvenzverfahrens noch bedeutender als bei der Nachlassverwaltung, weil der Nachlass nicht ausreicht, um alle Nachlassgläubiger zu befriedigen und er ohne die Haftungsbeschränkung für diese Nachlassverbindlichkeiten aufkommen müsste.

---

144 Hausmann/Hohloch-*Joachim*, HB ErbR, S. 1540.

145 MüKo-*Siegmann*, § 329 InsO, Rn. 3; *Muscheler*, ErbR II, Rn. 3635.

146 MüKo-*Siegmann*, § 330 InsO, Rn. 2.

147 Braun-*Kroth*, § 80 InsO, Rn. 10.

Zwangsvollstreckungsmaßnahmen in den Nachlass, die nach Eintritt des Erbfalls erfolgt sind, gewähren kein Recht zur abgesonderten Befriedigung, § 321 InsO.

Weiterhin haftet der Erbe ab dem Zeitpunkt der Eröffnung des Nachlassinsolvenzverfahren nach § 1978 Abs. 1 BGB.

dd) Ende des Nachlassinsolvenzverfahrens

Das Nachlassinsolvenzverfahren endet entweder mit einem Aufhebungsbeschluss, nachdem die Schlussverteilung vollzogen wurde (§§ 197, 200 InsO), oder durch einen Aufhebungsbeschluss nach rechtskräftiger Bestätigung des Insolvenzplans (§ 258 Abs. 1 InsO). Diese Aufhebungsbeschlüsse erfolgen durch das Insolvenzgericht.

c) Dürftigkeitseinreden nach §§ 1990 Abs. 1 S. 1, 1991 BGB

Um eine Nachlassverwaltung anzuordnen oder eine Nachlassinsolvenz zu eröffnen, muss der Nachlass die Kosten der beiden Verfahren decken. Um aber auch in solchen Fällen den Erben eine dauernde Haftungsbeschränkung zu gewähren, ohne dass er die Verfahrenskosten gem. § 26 Abs. 1 S. 2 InsO vorleisten muss, hat der Gesetzgeber die sog. Dürftigkeitseinreden gem. §§ 1990 Abs. 1 S. 1, 1991 BGB eingeführt.[148]

aa) Voraussetzungen der Dürftigkeitseinrede

Wie die amtliche Überschrift des § 1990 BGB schon nahelegt, bedarf es zunächst eines dürftigen Nachlasses, um die Einrede der §§ 1990 Abs. 1 S. 1, 1991 BGB erheben zu können. Für die Dürftigkeit reicht es nach h.M. aus, wenn der Nachlass so gering ist, dass allein aus den Mitteln des Nachlasses die Kosten der Verfahren nach § 1975 BGB nicht gedeckt werden können.[149] Für die h.M. spricht, dass in § 1990 Abs. 1 S. 1 BGB die Nachlassverwaltung erwähnt wird und (wie oben dargestellt) dieses Verfahren grundsätzlich für nicht überschuldete Nachlässe gedacht ist, sodass die Überschuldung keine Voraussetzung für die Dürftigkeit ist.[150] Dagegen wendet *Dobler* ein, dass die Nachlassverwaltung auch in den Fällen eines

---

148 *Muscheler,* ErbR II, Rn. 3657.

149 Palandt-*Weidlich,* § 1990 BGB, Rn. 1; RGRK-*Johannsen,* § 1990 BGB, Rn. 4; Planck-*Flad,* § 1990 BGB, S. 206; MüKo-*Küpper,* § 1990 BGB, Rn. 2; *Lange/Kuchinke,* ErbR, S. 1269; *Muscheler,* ErbR II, Rn. 3658 Fn. 395; *Brox/Walker,* ErbR, § 40 Rn. 7; a.A und damit für Überschuldung erforderlich: Staudinger-*Dobler,* § 1990 BGB, Rn. 2.

150 *Muscheler,* ErbR II, Rn. 3658 Fn. 395.

überschuldeten Nachlasses anwendbar ist und zwar dann, wenn den Erben die Insolvenzantragspflicht in § 1980 Abs. 1 S. 1 BGB nicht trifft.[151] Dies ist zum Beispiel der Fall, wenn der Erbe schon unbeschränkbar haftet, § 2013 Abs. 1 S. 1 BGB.

Wird der h.M. gefolgt, ist das Ergebnis, dass in § 1990 Abs. 1 S. 1 BGB zwei Einreden enthalten sind: Zum einen die „Dürftigkeitseinrede i.e.S."[152], die einen dürftigen, aber nicht notwendigerweise verschuldeten Nachlass voraussetzt, und zum anderen die Unzulänglichkeitseinrede, die einen dürftigen und verschuldeten Nachlass voraussetzt.[153] Die Erschöpfungseinrede stellt einen Unterfall der Unzulänglichkeitseinrede dar, bei der überhaupt kein Nachlassgegenstand mehr vorhanden ist.[154]

bb) Wirkungen der Dürftigkeitseinreden

Diese Einreden bewirken keine Nachlassabsonderung. Allerdings kommt es nach *Muscheler* zu einer „partiellen Fiktion der Nachlasssonderung".[155] Insofern kann festgehalten werden, dass eine dauernde Haftungsbeschränkung nur über eine tatsächliche oder aber fingierte Nachlassabsonderung möglich ist. Bis auf diese fingierte Nachlassabsonderung haben die beiden Einreden unterschiedliche Rechtsfolgen. Die Dürftigkeitseinrede i.e.S. verhindert den Zugriff auf das Eigenvermögen des Erben und die Unzulänglichkeitseinrede bedeutet, dass eine Befriedigung der Nachlassgläubiger nicht möglich ist, weil der Nachlass eben nicht nur dürftig, sondern auch überschuldet ist.[156] Erhebt der Erbe die Dürftigkeitseinrede i.e.S., so hat er den Gläubigerzugriff auf sein Eigenvermögen abgewendet, aber er muss nach § 1990 Abs. 1 S. 2 BGB den Nachlass an die Gläubiger herausgeben, damit diese sich im Wege der Zwangsvollstreckung befriedigen können. Aus dieser Formulierung geht nicht klar hervor, was der Erbe zu tun hat. Die Formulierung ist so zu verstehen, dass der Erbe die Zwangsvollstreckung zu dulden hat.[157] § 1990 Abs. 1 S. 2 BGB ist aber nicht nur passiv in dem

---

151 Staudinger-*Dobler*, § 1990 BGB, Rn. 2.

152 *Schlüter/Roth*, ErbR, § 31 Rn. 97.

153 MüKo-*Küpper*, § 1990 BGB, Rn. 11; Staudinger-*Dobler*, § 1990 BGB, Rn. 2; *Muscheler*, ErbR II, Rn. 3664.

154 BayObLG ZEV 2000, 151, 153; Staudinger-*Dobler*, § 1990 BGB, Rn. 11; MüKo-*Küpper*, § 1990 BGB, Rn. 11; *Schlüter/Roth*, ErbR, § 31 Rn. 99; *Lange/Kuchinke*, ErbR, S. 1268; *Muscheler*, ErbR II, Rn. 3664; Soergel-*Stein*, § 1990 BGB, Rn. 2.

155 *Muscheler*, ErbR II, Rn. 3670; von einer Fiktion sprechen auch *Lange/Kuchinke*, ErbR, S. 1271.

156 MüKo-*Küpper*, § 1990 BGB, Rn. 11; *Schlüter/Roth*, ErbR, § 31 Rn. 104.

157 RGZ 137, 50, 53.

Sinne formuliert, dass jemand etwas zu dulden hat, sondern aktiv, denn der Erbe soll etwas herausgeben. Aus diesem Grund soll der Erbe auch aktiv dazu verpflichtet sein, die Zwangsvollstreckung durch die Gläubiger zu ermöglichen.[158] Die Zwangsvollstreckung ermöglichen kann der Erbe zum Beispiel durch ein Nachlassverzeichnis, welches er eidesstattlich versichert.[159]

Weitere Rechtsfolgen sind in § 1991 BGB geregelt. Der Erbe haftet nach § 1978 BGB und hat eventuell Ansprüche auf Aufwendungsersatz gegen den Nachlass aus § 1978 Abs. 3 BGB (§ 1991 Abs. 1 BGB), die erloschenen Rechtsverhältnisse zwischen Erben und Gläubiger werden wiederhergestellt (§ 1991 Abs. 2 BGB), aber nicht die zwischen Erblasser und Dritten.[160]

Heute ist anerkannt, dass es sich um ein redaktionelles Versehen handelt, dass § 1980 BGB nicht in § 1991 BGB aufgeführt ist und trotzdem eine Schadensersatzforderung aus § 1980 Abs. 1 S. 2 BGB auch bestehen bleibt, wenn der Nachlass nachträglich dürftig wird.[161] Hinsichtlich der Gläubigerbefriedigung ist der Zeitpunkt, in dem der Erbe Kenntnis bzw. fahrlässige Unkenntnis von der Unzulänglichkeit des Nachlasses erlangt hat, entscheidend. Vor diesem Zeitpunkt hat er keine Reihenfolge bei der Befriedigung der Gläubiger einzuhalten, § 1991 Abs. 1 BGB i.V.m. § 1979 BGB.[162] Stellt der Erbe fest, dass der Nachlass überschuldet und zudem dürftig ist und die Einrede der Unzulänglichkeit erhebt, gelten die Spezialregelungen des § 1991 Abs. 2, 3 BGB.[163] Abs. 3 und 4 legen die Reihenfolge fest, nach der die Gläubiger zu befriedigen sind. Unter den noch nicht befriedigten Nachlassgläubigern erhält der Nachlassgläubiger Vorrang, der gegen den Erben eine rechtskräftige Verurteilung erwirkt hat, § 1991 Abs. 3 BGB. Gläubiger von Verbindlichkeiten aus Pflichtteilsrechten, Vermächtnissen und Auflagen sind dagegen wie im Nachlassinsolvenzverfahren zu befriedigen, § 1991 Abs. 4 BGB i.V.m. § 327 InsO. Bei Verletzung dieser Reihenfolge droht dem Erben eine Haftung aus §§ 1991 Abs. 1, 1978 BGB.

---

158 Staudinger-*Dobler,* § 1990 BGB, Rn. 29.

159 *Muscheler,* ErbR II, Rn. 3666; Staudinger-*Dobler,* § 1990 BGB, Rn. 29; MüKo-*Küpper,* § 1990 BGB, Rn. 13.

160 Staudinger-*Dobler,* § 1991 BGB, Rn. 14; MüKo-*Küpper,* § 1991 BGB, Rn. 5.

161 BGH NJW 1992, 2694, 2695; Erman-*Schlüter,* § 1991 BGB, Rn. 1; *Muscheler,* ErbR II, Rn. 3670; Burandt/Rojahn-*Joachim,* § 1991 BGB, Rn. 3; Palandt-*Weidlich,* § 1991 BGB, Rn. 1; MüKo-*Küpper,* § 1991 BGB, Rn. 4; Staudinger-*Dobler,* § 1991 BGB, Rn. 8.

162 Prot. V, S. 800; MüKo-*Küpper,* § 1991 BGB, Rn. 7; Burandt/Rojahn-*Joachim,* § 1991 BGB, Rn. 3.

163 MüKo-*Küpper,* § 1991 BGB, Rn. 8.

Wirksam bleibt auch nach Erhebung einer Einrede aus § 1990 BGB die von Nachlassgläubigern erklärte Aufrechnung mit einer Forderung aus dem Nachlass gegen sie, weil die haftungsbeschränkende Einrede nicht von § 390 BGB erfasst wird und selbst im Insolvenzverfahren nach §§ 94, 95 InsO eine Aufrechnung möglich ist.[164] Der BGH hat entschieden, dass die Nachlassgläubiger nicht mit einer privaten Forderung gegen den Erben aufrechnen können, weil er ansonsten unbeschränkt haften würde, sodass er die beschränkte Haftung gegenüber dem Aufrechnenden geltend machen kann.[165] Die Eigengläubiger des Erben können gegen eine Forderung aus dem Nachlass aufrechnen.[166]

Die Einreden der §§ 1990, 1991 BGB können der Erbe, seine Vertreter, der Nachlasspfleger und der Testamentsvollstrecker erheben.[167]

d) Überschwerungseinrede nach § 1992 BGB

Wenn der Nachlass durch Vermächtnisse und Auflagen überschuldet ist, hat der Erbe die spezielle Einrede der Überschwerung in § 1992 BGB, die er auch erheben kann, wenn der Nachlass nicht dürftig ist. Grund für diese spezielle Einrede ist, dass der Erblasser davon ausging, der Nachlass würde für die Vermächtnisse und Auflagen ausreichen und ein Nachlassinsolvenzverfahren nicht in seinem Interesse gewesen wäre.[168] Aus diesem Grund trifft den Erben nicht die Pflicht aus § 1980 Abs. 1 S. 1 BGB.[169]

aa) Voraussetzungen der Überschwerungseinrede

Der Erbe darf nicht schon unbeschränkt gegenüber allen Nachlassgläubigern haften, § 2013 Abs. 1 S. 1 BGB. Voraussetzung ist weiterhin, dass der Nachlass nicht dürftig ist, weil ansonsten ein Antrag auf ein Nachlassinsolvenzverfahren mangels kostendeckender Masse gem. § 26 Abs. 1 S. 1 InsO abgelehnt wird bzw. das Nachlassinsolvenzverfahren nach § 207 Abs. 1 S. 1 InsO eingestellt wird und so der Anwendungsbereich der §§ 1990, 1991 BGB eröffnet wäre. Der Wortlaut

---

164 PWW-*Zimmer,* § 1990 BGB, Rn. 18; Palandt-*Weidlich,* § 1990 BGB, Rn. 9; Soergel-*Stein,* § 1990 BGB, Rn. 8.

165 BGH NJW 1961, 1966, 1968.

166 Palandt-*Weidlich,* § 1991 BGB, Rn. 9; MüKo-*Küpper,* § 1991 BGB, Rn. 6; Staudinger-*Dobler,* § 1990 BGB, Rn. 43; a.A. Soergel-*Stein,* § 1990 BGB, Rn. 8, weil eine Nachlassschmälerung zu Lasten der Nachlassgläubiger zu befürchten ist; *Lange/Kuchinke,* ErbR, S. 1273–1274.

167 Burandt/Rojahn-*Joachim,* § 1990 BGB, Rn. 5; Palandt-*Weidlich,* § 1990 BGB, Rn. 3.

168 Prot. V, S. 762; Burandt/Rojahn-*Joachim,* § 1992 BGB, Rn. 1.

169 Palandt-*Weidlich,* § 1992 BGB, Rn. 1.

spricht davon, dass die Überschuldung des Nachlasses auf Vermächtnissen und Auflagen beruhen muss. Eine Ansicht möchte das Tatbestandsmerkmal „beruhen“ weit auslegen, sodass es ausreicht, wenn der Nachlass nach Abzug der Kosten für Vermächtnisse und Auflagen immer noch verschuldet ist.[170] Als Argument für diese Ansicht wird angeführt, dass der Zweck von § 1992 S. 1 BGB sei, das Nachlassinsolvenzverfahren zu verhindern.[171] Dies erscheint fraglich, weil § 1980 Abs. 1 S. 1 BGB den Erben verpflichtet, einen Antrag auf Nachlassinsolvenz zu stellen und es keine Gründe gibt, ihn über § 1992 BGB zu privilegieren, wenn er gegen diese Pflicht verstößt.[172] Überzeugen kann das Argument weiterhin nicht, weil in den Protokollen zum BGB von einer Überschuldung „lediglich“ und „nur“ wegen Vermächtnissen und Auflagen die Rede ist.[173] Allerdings sind die Protokolle in der Hinsicht nicht korrekt, denn bei Forderungen, die nach den §§ 1973, 1974 BGB den übrigen Forderungen gegen den Nachlass untergeordnet sind, soll § 1992 BGB anwendbar bleiben.[174] Zudem ist eine Berufung auf § 1992 BGB möglich, wenn die Gläubiger bei einem überschuldeten Nachlass damit einverstanden sind, dass kein Nachlassinsolvenzverfahren beantragt wird.[175] Zurecht werden diese Fälle als Ausnahme angesehen.[176] Der weiten Auslegungen des Tatbestandsmerkmals „beruhen“ haben sich viele Stimmen in der Literatur entgegengestellt.[177]

Der Erbe kann sich nicht auf die Überschwerungseinrede berufen, wenn er gegenüber allen Nachlassgläubigern unbeschränkt haftet, § 2013 Abs. 1 S. 1 BGB.

Wie schon bei den Einreden der §§ 1990, 1991 BGB spricht der Wortlaut des § 1992 BGB nur vom Recht des Erben, die Einrede des § 1992 BGB zu erheben, allerdings sollen dies auch der Nachlasspfleger, der Testamentsvollstrecker und der Nachlassverwalter können.[178]

---

170 *Kipp/Coing*, ErbR, S. 562; RGRK-*Johannsen*, § 1992 BGB, Rn. 2; Erman-*Schlüter*, § 1992 BGB, Rn. 2; *v. Lübtow*, ErbR II, S. 1176–1177.

171 RGRK-*Johannsen*, § 1992 BGB, Rn. 2.

172 *Muscheler*, ErbR II, Rn. 3683; *Brox/Walker*, ErbR, § 40 Rn. 8.

173 Prot. V, S. 802, 816.

174 Staudinger-*Dobler*, § 1992 BGB, Rn. 3; *Muscheler*, ErbR II, Rn. 3683.

175 OLG Hamburg DR 1940, 727, 727; *Muscheler*, ErbR II, Rn. 3683; MüKo-*Küpper*, § 1992 BGB, Rn. 5.

176 Staudinger-*Dobler*, § 1992 BGB, Rn. 5.

177 MüKo-*Küpper*, § 1992 BGB, Rn. 5; Staudinger-*Dobler*, § 1992 BGB, Rn. 3; *Muscheler*, ErbR II, Rn. 3682–3683; *Lange/Kuchinke*, ErbR, S. 1269–1270; *Soergel*-Stein, § 1992 BGB, Rn. 2; Palandt-*Weidlich*, § 1992 BGB, Rn. 1; *Brox/Walker*, ErbR, § 40 Rn. 8.

178 MüKo-*Küpper*, § 1992 BGB, Rn. 3; Staudinger-*Dobler*, § 1992 BGB, Rn. 15; Prot. V, S. 816.

bb) Wirkungen der Überschwerungseinrede

Wurde die Überschwerungseinrede erhoben, so tritt als maßgebende und wichtigste Folge die beschränkte Haftung des Erben ein.[179] Ansprüche aus Vermächtnissen und Auflagen muss der Erbe nach §§ 1992 S. 2, 1991 Abs. 4 BGB in der Rangfolge berichtigen, wie er es im Insolvenzverfahren hätte tun müssen (§ 327 Abs. 1 InsO). Ansonsten droht dem Erben eine Haftung aus §§ 1992 S. 1, 1991 Abs. 1, 1978 BGB. Ordnete der Erblasser i.S.d. § 2189 BGB eine Rangfolge an, muss diese beachtet werden, § 327 Abs. 2 InsO. Verbindlichkeiten, die nicht in Vermächtnissen oder Auflagen begründet wurden, sind vorrangig zu erfüllen.[180] § 1992 S. 2 BGB gestattet es dem Erben, die Herausgabe der noch vorhandenen Nachlassgegenstände durch Zahlung des Wertes abzuwenden. Der Wert wird wie im Fall des § 1973 Abs. 2 S. 2 BGB zum Zeitpunkt der ersten Geltendmachung des Abfindungsrechts bestimmt.[181] Zulässig bleiben mit Blick auf § 94 InsO Aufrechnungen der Vermächtnisgläubiger gegen Nachlassforderungen, weil, wenn sie noch in einem Insolvenzverfahren aufrechnen können, dann muss das auch für den Fall der Überschwerungseinrede gelten.[182]

e) Ausschlusseinrede und Erschöpfungseinrede nach § 1973 Abs. 1 S. 1 BGB

Weitere Möglichkeiten zur Haftungsbeschränkung des Erben bieten die sogenannte Ausschlusseinrede und die Erschöpfungseinrede gem. § 1973 Abs. 1 S. 1 BGB. Teilweise wird nur von der Erschöpfungseinrede oder Ausschlusseinrede gesprochen[183] und teilweise wird differenziert[184]. Einige wiederum verwenden die Begriffe als Synonyme.[185] Die Ausschlusseinrede soll nur den Zugriff der Nachlassgläubiger auf das Eigenvermögen des Erben verhindern, wohingegen er mit Erhebung der Erschöpfungseinrede die Leistung an den ausgeschlossenen Gläubiger verweigert.[186]

---

179 *v. Lübtow,* ErbR II, S. 1176; *Muscheler,* ErbR II, Rn. 3676; MüKo-*Küpper,* § 1992 BGB, Rn. 1.

180 *Muscheler,* ErbR II, Rn. 3684.

181 MüKo-*Küpper,* § 1992 BGB, Rn. 7.

182 Palandt-*Weidlich,* § 1992 BGB, Rn. 3; MüKo-*Küpper,* § 1992 BGB, Rn. 8.

183 PWW-*Zimmer,* § 1973 BGB, Rn. 2; MüKo-*Küpper,* § 1973 BGB, Rn. 6; *Brox/Walker,* ErbR, § 38 Rn. 3; *v. Lübtow,* ErbR II, S. 1198.

184 Staudinger-*Dutta,* § 1973 BGB, Rn. 1; *Muscheler,* ErbR II, Rn. 3712–3713.

185 Erman-*Schlüter,* § 1973 BGB, Rn. 5; Soergel-*Stein,* § 1973 BGB, Rn. 1; Burandt/Rojahn-*Joachim,* § 1973 BGB, Rn. 1.

186 *Muscheler,* ErbR II, Rn. 3712–3713; Staudinger-*Dutta,* § 1973 BGB, Rn. 1.

aa) Voraussetzungen der Ausschlusseinrede und Erschöpfungseinrede

Voraussetzung für die Einreden aus § 1973 BGB ist, dass ein Aufgebotsverfahren gem. §§ 1970 ff. BGB durchgeführt wurde. Das Aufgebotsverfahren ermöglicht dem Erben, einen Überblick über die Passiva des Nachlasses zu erhalten.[187] Sachlich zuständig ist das Amtsgericht (§ 23a Abs. 1 Nr. 2, Abs. 2 Nr. 7 GVG und örtlich ist das Amtsgericht zuständig, dem die Angelegenheiten des Nachlassgerichts obliegen (§ 454 Abs. 2 S. 1 FamFG), also das Gericht, in dessen Bezirk der Erblasser zum Zeitpunkt seines Todes seinen gewöhnlichen Aufenthalt hatte (§ 343 Abs. 1 FamFG). Antragsberechtigt sind gem. § 455 FamFG der Erbe, der nicht unbeschränkt haftet, der Nachlasspfleger, der Nachlassverwalter und der verwaltende Testamentsvollstrecker. Weiterhin ist der Erbschaftskäufer nach § 463 Abs. 1 S. 1 FamFG antragsberechtigt.

Dem Nachlassgläubiger ist im Aufgebot der drohende Rechtsnachteil mitzuteilen, § 458 Abs. 1 FamFG. Die Aufgebotsfrist beträgt zwischen mindestens sechs Wochen und höchstens sechs Monaten (§§ 437, 458 Abs. 2 FamFG). Ist das Nachlassinsolvenzverfahren beantragt, so soll kein Aufgebotsverfahren erlassen werden, § 457 Abs. 1 FamFG. Mit Eröffnung des Nachlassinsolvenzverfahrens wird das Aufgebotsverfahren beendet, § 457 Abs. 2 FamFG. Die Forderungsanmeldung durch die Nachlassgläubiger ist in § 459 FamFG geregelt. Der Ausschließungsbeschluss nach § 439 FamFG kann mittels der Beschwerde nach §§ 58 ff. FamFG angegriffen werden. Nach dem Zeitpunkt des § 439 Abs. 2 FamFG sind die Forderungen nicht angemeldeter Nachlassgläubiger ausgeschlossen, § 1973 Abs. 1 S. 1 BGB. Der Ausschließungsbeschluss führt nicht zum Erlöschen der Forderungen der ausgeschlossenen Nachlassgläubiger, gibt dem Erben aber das Recht, die Einreden aus § 1973 BGB zu erheben.[188]

bb) Wirkungen der Ausschlusseinrede und Erschöpfungseinrede

Die Einreden des § 1973 BGB führen zu einer gegenständlich beschränkten Haftung des Erben, ohne ihm die Verfügungsbefugnis in einem amtlichen Verfahren nach § 1975 BGB zu nehmen.[189]

Zu beachten ist, dass der Erbe nach § 1973 Abs. 2 S. 1 BGB den ausgeschlossenen Gläubigern nicht nach den §§ 1978–1980 BGB haftet, sondern über die in ihrer Rechtsfolge milderen Vorschriften über die Herausgabe der

187 Erman-*Schlüter,* Vorbem. zu §§ 1970 ff. BGB, Rn. 1.

188 *Brox/Walker,* ErbR, § 38 Rn. 3; Erman-*Schlüter,* § 1973 BGB, Rn. 2; *Muscheler,* ErbR II, Rn. 3699.

189 *Muscheler,* ErbR II, Rn. 3712.

ungerechtfertigten Bereicherung. Die Haftung des Erben ist nicht „schuldrechtlich verschärft".[190]

f) Verschweigungseinrede nach § 1974 BGB

Auf Anregung der bayrischen Regierung wurde zum Schutz der Erben eine weitere Regelung – die Verschweigungseinrede des § 1974 BGB – in das Haftungsbeschränkungssystem des BGB aufgenommen.[191] Auch hier sind wieder die Interessen des Erben und der Nachlassgläubiger maßgeblich, um den Sinn der Vorschrift zu erfassen. Der Nachlassgläubiger hat ein Interesse daran, seine Forderung auch noch fünf Jahre nach dem Erbfall durchzusetzen. Der Erbe hat dagegen das Interesse, für weit zurückliegende Forderungen nicht mehr mit dem Nachlass oder gar mit seinem Eigenvermögen aufzukommen. Der damalige Gesetzgeber musste sich entscheiden, welches Interesse hier höher zu bewerten ist. Mit der Regelung des § 1974 BGB hat er sich für das Interesse des Erben entschieden.

Die gegenständlich beschränkte Haftung kommt dem Erben nur zugute, wenn er den Nachlass von seinem Eigenvermögen trennt. Für den Erben wird dies aus mehreren Gründen ungünstiger, umso länger die Verschmelzung von Nachlass und Eigenvermögen andauerte. Zum einen hat der Erbe sich an die Verschmelzung des Vermögens gewöhnt (sog. „Affektionsinteresse"), zum anderen kann die Trennung der Nachlassgegenstände vom restlichen Vermögen des Erben nach so langer Zeit dazu führen, dass der Erbe Vermögenseinbußen erleidet, die den Wert des Nachlasses übersteigen („Interesse an der Verhinderung von Wertverlusten") und weiterhin ist die Verschmelzung von Nachlass und Eigenvermögen nach einigen Jahren kaum noch rückgängig zu machen („Praktikabilitätsinteresse").[192] Der Nachlassgläubiger hat dagegen nur ein Durchsetzungsinteresse bzgl. seiner Forderung, welches er aber nicht direkt nach dem Erbfall zum Ausdruck brachte, sondern erst nach einigen Jahren. Das Interesse des Erben überwiegt also deutlich das bloße Durchsetzungsinteresse des Nachlassgläubigers, sodass sich der damalige Gesetzgeber für die Einführung der Verschweigungseinrede entschieden hat.

aa) Voraussetzungen der Verschweigungseinrede

Der Gläubiger muss seine Forderung nach § 1973 Abs. 1 S. 1 BGB fünf Jahre nach dem Erbfall geltend machen. Diese Frist wird nach den §§ 187 Abs. 1, 188 BGB

---

190 *Boehmer*, Erbenhaftung, S. 183.

191 Prot. V, S. 795.

192 Prot. V, S. 795–796; zu den Begriffen in Anführungszeichen: *Muscheler*, ErbR II, Rn. 3723.

berechnet.[193] § 1974 Abs. 1 S. 2 BGB regelt die Fälle, in denen der Erblasser für tot erklärt wird oder seine Todeszeit nach den Vorschriften des VerschG festgestellt wird, dass die Frist erst beginnt, wenn der Beschluss über die Todeserklärung rechtskräftig wird oder die Todeszeit festgestellt wird. Der Gläubiger muss in diesen fünf Jahren nach dem Erbfall die Forderung völlig verschwiegen haben, um in den sachlichen Anwendungsbereich des § 1974 Abs. 1 S. 1 BGB zu gelangen. Unter diesem Verschweigen ist zu verstehen, dass der Gläubiger die Forderung weder gerichtlich noch außergerichtlich innerhalb der genannten Frist gegenüber dem Erben, Nachlasspfleger, Nachlassverwalter, Nachlassinsolvenzverwalter, verwaltenden Testamentsvollstrecker oder vorläufigen Erben, der später ausgeschlagen hat, geltend gemacht hat.[194]

Nicht jedes Verschweigen des Gläubigers führt dazu, dass sich der Erbe auf die Einrede des § 1974 Abs. 1 S. 1 BGB berufen kann. Nach § 1974 Abs. 3 BGB erstreckt sich die Wirkung der Einrede nicht auf Gläubiger, die nach § 1971 BGB vom Aufgebotsverfahren nicht betroffen sind. Wurde die Forderung im Aufgebotsverfahren angemeldet, kann sich der Erbe ebenfalls nicht auf die Einrede berufen. Der Erbe kann sich auch nicht auf die Einrede des § 1974 Abs. 1 S. 1 BGB berufen, wenn ihm die Forderung des Gläubigers innerhalb der Fünf-Jahres-Frist bekannt geworden ist, § 1974 Abs. 1 S. 1 BGB. Erforderlich ist dabei positive Kenntnis des Erben, insoweit genügt fahrlässige Unkenntnis nicht.[195]

Durch eine Anmeldung der Forderung im Aufgebotsverfahren können sich die Gläubiger i.S.d. § 1972 BGB, die nicht unter die Vorschrift des § 1974 Abs. 3 BGB fallen, vor der Einrede schützen.[196] Allerdings wird zurecht von *Weidlich* kritisiert, dass dies praktisch kaum relevant wird, weil der Erbe solche Verbindlichkeiten bereits aus der Verfügung von Todes wegen kennt und so schon die Einrede wegen Kenntnis des Erben gem. § 1974 Abs. 1 S. 1 BGB ausgeschlossen ist.[197] Die überwiegende Meinung ist, dass dem Erben die Kenntnis des Nachlasspflegers, verwaltenden Testamentsvollstreckers, Nachlassverwalters und Nachlassinsolvenzverwalters zugerechnet werden

---

193 *Firsching/Graf,* NachlassR, Rn. 4.784; Staudinger-*Dutta,* § 1974 BGB, Rn. 3; MüKo-*Küpper,* § 1974 BGB Rn. 2.

194 MüKo-*Küpper,* § 1974 BGB, Rn. 3; Prot. V, S. 796; RGRK-*Johannsen,* § 1974 BGB, Rn. 3; Planck-*Flad,* § 1974 BGB, S. 161; Palandt-*Weidlich,* § 1974 BGB, Rn. 2; Soergel-*Stein,* § 1974 BGB, Rn. 4; Erman-*Schlüter,* § 1974 BGB, Rn. 2.

195 Burandt/Rojahn-*Joachim,* § 1974 BGB, Rn. 2; Soergel-*Stein,* § 1974 BGB, Rn. 2; RGRK-*Johannsen,* § 1974 BGB, Rn. 7.

196 MüKo-*Küpper,* § 1974 BGB, Rn. 3.

197 Palandt-*Weidlich,* § 1974 BGB, Rn. 1.

muss.[198] Hinsichtlich der Zurechnung der Kenntnis des vorläufigen Erben, der dann aber ausschlägt, besteht Uneinigkeit.[199]

Wie bei den meisten Haftungsbeschränkungen des Erben, die im BGB geregelt wurden, darf der Erbe noch nicht unbeschränkt gegenüber den Gläubigern haften. Andernfalls kann er die Einrede aus § 1974 Abs. 1 S. 1 BGB nicht geltend machen, § 2013 Abs. 1 S. 1 BGB.

Fraglich ist, ob der Anwendungsbereich des § 1974 BGB auch eröffnet ist, wenn die Forderung des Nachlassgläubigers erst nach Ablauf der Fünf-Jahres-Frist entstanden ist.[200] Dafür, dass § 1974 BGB auch solche Forderungen erfasst, spricht zum einen der Wortlaut und zum anderen der Zweck von § 1974 BGB. Der Wortlaut differenziert nicht zwischen den Entstehungszeitpunkten der Forderungen.[201] Außerdem ist § 1974 BGB zum Schutz des Erben eingeführt worden und dieser Schutz soll nicht unterlaufen werden.[202] § 1974 BGB gilt nicht, wenn die Verbindlichkeit vom Erben, Nachlasspfleger, Nachlassverwalter oder von einem Testamentsvollstrecker begründet wurde.[203]

bb) Wirkungen der Verschweigungseinrede

Der Gläubiger, der seine Forderung nach Fristablauf geltend macht, wird so gestellt, wie er stünde, wenn er im Aufgebotsverfahren ausgeschlossen worden wäre, § 1974 Abs. 1 S. 1 BGB. Der Erbe haftet damit nur noch gegenständlich beschränkt auf den Überschuss, also mit dem, was abzüglich der ordnungsgemäß angemeldeten Forderungen vom Nachlass übrig bleibt.[204] Wie bei § 1973 BGB

198 Erman-*Schlüter*, § 1974 BGB, Rn. 2; Soergel-*Stein*, § 1974 BGB, Rn. 2; MüKo-*Küpper*, § 1974 BGB, Rn. 3; Planck-*Flad*, § 1974 BGB, S. 161; Staudinger-*Dutta*, § 1974 BGB, Rn. 11; unsicher hingegen RGRK-*Johannsen*, § 1974 BGB, Rn. 6.

199 Zurechnung ablehnend: Staudinger-*Dutta*, § 1974 BGB, Rn. 11; RGRK-*Johannsen*, § 1974 BGB, Rn. 6; Planck-*Flad*, § 1974 BGB, S. 161; Zurechnung bejahend: MüKo-*Küpper*, § 1974 BGB, Rn. 3; Soergel-*Stein*, § 1974 BGB, Rn. 2.

200 Bejahend: Staudinger-*Dutta*, § 1974 BGB, Rn. 7; MüKo-*Küpper*, § 1974 BGB, Rn. 5; RGRK-*Johannsen*, § 1974 BGB, Rn. 2; *Schlüter/Roth*, ErbR, § 31 Rn. 42; Planck-*Flad*, § 1974 BGB, S. 161; verneinend Soergel-*Stein*, § 1974 BGB, Rn. 3; kritisch: *Muscheler*, ErbR II, Rn. 3718 ff.

201 Staudinger-*Dutta*, § 1974 BGB, Rn. 7; Burandt/Rojahn-*Joachim*, § 1974 BGB, Rn. 2; Planck-*Flad*, § 1974 BGB, S. 161.

202 Burandt/Rojahn-*Joachim*, § 1974 BGB, Rn. 2; *Schlüter/Roth*, ErbR, § 31 Rn. 42; RGRK-*Johannsen*, § 1974 BGB, Rn. 2.

203 Staudinger-*Dutta*, § 1974 BGB, Rn. 7.

204 *Muscheler*, ErbR II, Rn. 3720; MüKo-*Küpper*, § 1974 BGB, Rn. 6; *Schlüter/Roth*, ErbR, § 31 Rn. 42.

haftet der Erbe auch bei Erhebung der Verschweigungseinrede nicht nach den §§ 1978, 1980 BGB, sondern nur auf die Bereicherung beschränkt.[205]

Eine Besonderheit knüpft § 1974 Abs. 2 BGB an die Verbindlichkeiten aus Pflichtteilsrechten, Vermächtnissen und Auflagen. Für den Fall, dass der Erbe mehreren solcher Verbindlichkeiten ausgesetzt ist, stellt § 1974 Abs. 2 BGB auf die Reihenfolge nach § 327 Abs. 1, 3 InsO ab. Hat der Erbe diese Reihenfolge missachtetet, haftet er dem geschädigten Gläubiger mit seinem Eigenvermögen.[206] Der Erbe soll persönlich verschärft aus dem Bereicherungsrecht haften.[207]

Die praktische Relevanz des § 1974 Abs. 2 BGB ist aber gering, denn für gewöhnlich wird es an den Voraussetzungen der Einrede fehlen, weil dem Erben die in § 1974 Abs. 2 BGB aufgeführten Verbindlichkeiten schon aus der Verfügung von Todes wegen bekannt sein dürften.[208]

2. Mittel zur vorübergehenden Haftungsbeschränkung

a) Dreimonatseinrede nach § 2014 BGB

Vor der Annahme der Erbschaft ist der vorläufige Erbe durch § 1958 BGB vor Inanspruchnahme geschützt. Ab dem Zeitpunkt der Annahme verliert der Erbe jedoch diesen Schutz und haftet zunächst unbeschränkt. Diesen Zustand will der Erbe möglichst verhindern und er wird sich deswegen eines der Mittel zur endgültigen Haftungsbeschränkung bedienen. Jedoch kann er erst entscheiden, welches Mittel geeignet ist, wenn er Klarheit über die Aktiva und Passiva des Nachlasses hat.[209] Für diesen Zeitraum gewährt das BGB dem Erben die Dreimonatseinrede des § 2014 BGB.

aa) Voraussetzungen der Dreimonatseinrede nach § 2014 BGB

Der Erbe kann sich nicht auf die Einrede des § 2014 BGB berufen, wenn er unbeschränkt haftet, § 2016 Abs. 1 BGB. Aus § 2017 BGB geht hervor, dass neben dem Erben auch der Nachlasspfleger, Nachlassverwalter und der verwaltende Testamentsvollstrecker berechtigt sind, die Einrede aus § 2014 BGB geltend zu

---

205 Burandt/Rojahn-*Joachim,* § 1974 BGB, Rn. 7; Staudinger-*Dutta,* § 1974 BGB, Rn. 15; *Muscheler,* ErbR II, Rn. 3720.

206 *Lange/Kuchinke,* ErbR, S. 1280; Planck-*Flad,* § 1974 BGB, S. 162; *Firsching/Graf,* NachlassR, Rn. 4.784.

207 Soergel-*Stein,* § 1973 BGB, Rn. 3.

208 Soergel-*Stein,* § 1974 BGB, Rn. 5.

209 Mot. V, S. 672–673; Prot. V, S. 784; MüKo-*Küpper,* § 2014 BGB, Rn. 1; PWW-*Zimmer,* § 2014 BGB, Rn. 1;

machen.[210] Für diese Fälle bestimmt § 2017 BGB abweichend den Zeitpunkt der Bestellung als Fristbeginn. Aus § 2017 BGB kann geschlussfolgert werden, dass die Einrede des § 2014 BGB nicht erst mit der Annahme der Erbschaft entsteht, sondern schon vorher und nur die Dreimonatsfrist mit Annahme der Erbschaft beginnt.[211] *A maiore ad minus* muss es erst recht dem vorläufigen Erben zustehen, die Einrede zu erheben, wenn es der endgültige Erbe kann.[212] Die Berechnung der Frist richtet sich nach §§ 187 Abs. 1, 188 Abs. 2 und 3 BGB.[213]

bb) Wirkungen der Dreimonatseinrede

Anders als in den Fällen des § 1958 BGB führt die Dreimonatseinrede in § 2014 BGB nicht zu einer Abweisung der Klage, sondern nur zu einer Verurteilung unter dem Vorbehalt der beschränkten Haftung nach § 780 Abs. 1 ZPO.[214] Die überwiegende Meinung geht davon aus, dass § 2014 BGB keine materiell-rechtliche Wirkung hat.[215] Gegen diese Ansicht werden gewichtige Argumente vorgetragen. Wenn das BGB dem Erben eine gewisse „Schonfrist" einräumt, dann kann es vom Gesetzgeber nicht gewollt sein, dass ihm trotzdem vorgeworfen wird, die Leistung nicht erbracht zu haben, sodass er in Verzug nach § 286 Abs. 1 S. 1 BGB geraten ist.[216] Auch in den Protokollen wird ausdrücklich von einer materiell-rechtlichen Wirkung der Einrede gesprochen.[217] Das RG war allerdings der Auffassung, dass es nicht unbillig ist, dem Erben die Unübersichtlichkeit des Nachlasses, die regelmäßig der Erblasser verschuldet hat, aufzuerlegen und nicht den Nachlassgläubigern.[218]

b) Aufgebotseinrede nach § 2015 Abs. 1 BGB

Auch die Aufgebotseinrede nach § 2015 Abs. 1 BGB soll dem Erben die Möglichkeit geben, sich Klarheit über die Aktiva und Passiva des Nachlasses zu

---

210 Prot. V, S. 830; MüKo-*Küpper,* § 2014 BGB, Rn. 2; MüKo-*Küpper,* § 2017 BGB, Rn. 1–3.

211 Prot. V, S. 830–831; Staudinger-*Dobler,* § 2014 BGB, Rn. 2.

212 *Muscheler,* ErbR II, Rn. 3088.

213 MüKo-*Küpper,* § 2014 BGB, Rn. 2; Staudinger-*Dobler,* § 2014 BGB, Rn. 2.

214 MüKo-*Küpper,* § 2014 BGB, Rn. 4; Soergel-*Stein,* § 2014 BGB, Rn. 3.

215 RGZ 79, 201, 205; Palandt-*Weidlich,* § 2014 BGB, Rn. 3; Erman-*Schlüter,* § 2014 BGB, Rn. 2; Planck-*Flad,* Vorbem. zu §§ 2014 ff. BGB, S. 255–257; *Lange/Kuchinke,* ErbR, S. 1219; a.A.: *Kipp/Coing,* ErbR, S. 565; RGRK-*Johannsen,* § 2014 BGB, Rn. 7; Staudinger-*Dobler,* § 2014 BGB, Rn. 8; *Brox/Walker,* ErbR, § 40 Rn. 5.

216 *Brox/Walker,* ErbR, § 40 Rn. 5; RGRK-*Johannsen,* § 2014 BGB, Rn. 7.

217 Prot. V, S. 785.

218 RGZ 79, 201, 206.

verschaffen, ohne die Nachlassgläubiger befriedigen zu müssen.[219] Weiterhin soll sie aber auch der gleichmäßigen Befriedigung der Nachlassgläubiger dienen und die übrigen Nachlassgläubiger davor schützen, dass der Nachlass zu Gunsten anderer Gläubiger verringert wird.[220]

aa) Voraussetzungen der Aufgebotseinrede

Der Erbe darf genauso wie bei der Einrede aus § 2014 BGB nicht unbeschränkt haften, § 2016 Abs. 1 BGB. Die Aufgebotseinrede gibt dem Erben das Recht, die Berichtigung einer Nachlassverbindlichkeit bis zur Beendigung des Aufgebotsverfahrens zu verweigern, wenn der Antrag auf Einleitung eines Aufgebotsverfahrens innerhalb eines Jahres nach der Annahme der Erbschaft gestellt und der Antrag zugelassen wurde, § 2015 Abs. 1 BGB. § 2015 Abs. 1 BGB gewährt dem Erben erst nach Zulassung des Aufgebotsverfahrens die Einrede. Auch die Aufgebotseinrede kann von dem Nachlasspfleger, Nachlassverwalter und verwaltenden Testamentsvollstrecker geltend gemacht werden.[221]

bb) Wirkungen der Aufgebotseinrede

Die Einrede aus § 2015 Abs. 1 BGB gewährt dem Erben ein Leistungsverweigerungsrecht gegenüber den Nachlassgläubigern bis zur Beendigung des Aufgebotsverfahrens.[222] Bezüglich der sonstigen Wirkung der Aufgebotseinrede gibt es keine Unterschiede zu der Dreimonatseinrede.

IV. Haftungsbeschränkungsmöglichkeiten des BGB für die Miterben

Während die Haftungssituation bei einem Alleinerben für die Nachlassgläubiger übersichtlich ist, wird sie komplizierter, wenn mehrere Erben als Rechtsnachfolger des Erblassers auftreten. Die Nachlassgläubiger haben es nun nicht mehr nur mit zwei Haftungsmassen, also mit dem Nachlass und dem Eigenvermögen des Alleinerben, zu tun, sondern mit dem ungeteilten Nachlass, den Miterbenanteilen am Nachlass vor und nach der Teilung sowie mit Eigenvermögen der einzelnen Erben.[223]

---

219 Staudinger-*Dobler*, Vorbem. zu §§ 2014 ff. BGB, Rn. 1; *Brox/Walker*, ErbR, § 40 Rn. 2.
220 MüKo-*Küpper*, § 2015 BGB, Rn. 1; Palandt-*Weidlich*, § 2015 BGB, Rn. 1.
221 Staudinger-*Dobler*, Vorbem. zu §§ 2014 ff. BGB, Rn. 3.
222 Palandt-*Weidlich*, § 2015 BGB, Rn. 1.
223 *Muscheler*, ErbR, Rn. 3799.

Für die Haftung der Miterben ist maßgeblich, ob es bereits zur Nachlassteilung gekommen ist. Entscheidend ist also, wann von der Teilung des Nachlasses ausgegangen werden kann. Hierunter wird die „unmittelbar verfügend wirkende Aufteilung der bisher der Erbengemeinschaft zustehenden Gesamthandrechte an die einzelnen Miterben“ verstanden.[224] Wann diese Aufteilung eingetreten ist, beurteilt sich nach dem objektiven Gesamtbild.[225] Der Nachlass wird als geteilt angesehen, wenn ein so erheblicher Teil der Nachlassgegenstände aus dem Sondervermögen der Gesamthand in das Eigenvermögen der einzelnen Erben übergegangen ist, dass die Erbengemeinschaft bei wirtschaftlicher Betrachtung als aufgelöst erscheint.[226] Eine andere Ansicht nimmt die Teilung des Nachlasses an, wenn nicht mehr genügend Gegenstände im Nachlass vorhanden sind, um die Befriedigung der Nachlassgläubiger zu ermöglichen.[227] An dieser Ansicht wird zurecht kritisiert, dass oft nicht die genaue Höhe der ausstehenden Nachlassverbindlichkeiten bekannt sein wird und teilweise auch nicht, ob sie überhaupt bestehen.[228]

Zu beachten ist in diesem Zusammenhang die Teilauseinandersetzung. Scheidet ein Miterbe aus der Erbengemeinschaft aus, so bedeutet dies nicht zwangsläufig, dass der restliche Nachlass geteilt wurde.[229] Vielmehr kommt es auch hier darauf an, ob die Teilauseinandersetzung dazu geführt hat, dass ein erheblicher Teil des Gesamthandvermögens in das Eigenvermögen des ausscheidenden Miterben übergegangen ist.[230]

1. Haftung der Miterben vor der Nachlassteilung und deren Beschränkung

Für die Haftung der Miterben bestimmt § 2058 BGB, dass sie für gemeinschaftliche Nachlassverbindlichkeiten gesamtschuldnerisch gem. § 421 S. 1 BGB haften. Gemeinschaftliche Nachlassverbindlichkeiten sind Erblasserschulden, Erbfallschulden sowie Nachlasskostenschulden und Nachlassverwaltungsschulden und

---

224 *Ebenroth*, ErbR, Rn. 1172.

225 Palandt-*Weidlich*, § 2059 BGB, Rn. 3; *Lange*, ErbR, S. 813; MüKo-*Ann*, § 2059 BGB, Rn. 4; *Ebenroth*, ErbR, Rn. 1172; Erman-*Schlüter*, § 2059 BGB, Rn. 8; anders *Bräcklein*, NJW 1967, 431, 432, der das subjektive Bewusstsein der Miterben für maßgeblich hält.

226 *Brox/Walker*, ErbR, § 41 Rn. 13; *Lange*, ErbR, S. 813; MüKo-*Ann*, § 2059 BGB, Rn. 4.

227 Soergel-*Wolf*, § 2059 BGB, Rn. 2.

228 MüKo-*Ann*, § 2059 BGB, Rn. 4; *Lange*, ErbR, S. 813.

229 *Lange*, ErbR, S. 813.

230 *Lange*, ErbR, S. 813.

Nachlasserbenschulden.[231] Nichtgemeinschaftliche Nachlassverbindlichkeiten sind zum Beispiel Vermächtnisse und Auflagen, die nur einzelne Miterben treffen, aber auch Pflichteilsrest- oder Pflichteilsergänzungsansprüche eines Miterben gegen die anderen.[232]

Wurde der Nachlass noch nicht geteilt, können die Nachlassgläubiger auf zwei Vermögensmassen zugreifen, um ihre Forderung zu begleichen.[233] Zum einen können sie gem. § 2059 Abs. 2 BGB auf den ungeteilten Nachlass zugreifen und zum anderen auf das Eigenvermögen der Miterben. Letzteres steht den Nachlassgläubigern jedoch nur als Befriedigungsobjekt zu, wenn der jeweilige Miterbe nach § 2013 Abs. 1 BGB unbeschränkbar haftet. Hat der jeweilige Miterbe noch die Möglichkeit, seine Haftung auf den Nachlass zu beschränken, so kann der Gläubiger vor der Auseinandersetzung der Erbengemeinschaft wegen § 2059 Abs. 1 S. 1 BGB nur den Miterbenanteil am ungeteilten Nachlass gem. § 859 Abs. 2 ZPO pfänden und verwerten.[234] § 2059 Abs. 1 S. 1 BGB gewährt den Miterben also eine aufschiebende Einrede zur Beschränkung ihrer Haftung mit dem Eigenvermögen.[235]

Ist bei einem Miterben die unbeschränkbare Haftung eingetreten, so kann er sich nicht auf § 2059 Abs. 1 S. 1 BGB berufen, aber muss gem. § 2059 Abs. 1 S. 2 BGB den Zugriff auf sein Eigenvermögen nur in Ansehung des seinem Erbteil entsprechenden Teils der Verbindlichkeit dulden.

Dem unbeschränkt, aber beschränkbar haftenden Erben kommt also vor der Nachlassteilung eine Haftungsbeschränkung zugute. Der Grund für diese Regelung liegt darin, dass es im Vergleich zu der Situation beim Alleinerben zu keiner Vermischung von Eigenvermögen der Miterben und dem Gesamthandvermögen der Miterbengemeinschaft vor der Nachlassteilung kommt.[236] Der Miterbe kann wegen § 2040 Abs. 1 BGB nicht allein über Nachlassgegenstände verfügen und soll deswegen auch nicht für die Schulden des Nachlasses mit seinem Eigenvermögen

---

231 *Lange,* ErbR, S. 812; MüKo-*Ann,* § 2058 BGB, Rn. 9; zu den verschiedenen Nachlassverbindlichkeiten vgl. S. 25–28.

232 *Lange,* ErbR, S. 812; Staudinger- *Marotzke,* § 2058 BGB, Rn. 25; MüKo-*Ann,* § 2058 BGB, Rn. 11; *Ann,* Die Erbengemeinschaft, S. 130.

233 *Ebenroth,* ErbR, Rn. 1175; *Brox/Walker,* ErbR, § 41 Rn. 6–8; MüKo-*Ann,* § 2059 BGB, Rn. 2.

234 *Brox/Walker,* ErbR, § 41 Rn. 12; *Ebenroth,* ErbR, Rn. 1176; Palandt-*Weidlich,* § 2059 BGB, Rn. 15; *v. Lübtow,* ErbR II, S. 1183.

235 *Brox/Walker,* ErbR, § 41 Rn. 12; *Lange,* ErbR, S. 816; MüKo-*Ann,* § 2059 BGB, Rn. 13; Burandt/Rojahn-*Flechtner,* § 2059 BGB, Rn. 2.

236 Prot. V, S. 871; Staudinger-*Marotzke,* § 2059 BGB, Rn. 3.

haften.[237] Die Haftungsbeschränkung in § 2059 Abs. 1 S. 1 BGB ist nur konsequent, denn gleiches gilt auch für den Alleinerben, wenn dieser im Rahmen der Eröffnung des Nachlassverwaltungsverfahrens bzw. -insolvenzverfahrens seine Verfügungsbefugnis hinsichtlich der Nachlassgegenstände verliert.[238]

Der Miterbe kann sich auch auf die Ausschluss- und Erschöpfungseinrede (§ 1973 Abs. 1 S. 1 BGB), die Dürftigkeitseinrede (§§ 1990 Abs. 1 S. 1, 1991 BGB), die Überschwerungseinrede (§ 1992 BGB), die Verschweigungseinrede (§ 1974 BGB), die Dreimonatseinrede (§ 2014 BGB) und auf die Aufgebotseinrede (§ 2015 Abs. 1 BGB) berufen.[239] Im Zusammenhang mit den Einreden aus § 1973 BGB ist § 460 Abs. 1 S. 1 FamFG zu beachten. Demnach führt der Ausschließungsbeschluss zur beschränkten Haftung aller Miterben, die nicht unbeschränkbar nach § 2013 BGB haften.[240]

Vor der Nachlassteilung haben die Miterben noch die Möglichkeit, das Nachlassverwaltungsverfahren zu beantragen, § 2062 BGB. Den Antrag müssen alle Miterben gemeinschaftlich stellen. Haftet ein Miterbe unbeschränkbar nach § 2013 BGB, so scheidet die Nachlassverwaltung aus.[241] Im Gegensatz dazu kann das Nachlassinsolvenzverfahren von jedem Miterben beantragt werden, § 317 Abs. 1 S. 1, Abs. 2 S. 1 InsO.

Der Nachlassgläubiger hat also vor der Teilung des Nachlasses zwei prozessuale Möglichkeiten: Zum einen kann er sich im Wege der Gesamtschuldklage an einen Miterben als Gesamtschuldner wenden und zum anderen hat er gem. § 2059 Abs. 2 BGB das Recht, über die Gesamthandklage von der Erbengemeinschaft als solches Befriedigung seiner Forderungen zu verlangen.[242] Die verklagten Miterben im Rahmen einer Gesamthandklage sind notwendige Streitgenossen nach § 62 ZPO.[243] Dagegen sind die Miterben im Rahmen der Gesamtschuldklage keine notwendigen Streitgenossen, weil die gegen mehrere Gesamtschuldner erhobene Klage wegen § 425 Abs. 2 BGB nicht einheitlich entschieden werden muss.[244]

---

237 *Muscheler,* ErbR II, Rn. 3803; Staudinger-*Marotzke,* § 2059 BGB, Rn. 3; *Ann,* Die Erbengemeinschaft, S. 143.

238 *Muscheler,* ErbR II, Rn. 3803.

239 *Ebenroth,* ErbR, Rn. 1171; *Brox/Walker,* ErbR, § 41 Rn. 11; *Muscheler,* ErbR II, Rn. 3805; Palandt-*Weidlich,* § 2059 BGB, Rn. 2; *Ann,* Die Erbengemeinschaft, S. 150–151.

240 *Brox/Walker,* ErbR, § 41 Rn. 11.

241 Palandt-*Weidlich,* § 2059 BGB, Rn. 2; *Ebenroth,* ErbR, Rn. 1171.

242 Palandt-*Weidlich,* § 2059 BGB, Rn. 11; Burandt/Rojahn-*Flechtner,* § 2058 BGB, Rn. 17, 20; *Ebenroth,* ErbR, Rn. 1176, 1178; *Ann,* Die Erbengemeinschaft, S. 144, 148.

243 BGH NJW 1963, 1611, 1612.

244 BGH NJW-RR 1992, 1150, 1151; OLG Naumburg NJW-RR 1998, 308; *Lange,* ErbR, S. 811.

Zu beachten ist bei der Gesamtschuldklage, dass der Erbe gem. § 2059 Abs. 1 S. 1 BGB die Möglichkeit hat, seine Haftung auf den Erbteil zu beschränken, sofern er nicht nach § 2013 Abs. 1 BGB unbeschränkbar haftet.

2. Haftung der Miterben nach der Nachlassteilung und deren Beschränkung

Nach erfolgter Nachlassteilung ändert sich die Schutzbedürftigkeit der Nachlassgläubiger. Die Trennung zwischen dem Gesamthandvermögen der Erbengemeinschaft und dem Eigenvermögen der einzelnen Miterben endet im Zeitpunkt der Auseinandersetzung, sodass der ungeteilte Nachlass nicht mehr als Haftungsmasse zur Verfügung steht.[245] Auch der einzelne Erbteil wird durch die Vermischung mit dem Eigenvermögen des Miterben in seinem Bestand gefährdet.[246] Aus diesem Grund haften die Miterben nach der Teilung des Nachlasses als Gesamtschuldner mit ihrem Eigenvermögen, §§ 2058, 421 S. 1 BGB. § 2059 BGB findet keine Anwendung mehr.

Die Miterben haben aber auch nach der Nachlassteilung noch die Möglichkeit, ihre Haftung auf ihren Erbanteil zu beschränken. Gem. § 316 Abs. 2 InsO ist die Eröffnung des Nachlassinsolvenzverfahrens bei einer Erbenmehrheit auch nach erfolgter Auseinandersetzung der Erbengemeinschaft möglich. Zur Insolvenzmasse gehören die noch nicht ausgekehrten Erbschaftsgegenstände und eventuell bestehende Ersatzansprüche gegen einzelne Miterben aus den §§ 1978, 1980 BGB.[247] Der Insolvenzverwalter wird weiterhin von allen Miterben die bereits verteilten Nachlassgegenstände zurückfordern.[248] Der Miterbe, der sich auf die §§ 1990, 1992 BGB beruft, haftet nur mit den Gegenständen, die er bei der Teilung erhalten hat.[249] Das Nachlassverwaltungsverfahren ist grundsätzlich nach der Teilung des Nachlasses nicht mehr möglich, § 2062 BGB.

Die §§ 2060, 2061 BGB stellen eine Durchbrechung der gesamtschuldnerischen Haftung des Miterben mit seinem Eigenvermögen nach Teilung des Nachlasses dar.[250] Sind die Voraussetzungen der §§ 2060, 2061 BGB erfüllt, haftet der Miterbe nur für den seinem Erbteil entsprechenden Teil einer Nachlassverbindlichkeit.

245 *Muscheler*, ErbR, Rn. 3805.

246 *Muscheler*, ErbR, Rn. 3805.

247 *Brox/Walker*, ErbR, § 41 Rn. 15; *Muscheler*, ErbR II, Rn. 3831.

248 *Muscheler*, ErbR II, Rn. 3831.

249 *Ebenroth*, ErbR, Rn. 1171; Erman-*Schlüter*, Vor § 2058 BGB, Rn. 12; *Brox/Walker*, ErbR, § 41 Rn. 15.

250 MüKo-*Ann*, § 2060 BGB, Rn. 1.

Zur Teilhaftung der Miterben kommt es nach § 2060 Abs. 1 Nr. 1 BGB, wenn ein Gläubiger im Rahmen des Aufgebotsverfahrens ausgeschlossen wurde. Dies gilt gem. § 2060 Abs. 1 Nr. 2 BGB auch, falls er seine Forderung später als fünf Jahre nach dem Eintritt des Erbfalls geltend macht. Die gesamtschuldnerische Haftung der Miterben wird auch in eine teilschuldnerische Haftung umgewandelt, wenn das Nachlassinsolvenzverfahren eröffnet wurde und durch die Verteilung der Masse oder durch einen Insolvenzplan beendigt worden ist, § 2060 Abs. 1 Nr. 3 BGB. Nach § 2060 Abs. 1 BGB genügt auch der private Gläubigeraufruf eines Miterben, um die Haftung des Erben auf den seinem Erbteil entsprechenden Teil der Nachlassverbindlichkeit zu beschränken. Diese Rechtsfolge tritt ein, wenn der Gläubiger es unterlassen hat, seine Forderung innerhalb von sechs Monaten (§ 2061 Abs. 1 S. 1 BGB) beim Nachlassgericht oder bei dem jeweiligen Miterben anzumelden. Dem Miterben darf die Forderung zum Zeitpunkt der Nachlassteilung nicht bekannt sein, § 2061 Abs. 1 S. 2 BGB.

Zu beachten ist, dass es zu einer automatischen Teilung des Nachlasses kommen kann, wenn ein Anteil an einer Personengesellschaft den entscheidenden Teil des Erblasservermögens ausmacht und ansonsten keine größeren Vermögensbestandteile bestehen. Sofern der Gesellschaftsvertrag einer BGB-Gesellschaft, OHG oder KG eine Nachfolgeklausel enthält, wird der Gesellschaftsanteil des Erblassers automatisch auf die Miterben nach ihren jeweiligen Erbquoten aufgeteilt und fällt nicht in das gesamthänderischen Sondervermögen der Erbengemeinschaft.[251] Durch die automatisch eintretende Nachlassteilung werden die Nachlassgläubiger davor geschützt, dass sich die Miterben auf § 2059 Abs. 1 S. 1 BGB berufen und so ihr Eigenvermögen schützen, obwohl dieses durch die aufgeteilte Gesellschafterbeteiligung des Erblassers signifikant gestiegen ist.[252]

Gleichzeitig bedeutet aber diese Nachlassteilung, dass die Miterben ihre Einrede nach § 2059 Abs. 1 S. 1 BGB verlieren, weil diese ihnen nur zusteht, wenn der Nachlass ungeteilt ist. Als Ausgleich wird den Miterben abweichend von § 2062 BGB auch trotz der Nachlassteilung die Möglichkeit gegeben, die Nachlassverwaltung zu beantragen.[253]

---

251 Palandt-*Weidlich,* § 2032 BGB, Rn. 8; Staudinger-*Löhnig,* § 2032 BGB, Rn. 30; MüKo-*Ann,* § 2059 BGB, Rn. 8; *Lange,* ErbR, S. 814.

252 *Westermann,* AcP 173 (1973), 24, 29.

253 *Westermann,* AcP 173 (1973), 24, 38–39; MüKo-*Ann,* § 2062 BGB, Rn. 10.

V. Prozessuale Auswirkung der beschränkten Erbenhaftung

Nach § 1975 BGB wird die Haftung des Erben auf den Nachlass beschränkt, wenn das Nachlassverwaltungsverfahren angeordnet oder das Nachlassinsolvenzverfahren eröffnet wird. Das BGB vermittelt an dieser Stelle also den Eindruck, dass eine dieser Maßnahmen ausreichen würde, um bei dem Erben die gegenständlich beschränkte Haftung herbeizuführen.[254] Aus der prozessrechtlichen Perspektive ist dies jedoch nicht richtig, denn der betroffene Erbe muss mehr tun, damit er vor Zwangsvollstreckungen in sein Eigenvermögen geschützt ist. In § 780 Abs. 1 ZPO ist geregelt, welche Maßnahmen zur Geltendmachung der Haftungsbeschränkung vorgenommen werden müssen. Die Norm setzt somit das Haftungssystem des BGB prozessual um.[255]

Für den Erben stellt § 780 Abs. 1 ZPO eine Präklusionsnorm dar, weil sich der Erbe nicht mehr auf den Schutz seines Eigenvermögens berufen kann, wenn der Vorbehalt der beschränkten Erbenhaftung nicht im jeweiligen Titel enthalten ist.[256] Für das Prozessgericht ist § 780 ZPO eine Verfahrensnorm. Es prüft die Voraussetzungen der rechtzeitig geltend gemachten Haftungsbeschränkung nicht.[257]

1. Voraussetzungen des Vorbehalts nach § 780 Abs. 1 ZPO

Der Wortlaut des § 780 Abs. 1 ZPO („verurteilte", „Urteil") könnte zur Annahme führen, dass andere Titel nicht erfasst wären. Jedoch werden von dieser Norm alle Titel erfasst, die in § 794 ZPO erwähnt werden.[258] In den personalen Anwendungsbereich der Norm fallen der Erbe, die Miterben, der Nacherbe ab Eintritt der Nacherbfolge und der Erbschaftskäufer.[259]

Von § 780 Abs. 1 ZPO sind alle Haftungsbeschränkungsmittel im BGB erfasst, die dem Erben zur Verfügung stehen, um seine Haftung gegenüber den

---

254 *Muscheler,* ErbR II, Rn. 3769.

255 *Joachim,* ZEV 2005, 99, 101.

256 MüKo-*Schmid/Brinkmann,* § 780 ZPO, Rn. 1; Musielak/Voit-*Lackmann,* § 780 ZPO, Rn. 1; *Muscheler,* ErbR II, Rn. 3773.

257 MüKo-*Schmid/Brinkmann,* § 780 ZPO, Rn. 1; *Muscheler,* ErbR II, Rn. 3773; Thomas/Putzo-*Seiler,* § 780 ZPO, Rn. 8.

258 BGH NJW 1991, 2839, 2840; LG Bückeburg NJW-RR 1998, 1220, 1221; Musielak/Voit-*Lackmann,* § 780 ZPO, Rn. 2; MüKo-*Schmid/Brinkmann,* § 780 ZPO, Rn. 3; Thomas/Putzo-*Seiler,* § 780 ZPO, Rn. 3.

259 Thomas/Putzo-*Seiler,* § 780 ZPO, Rn. 2; *Muscheler,* ErbR II, Rn. 3780; MüKo-*Schmid/Brinkmann,* § 780 ZPO, Rn. 2.

Nachlassgläubiger auf den Nachlass zu beschränken.[260] Für die aufschiebenden Einreden der §§ 2014, 2015 BGB gelten die §§ 305 Abs. 1, 782 ZPO, weil sie nicht zu einer dauerhaften gegenständlich beschränkten Haftung führen.[261]

Für die Geltendmachung des Vorbehalts gem. § 780 Abs. 1 ZPO genügt es, wenn der Erbe erkennbar macht, dass er seine Haftung für beschränkt hält oder sie in Zukunft beschränken wird.[262] Wie bereits erwähnt, prüft das Gericht bei der Aufnahme des Vorbehalts nicht, ob die Voraussetzungen dafür vorliegen.

Vom Erfordernis des Vorbehalts wird in § 780 Abs. 2 BGB eine Ausnahme gemacht, wenn der Fiskus als gesetzlicher Erbe verurteilt wird oder wenn das Urteil über eine Nachlassverbindlichkeit gegen einen Nachlassverwalter oder einen anderen Nachlasspfleger oder gegen einen Testamentsvollstrecker, dem die Verwaltung des Nachlasses zusteht, erlassen wird. Dieser Abweichung liegt zugrunde, dass in diesen Fällen der Schuldner ohnehin nur mit dem Nachlass haftet und die Aufnahme des Vorbehalts der beschränkten Erbenhaftung im jeweiligen Titel überflüssig wäre.[263] Neben diesen gesetzlich normierten Fällen ist der Vorbehalt auch entbehrlich, wenn das Gericht die Voraussetzungen bzw. die Reichweite der geltend gemachten Haftungsbeschränkung geprüft und verneint hat.[264] Bejaht es dagegen das Vorliegen eines Haftungsbeschränkungsmittels, so wird die Klage abgewiesen, wenn der Nachlass zur Befriedigung nicht mehr ausreicht.[265]

2. Inhalt und Wirkung des Vorbehalts nach § 780 Abs. 1 ZPO

Wurde der Vorbehalt der beschränkten Erbenhaftung nach § 780 Abs. 1 ZPO wirksam geltend gemacht, so lautet die Entscheidung: „Dem Beklagten bleibt die Beschränkung auf den Nachlass vorbehalten".[266] Ihn „als Erben" zu verurteilen bzw. ihn in einem Prozessvergleich so zu bezeichnen genügt nicht.[267] Dieser Vorbehalt darf nicht in der Kostenentscheidung Berücksichtigung finden, weil die Prozesskosten keine Schulden des Erblassers sind.[268] Etwas anderes gilt natürlich

260 *Schmid,* JR 1989, 45; *Muscheler,* ErbR II, Rn. 3775; MüKo-*Schmid/Brinkmann,* § 780 ZPO, Rn. 7; Musielak/Voit-*Lackmann,* § 780 ZPO, Rn. 3.

261 MüKo-*Schmid/Brinkmann,* § 780 ZPO, Rn. 8; Thomas/Putzo-*Seiler,* § 780 ZPO, Rn. 4/5; *Muscheler,* ErbR II, Rn. 3775.

262 *Muscheler,* ErbR II, Rn. 3778.

263 Musielak/Voit-*Lackmann,* § 780 ZPO, Rn. 4; *Muscheler,* ErbR II, Rn. 3781–3782.

264 RGZ 77, 245; *Schmid,* JR 1989, 45, 46.

265 RGZ 137, 50, 54–55; *Schmid,* JR 1989, 45, 46.

266 *Muscheler,* ErbR II, Rn. 3790; ähnlich: Thomas/Putzo-*Seiler,* § 780 ZPO, Rn. 7.

267 BGH NJW 1991, 2839, 2840.

268 *Muscheler,* ErbR II, Rn. 3790.

für die Prozesskosten, die bereits vor oder nach dem Erbfall entstanden sind, aber noch vom Erblasser herrühren, vgl. § 1967 Abs. 1 BGB.

§ 781 ZPO bestimmt, dass der Vorbehalt der beschränkten Erbenhaftung nicht die Zwangsvollstreckung in das gesamte Vermögen des Erben hindert. Die gegenständlich beschränkte Haftung des Erben kann von diesem über die Vollstreckungsabwehrklage geltend gemacht werden, §§ 785, 767 ZPO.

An dieser Stelle wird die Präklusionswirkung der Regelung in § 780 Abs. 1 ZPO deutlich: Unterlässt es der Erbe dafür zu sorgen, dass der Vorbehalt der beschränkten Erbenhaftung in die Entscheidung oder in einen anderen vollstreckungsfähigen Titel nach § 794 ZPO aufgenommen wird, so kann er diese Einrede nicht mehr geltend machen, weil sie durch § 767 Abs. 2 ausgeschlossen ist.

Dem Vorbehalt kommt unmittelbare Wirkung zu, wenn der Erbe zur Abgabe einer Willenserklärung verurteilt wird. Die Fiktion nach § 894 ZPO ist nicht möglich, wenn nicht sicher ist, ob der Erbe die Willenserklärung abgeben muss.[269] In einem solchen Fall ist es möglich, die Vollstreckung nach § 888 ZPO mit dem Vorbehalt nach § 780 Abs. 1 ZPO zu betreiben.[270]

3. Die Haftungsbeschränkung im Zwangsvollstreckungsverfahren

Wie bereits erwähnt, reicht es zur Abwehr der Zwangsvollstreckung nicht aus, nur den Vorbehalt des § 780 Abs. 1 ZPO in den jeweiligen Titel aufnehmen zu lassen, sondern der Erbe muss mit der Vollstreckungsabwehrklage gem. § 785, 767 ZPO dagegen vorgehen. Es genügt auch nicht, wenn der Erbe mit einer Erinnerung gem. § 766 ZPO versucht, die Zwangsvollstreckung abzuwehren. Nur durch die stattgegebene Vollstreckungsabwehrklage wird die Zwangsvollstreckung in das Erbenvermögen unzulässig.[271]

Begründet ist die Vollstreckungsabwehrklage also nur, wenn der Titel den Vorbehalt des § 780 Abs. 1 ZPO enthält, die Erbenhaftung wirksam beschränkt wurde und wenn die Vollstreckung in das Eigenvermögen des Erben begonnen hat.[272]

---

269 MüKo-*Schmid/Brinkmann*, § 780 ZPO, Rn. 22; *Muscheler*, ErbR II, Rn. 3792.

270 RGZ 49, 415, 417; MüKo-*Schmid/Brinkmann*, § 780 ZPO, Rn. 22; *Muscheler*, ErbR II, Rn. 3792.

271 Thomas/Putzo-*Seiler*, § 785 ZPO, Rn. 1; *Muscheler*, ErbR II, Rn. 3793.

272 Thomas/Putzo-*Seiler*, § 785 ZPO, Rn. 7; Musielak/Voit-*Lackmann*, § 785 ZPO, Rn. 6; *Muscheler*, ErbR II, Rn. 3794.

§ 781 ZPO, der für den Erben ein verhältnismäßig aufwendiges Vorgehen verlangt, bezweckt zu verhindern, dass sich der Gerichtsvollzieher mit den materiellrechtlichen Fragen der Erbenhaftung beschäftigen muss.[273] Außerdem soll ermöglicht werden, dass die Titel schnell vollzogen werden können, weil die Gläubiger des Erblassers schon genug Verzögerungen durch den Tod ihres Schuldners hinnehmen mussten.[274]

VI. Zwischenergebnis

Das BGB bietet dem Alleinerben als auch den Miterben eine Vielzahl an Haftungsbeschränkungsmöglichkeiten an. Die Regelungsfreude des Gesetzgebers bedeutet aber auch eine Komplexität der Erbenhaftung, die es für die Erben schwierig macht, einen Überblick über die Reichweite ihrer Haftung zu erlangen.[275] Auch die Umsetzung des Haftungssystems für den Erben in das Verfahrensrecht der ZPO verbessert die Situation nicht. So reicht es nicht aus, sich nur auf das materiellrechtliche Bestehen eines Haftungsbeschränkungstatbestands zu berufen, sondern der Erbe muss dafür sorgen, dass der Vorbehalt der beschränkten Erbenhaftung nach § 780 Abs. 1 ZPO in den vollstreckungsfähigen Titel aufgenommen wird und kann sich gegen Zwangsvollstreckungen in sein Eigenvermögen nur mit der Vollstreckungsabwehrklage gem. §§ 785, 767 ZPO schützen.

273 *Muscheler*, ErbR II, Rn. 3793.
274 *Muscheler*, ErbR II, Rn. 3793.
275 So auch die Kritik von *Lettmann*, RNotZ 2002, 538, 557.

E. Die Regelung des § 1978 BGB

Der Erbe wiegt sich vermeintlich in Sicherheit, wenn er seine beschränkte Haftung herbeigeführt hat, allerdings eröffnen die meisten dieser Haftungsbeschränkungsmöglichkeiten auch den Anwendungsbereich des § 1978 Abs. 1 BGB. Nach Eröffnung des Nachlassinsolvenzverfahrens oder nach Anordnung der Nachlassverwaltung trifft den Erben die Verwaltungshaftung (§ 1978 Abs. 1 S. 1 BGB), aber auch nach Erhebung der Dürftigkeitseinreden (§ 1991 Abs. 1 BGB) oder der Überschwerungseinrede (§§ 1992 S. 1, 1991 Abs. 1 BGB).

I. Regelungsziel

In der Vorschrift des § 1978 Abs. 1 BGB kommt der Gedanke zum Ausdruck, dass nach der Separation von Eigenvermögen und Nachlass der Nachlass für den Erben ein „fremdes" Vermögen darstellt und dieses fremde Vermögen zunächst der Befriedigung der Nachlassgläubiger dienen soll, sodass dem Erben eine Pflicht zu einem sorgsamen Verfahren mit dem Nachlass auferlegt werden muss.[276] Der BGH sieht den Zweck des § 1978 Abs. 1 BGB ebenfalls in erster Linie darin, „den Nachlass den Nachlassgläubigern möglichst ungeschmälert" zukommen zu lassen.[277] Wird dem Erben eine Haftungsbeschränkung zugebilligt, die hauptsächlich seinen Interessen dient, muss im Gegenzug sichergestellt werden, dass auch die Interessen des Nachlassgläubigers gewahrt bleiben.[278] Um dies sicherzustellen, hat der Gesetzgeber zwei Alternativen gehabt: Entweder er versagt dem Erben bei Verwaltungsdefiziten die beschränkte Haftung oder er billigt den Nachlassgläubigern Ansprüche gegen den Erben zu, wofür der Gesetzgeber sich letztendlich entschieden hat.[279] § 1978 Abs. 1 BGB kann also als notwendiges Korrektiv zu den Haftungsbeschränkungsmitteln des BGB verstanden werden.

II. Ausgestaltung der Regelung des § 1978 Abs. 1 BGB

Die Regelung des § 1978 Abs. 1 BGB betrifft zum einen die Verantwortlichkeit des Erben für die vor Annahme der Erbschaft besorgten erbschaftlichen

---

276 Mot. V, S. 626.

277 BGH NJW 2014, 391, 392.

278 Soergel-*Stein,* § 1978 BGB, Rn. 1.

279 Soergel-*Stein,* § 1978 BGB, Rn. 1.

Geschäfte (§ 1978 Abs. 1 S. 2 BGB) und zum anderen die Verantwortlichkeit des Erben für die Verwaltung des Nachlasses ab der Annahme der Erbschaft (§ 1978 Abs. 1 S. 1 BGB). Der Ausgangspunkt für diese Trennung ist, dass den Erben erst nach Annahme der Erbschaft eine „Besorgungspflicht" trifft und er sich deswegen vor der Annahme passiv verhalten kann, ohne eine Haftung zu fürchten.[280] Wird der Erbe allerdings aktiv und besorgt er Geschäfte, so trifft ihn auch eine Verantwortlichkeit für dieses Handeln.[281] Die Nachlassgläubiger können sich nach erfolgter Erbschaftsannahme gem. § 1978 Abs. 1 S. 2 BGB an den Erben wenden. Schlägt der vorläufige Erbe aus, so haftet er nach § 1959 Abs. 1 BGB dem endgültigen Erben gegenüber. Für Handlungen nach der Annahme der Erbschaft ist der Erbe gem. § 1978 Abs. 1 S. 1 BGB verantwortlich.

1. Pflichten des Erben vor Erbschaftsannahme

Dem Erben soll keine Pflicht zum Handeln auferlegt werden, solange er die Erbschaft noch nicht angenommen hat. Wie bereits eingangs erwähnt, ist es entscheidend, ob der Erbe aktiv oder passiv handelte. Wird der Erbe aktiv, so muss er auch bedenken, dass Nachlassgläubiger durch sein Handeln nicht benachteiligt werden dürfen.[282] Der Erbe haftet wie ein Geschäftsführer ohne Auftrag, wenn er aktiv wird. Dabei sind nach § 1978 Abs. 1 S. 2 BGB die Regeln der §§ 677 ff. BGB nur entsprechend anwendbar, weil der Erbe keine Rücksicht auf den wirklichen oder mutmaßlichen Willen der einzelnen Nachlassgläubiger nehmen muss, sondern er braucht nur das objektive Interesse der Nachlassgläubiger bei der Geschäftsbesorgung zu beachten.[283]

Aus dem Wortlaut der Vorschrift des § 1978 Abs. 1 S. 1 BGB kann geschlossen werden, dass der Gesetzgeber von zwei zeitlichen Grenzen ausging und zwar zum einen von dem Zeitpunkt, der den Anwendungsbereich der Norm überhaupt erst eröffnet, und zum anderen von dem Zeitpunkt, der den Anwendungsbereich der Norm wieder schließt. Eröffnender Zeitpunkt ist der Erbfall und schließender Zeitpunkt ist die Erbschaftsannahme. Nachdem sich diese zeitlichen Grenzen der Vorschrift vor Augen geführt wurden, ist unverständlich, wieso in den Motiven zum BGB davon die Rede ist, dass eine Verfügung des Erben vor dem Erbfall, die wegen § 185 Abs. 2 S. 1 Var. 3 BGB wirksam wird,

---

280 Mot. V, S. 626–627; Planck-*Flad*, § 1978 BGB, S. 174.

281 Mot. V, S. 627; Staudinger-*Dobler*, § 1978 BGB, Rn. 4; *Muscheler*, ErbR II, Rn. 3576.

282 Mot. V, S. 627.

283 Planck-*Flad*, § 1978 BGB, S. 175; RGRK-*Johannsen*, § 1978 BGB, Rn. 9; Staudinger-*Dobler*, § 1978 BGB, Rn. 5; Erman-*Schlüter*, § 1978 BGB, Rn. 2.

ausreicht, um eine Verantwortlichkeit nach § 1978 Abs. 1 S. 2 BGB zu begründen.[284] Dies wurde in der Literatur von Anfang an abgelehnt.[285] *Flad* führt an, dass es nicht billig sein kann, wenn der Erbe im gleichen Maße verantwortlich für Verfügungen ist, die er vor dem Erbfall getroffen hat, da er zu diesem Zeitpunkt sicher noch weniger mit dem Bewusstsein der Verantwortlichkeit gegenüber Nachlassgläubigern gehandelt hat.[286] Der Erbe, der eine solche Verfügung eingegangen ist, soll aber nach § 816 Abs. 1 S. 1 BGB das durch die Verfügung Erlangte herausgeben.[287]

Grundsätzlich begründet das rein passive Verhalten des vorläufigen Erben vor der Annahme keine Verantwortlichkeit nach § 1978 Abs. 1 S. 2 BGB. Der Erbe soll sich aber nicht darauf berufen können, wenn er mit den Nachlassgläubigern ein Verwaltungshandeln vor der Erbschaftsannahme vereinbart hat und dieses dann aber unterlässt.[288] Zudem besteht Einigkeit darüber, dass es eine Ersatzpflicht auslöst, wenn der Erbe der Zwangsvollstreckung eines Eigengläubigers in den Nachlass vor der Erbschaftsannahme nicht entgegentritt.[289] Uneinigkeit besteht aber darüber, ob auch eine Ersatzpflicht aus § 1978 Abs. 1 S. 2 BGB i.V.m. § 678 BGB entsteht[290] oder ob nur eine Bereicherung des Erben mit den Mitteln des Bereicherungsrechts abzuschöpfen ist, sodass die Problematik im Wesentlichen so zu lösen sein soll wie der Fall, dass der Erbe schon vor dem Erbfall Verfügungen über Nachlassgegenstände getätigt hat[291].

2. Pflichten des Erben nach Erbschaftsannahme

Nimmt der Erbe die Erbschaft an, so hat er auch (strengere) Besorgnispflichten zu beachten.[292] Konkret bedeutet dies, dass den Erben eine Verwaltungspflicht ab dem Zeitpunkt der Annahme trifft und somit auch seine Verantwortlichkeit

284 Mot. V, S. 632.

285 Planck-*Flad,* § 1978 BGB, S. 175; RGRK-*Johannsen,* § 1978 BGB, Rn. 2; Erman-*Schlüter,* § 1978 BGB, Rn. 2.

286 Planck-*Flad,* § 1978 BGB, S. 175.

287 Staudinger-*Dobler,* § 1978 BGB, Rn. 6; Planck-*Flad,* § 1978 BGB, S. 175.

288 Soergel-*Stein,* § 1978 BGB, Rn. 5.

289 MüKo-*Küpper,* § 1978 BGB, Rn. 3; Staudinger-*Dobler,* § 1978 BGB, Rn. 7; Planck-*Flad,* § 1978 BGB, S. 175; Soergel-*Stein,* § 1978 BGB, Rn. 5; Erman-*Schlüter,* § 1978 BGB, Rn. 2.

290 MüKo-*Küpper,* § 1978 BGB, Rn. 3; Erman-*Schlüter,* § 1978 BGB, Rn. 2; Planck-*Flad,* § 1978 BGB, S. 175.

291 Staudinger-*Dobler,* § 1978 BGB, Rn. 7; Soergel-*Stein,* § 1978 BGB, Rn. 5.

292 Mot. V, S. 627.

ausgedehnt wird.[293] Der damalige Gesetzgeber hielt es aus diesem Grund für angemessen, den Erben wie einen Beauftragten zu stellen.[294]

In einigen Vorschriften des Auftragsrechts in den §§ 662 ff. BGB wird der rechtsgeschäftliche Charakter des Auftrags ersichtlich, was eine Anwendung auf den Erben als unpassend erscheinen lässt.[295] Schon den Begründern des BGB ist dies aufgefallen und sie gingen davon aus, dass dem durch eine entsprechende Anwendung der §§ 662 ff. BGB begegnet werden kann.[296] Aus dem Wortlaut des § 1978 Abs. 1 S. 2 BGB geht hervor, dass die Vorschriften der §§ 677 ff. BGB nur entsprechend anzuwenden sind. Diesen Schluss erlaubt der Wortlaut des § 1978 Abs. 1 S. 1 BGB nicht. Trotzdem sollen die Vorschriften der §§ 663, 664 Abs. 1 S. 1, Abs. 2, 665, 669, 671–674 BGB wegen ihrer Verzahnung mit dem rechtsgeschäftlichen Charakter des Auftrags nicht auf die Verwaltung durch den Erben anzuwenden sein.[297]

a) Verwaltungspflicht

Dabei ist der Erbe gegenüber den Nachlassgläubigern für die bisherige Verwaltung zwischen Erbschaftsannahme und Einsetzen der beschränkten Haftung wie ein Beauftragter zu stellen, § 1978 Abs. 1 S. 1 BGB. Das Gesetz hat den Begriff der Verwaltung nicht legal definiert, jedoch findet sich in den Motiven zum BGB eine Definition: „Die Verwaltung umfasst die gesamte tatsächliche und rechtliche Verfügung über das verwaltete Gut, schließt also auch Veräußerungen, zu welchen der Verwalter berechtigt ist, nicht aus. Die ordnungsgemäße Verwaltung dient ihrem Zweck nach auch der Erhaltung."[298] Bei dieser Definition stellt sich nicht die Frage, was unter sie subsumiert werden kann, sondern aufgrund ihrer Weite eher, was nicht unter sie zu subsumieren wäre. Auch darauf geben die Motive zum BGB eine Antwort. Grundsätzlich soll die Befriedigung einzelner Nachlassgläubiger nicht zu der Verwaltungstätigkeit des Erben gehören, da sie in dem Nachlassverwaltungs- oder Nachlassinsolvenzverfahren geordnet erfolgen soll. Es verstößt aber nicht gegen die Verwaltungspflicht, wenn die Befriedigung von Nachlassgläubigern vor Eröffnung des Nachlassinsolvenzverfahrens im

---

293 Planck-*Flad,* § 1978 BGB, S. 175; Staudinger-*Dobler,* § 1978 BGB, Rn. 9.

294 Mot. V, S. 627.

295 MüKo-*Küpper,* § 1978 BGB, Rn. 4; Planck-*Flad,* § 1978 BGB, S. 175.

296 Mot. V, S. 627.

297 Staudinger-*Dobler,* § 1978 BGB, Rn. 11; Erman-*Schlüter,* § 1978 BGB, Rn. 3; Planck-*Flad,* § 1978 BGB, S. 175; Soergel-*Stein,* § 1978 BGB, Rn. 1; Mot. V, S. 627.

298 Mot. V, S. 627.

Sinne eines solchen Verfahrens ist oder wenn vorher Massenverbindlichkeiten getilgt werden.[299]

b) Auskunfts- und Rechenschaftspflicht

Die Verantwortlichkeit des Erben nach Erbschaftsannahme bedeutet auch, dass er den Nachlassgläubigern gegenüber auskunfts- und rechenschaftspflichtig nach §§ 1978 Abs. 1 S. 1, 666 BGB ist.[300] Die Auskunfts- und Rechenschaftspflichten werden in den §§ 259, 260 BGB konkretisiert.[301]

c) Herausgabepflicht und deren Reichweite

Ebenfalls trifft den Erben die Pflicht zur Herausgabe der gezogenen Nutzungen aus §§ 1978 Abs. 1 S. 1, 667 BGB.[302] Bei Surrogaten ist zwischen denen zu unterscheiden, die rechtsgeschäftlich erworben wurden, und denen, die ohne Zutun des Erben zum Nachlass gezählt werden.[303] Die Surrogate von Nachlassgegenständen, die dem Nachlass nicht rechtsgeschäftlich zugefallen sind, müssen von dem Erben herausgegeben werden.[304]

aa) Meinungsbild

Komplizierter wird die Situation bei rechtsgeschäftlich erworbenen Gegenständen, die mit Mitteln aus dem Nachlass angeschafft wurden. Das Problem wird auch nicht unbedingt dadurch abgeschwächt, dass es im Rahmen der §§ 1978 ff. BGB keine Surrogationsvorschrift gibt, wie zum Beispiel bei der Erbengemeinschaft die Vorschrift des § 2041 BGB.[305] Es geht also um die Frage, ob ein Herausgabeanspruch gegen den Erben besteht oder ob nur Ersatz für die aus dem Nachlass genommenen Mitteln verlangt werden kann.

Die Motive zum BGB treffen eine Unterscheidung danach, ob der Erbe für den Nachlass handeln wollte oder nicht. Wollte der Erbe für den Nachlass handeln, so muss er auch das erworbene Surrogat herausgeben. Diese Herausgabepflicht

---

299 Mot. V, S. 627.

300 Mot. V, S. 627.

301 Planck-*Flad,* § 1978 BGB, S. 175; Staudinger-*Dobler,* § 1978 BGB, Rn. 15; Soergel-*Stein,* § 1978 BGB, Rn. 3.

302 Mot. V, S. 627.

303 Planck-*Flad,* § 1978 BGB, S. 175; Staudinger-*Dobler,* § 1978 BGB, Rn. 15.

304 Mot. V, S. 627 bezeichnen dies als „selbstverständlich"; Planck-*Flad,* § 1978 BGB, S. 175; Staudinger-*Dobler,* § 1978 BGB, Rn. 15.

305 Planck-*Flad,* § 1978 BGB, S. 175.

besteht auch in Bezug auf den Erlös und eine erworbene Forderung muss abgetreten werden. Wollte der Erbe hingegen nicht für den Nachlass handeln, so soll der Grundsatz aufgestellt werden, dass der Erbe den von ihm mit Mitteln aus dem Nachlass erworbenen Gegenstand nicht herauszugeben hat, aber für die entnommenen Mittel Ersatz leisten muss, weil er seine Verwaltungspflicht verletzt hat.[306] Dies hat zur Konsequenz, dass ein mit Mitteln aus dem Nachlass erworbener Gegenstand nicht zum Nachlass gerechnet werden kann, wenn der Erbe nicht für den Nachlass handeln wollte. Damit würde ein Anspruch auf Herausgabe aus §§ 1978 Abs. 1 S. 1, 667 Alt. 2 BGB an dieser Stelle leerlaufen.[307]

Im Anschluss an diese Unterscheidung stellt sich natürlich die Frage, wann der Erbe für den Nachlass handelt bzw. wann nicht und nach welchen Kriterien dies zu bestimmen ist. Mit der Stellung des Erben als Inhaber der Rechte und Pflichten des Nachlasses ist es nicht vereinbar, wenn von ihm verlangt werden würde, Geschäfte über und um den Nachlass als Vertreter im fremden Namen vorzunehmen. Der Erbe darf im eigenen Namen handeln. Für die Einordnung seiner rechtsgeschäftlichen Tätigkeit soll die Willensrichtung des Erben entscheidend sein, also auf wessen Rechnung das Geschäft erfolgte.[308] Der hier aufgezeigten und von den Motiven zum BGB vertretenen Auffassung hat sich der BGH, ohne sich mit der Sache näher auseinanderzusetzen, angeschlossen[309] und auch der überwiegende Teil der Literatur[310].

306 Mot. V, S. 627–628 zu dem dargestellten Lösungsweg.

307 Soergel-*Stein,* § 1978 BGB, Rn. 4.

308 Mot. V, S. 628.

309 BGH NJW-RR 1989, 1226, 1227; in einem neueren Beschluss vom 13.03.2008, ZEV 2008, 237, hat der BGH sich gegen das hier zitierte Urteil gewandt. Danach soll bzgl. des zweckwidrig entnommenen Geldes ein (verschuldensunabhängiger) Herausgabeanspruch bestehen. Im zitierten Urteil ging der BGH davon aus, dass nur ein verschuldensabhängiger Schadensersatzanspruch einschlägig wäre und kein Herausgabeanspruch. Auch in einer anderen Entscheidung nimmt der BGH (NJW 1997, 47, 48) an, dass bei der auftragswidrigen Verwendung von Geld des Auftraggebers durch den Beauftragten immer noch ein Anspruch aus § 667 BGB in Bezug auf das entnommene Geld in Betracht kommt und damit kein Schadensersatzanspruch. Wieder etwas Anderes gilt, wenn der Verlust nicht auf einer Eigenverwendung beruht, dann soll nur ein verschuldensabhängiger Anspruch einschlägig sein (BGH NJW 2006, 986, 987).

310 Burandt/Rojahn-*Joachim,* § 1978 BGB, Rn. 8; Planck-*Flad,* § 1978 BGB, S. 175; *Dauner-Lieb,* Sondervermögen, S. 109; Palandt-*Weidlich,* § 1978 BGB, Rn. 3; Erman-*Küpper,* § 1978 BGB, Rn. 3; MüKo-*Küpper,* § 1978 BGB, Rn. 6; RGRK-*Johannsen,* § 1978 BGB, Rn. 6.

Eine andere Ansicht möchte hingegen diese Unterscheidung nicht vornehmen und den Erben auch zur Herausgabe des erworbenen Gegenstandes verpflichten, wenn er nicht im Namen des Nachlasses gehandelt hat.[311] § 1978 Abs. 1 S. 1 BGB regelt mit dem Verweis auf die §§ 662 ff. BGB nur die „Rechtsfolgenseite“ der Verwaltungstätigkeit des Erben.[312] Weiterhin soll § 2041 BGB unabhängig davon, ob der Erbe nun mit Willensrichtung für oder gegen den Nachlass gehandelt hat, analog angewendet werden.[313]

bb) Eigene Stellungnahme

Im Wesentlichen geht es bei diesem Streit um die Beantwortung von drei Fragen. Die erste Frage ist, ob den Erben immer – unabhängig von seinem Willen – eine Herausgabepflicht nach §§ 1978 Abs. 1 S. 1, 667 Alt. 2 BGB trifft, wenn er mit Mitteln aus dem Nachlass etwas rechtsgeschäftlich erworben hat. Die zweite Frage ist, wenn die Herausgabepflicht an die Willensrichtung des Erben geknüpft wird, wie diese Willensrichtung zu bestimmen ist. Die zweite Frage geht also mit der Beantwortung der ersten Frage einher. Losgelöst von den ersten beiden Fragen ist die dritte Frage. Die dritte Frage ist, ob eine vorhandene Surrogationsvorschrift des BGB analog auf die Fälle des § 1978 Abs. 1 S. 1 BGB angewendet werden kann oder zumindest eine Surrogation kraft Parteiwillens. Die dritte Frage ist besonders wichtig, weil sie für die Nachlassgläubiger eine bessere Stellung im Falle einer Insolvenz des Erben bedeuten würde. Geht der mit Mitteln aus dem Nachlass rechtsgeschäftlich vom Erben erworbene Gegenstand nicht dem Nachlass verloren, indem er in das Eigenvermögen des Erben übergeht, sondern gehört weiter zum Nachlass, so tragen die Nachlassgläubiger nicht das Insolvenzrisiko des Erben.[314] Es fällt auf, dass diese Streitpunkte – soweit ersichtlich – in der Literatur oft ohne bzw. nur mit kurzer Begründung entschieden wurden.[315] Für eine nachvollziehbare Lösung ist aber gerade die Argumentation von entscheidender Bedeutung.

(1) Berücksichtigung des Erbenwillens beim rechtsgeschäftlichen Erwerb mit Mitteln des Nachlasses

Würde der Ansicht gefolgt werden, die den mit Mitteln aus dem Nachlass vom Erben rechtsgeschäftlich erworbenen Gegenstand, unabhängig von der

---

311 *Kuhn/Uhlenbruck*, § 214 KO, Rn. 4; Staudinger-*Dobler*, § 1978 BGB, Rn. 16.
312 Staudinger-*Dobler*, § 1978 BGB, Rn. 16.
313 Staudinger-*Dobler*, § 1978 BGB, Rn. 17.
314 *Dauner-Lieb*, Sondervermögen, S. 112.
315 Ausgenommen *Dauner-Lieb*, Sondervermögen, S. 105–114.

Willensrichtung des Erben, für oder gegen den Nachlass zu handeln, als von der Herausgabepflicht der §§ 1978 Abs. 1 S. 1, 667 Alt. 2 BGB umfasst ansieht, so würde dies natürlich eine Vereinfachung bringen und ein Stück weit Rechtssicherheit schaffen. Die komplizierte Abgrenzung über die Willensrichtung würde entfallen und die Nachlassgläubiger können immer Herausgabe verlangen. Möglicherweise könnte auch als Argument für diese Ansicht angeführt werden, dass dies der Ratio des § 1978 Abs. 1 S. 1 BGB am besten entspricht. Wie oben bereits festgestellt, soll der Nachlass den Nachlassgläubigern möglichst „ungeschmälert" zukommen.[316] Wird dieses Regelungsziel so verstanden, dass der Nachlass in seiner konkreten Zusammensetzung zum Zeitpunkt des Erbfalls erhalten bleiben soll, dann würde § 1978 Abs. 1 S. 1 BGB dieses Ziel nicht erfüllen. Würde beabsichtigt werden, den Nachlass in seiner konkreten Zusammensetzung den Nachlassgläubigern zukommen zu lassen, wäre eine adäquate Regelung, dem Erben ab dem Zeitpunkt des Erbfalls die Verwaltungs- und Verfügungsbefugnis zu nehmen. Abgesehen davon, dass dies nicht mit dem Rechtsgedanken der Universalsukzession in § 1922 BGB vereinbar wäre, hat der Gesetzgeber nur im Rahmen des Nachlassverwaltungs- und Nachlassinsolvenzverfahrens gewollt, dass der Erbe seine Verwaltungs- und Verfügungsbefugnis verliert. Aus diesen Gründen ist es einleuchtend, dass zu Lasten der Nachlassgläubiger die Vermögenshöhe des Nachlasses nicht verändert werden soll, die konkrete Zusammensetzung aber unerheblich ist. Deswegen ist *Dauner-Lieb* auch zurecht der Auffassung, dass zur Erfüllung der Ratio von § 1978 Abs. 1 S. 1 BGB ein Ersatzanspruch in Höhe der Mittel, die der Erbe für seine Zwecke dem Nachlass entnommen hat, ausreicht.[317]

Dafür, dass keine Unterscheidung je nach Willensrichtung des Erben gemacht werden muss, wird als Argument angeführt, dass § 1978 Abs. 1 S. 1 BGB für die Rechtsfolgen der Verwaltungstätigkeit allein auf die §§ 662 ff. BGB verweist, denen eine solche Unterscheidung aber nicht zu entnehmen ist.[318] Dieses Argument ist richtig, denn § 1978 Abs. 1 S. 1 BGB hat als Rechtsfolgenverweisung keine eigenen Rechtsfolgen aufgestellt.[319] Es könnte also argumentiert werden, dass weder dem § 1978 Abs. 1 S. 1 BGB noch § 667 Alt. 2 BGB die Unterscheidung je nach Willensrichtung entnommen werden kann. In der Sache kann das Argument aber nicht überzeugen. Betrachtet man nur das Auftragsrecht und

316 BGH NJW 2014, 391, 392.

317 *Dauner-Lieb*, Sondervermögen, S. 108; so auch schon Mot. V, S. 628.

318 Staudinger-*Dobler*, § 1978 BGB, Rn. 16.

319 BGH NJW-Spezial 2008, 359; Einordnung als Rechtsgrundverweisung hingegen *Dauner-Lieb*, Sondervermögen, S. 118.

blendet zunächst aus, dass es hier um Erben und Nachlassgläubiger geht, dann stellt sich ebenfalls die Frage, ob der Auftraggeber vom Beauftragten die Herausgabe des Gegenstandes verlangen kann, den der Beauftragte auftragswidrig mit Mitteln des Auftraggebers erworben hat.[320] Es würde dem Auftraggeber sicherlich ein Schadensersatzanspruch aus §§ 280 Abs. 1, 662 BGB[321] zugestanden werden, aber fraglich ist, ob der Auftraggeber auch den erworbenen Gegenstand gem. § 667 Alt. 2 BGB herausverlangen könnte. Der Beauftragte muss das nicht herausgeben, was er bei der Gelegenheit seiner Tätigkeit als Beauftragter bekommen hat.[322] Es könnte der Fall ähnlich liegen, wenn der Beauftragte auftragswidrig Mittel für seinen eigenen Vorteil nutzt, weil das bei der Gelegenheit seiner Tätigkeit als Beauftragter Erlangte und das im eigenen Interesse des Beauftragten Erlangte eines gemeinsam haben: Sie wurden außerhalb des konkreten Auftragsverhältnisses erlangt und deswegen sollte der Auftraggeber keinen Zugriff darauf haben. Natürlich löst dies erst Unbehagen aus, weil der Beauftragte vertragswidrig Mittel des Auftraggebers verwendet hat und man könnte sagen, dass er in solchen Fällen erst recht das Erlangte herauszugeben hat.[323] Der Auftraggeber ist aber nicht wesentlich schlechter gestellt, denn er hat immer noch seinen Anspruch aus §§ 280 Abs. 1, 662 BGB gegen den Beauftragten auf Ersatz der auftragswidrig gebrauchten Mittel, der zwar nicht verschuldensunabhängig ist, aber wegen des widerlegbar vermutetem Vertretenmüssens keine drastische Schlechterstellung bedeutet. Außerdem besteht immer die Gefahr, dass es zu vertragswidrigen Handlungen kommt, wenn man jemand anderes als sich selbst mit den eigenen Aufgaben betraut. Auch ein Teil im Schrifttum lehnt im Ergebnis einen Herausgabeanspruch auf die erworbene Sache ab.[324] In der Rechtsprechung gesteht man dem Auftraggeber gegen den Beauftragten in solchen Fällen einen Herausgabeanspruch zu.[325] Gegen die Rechtsprechung wird aber das gewichtige und rechtssystematische Argument angeführt, dass so ein Verhalten bei anderen Vertragstypen nur zu einem verschuldensabhängigen Schadensersatzanspruch führt.[326]

---

320 Zur Interpretation des § 1978 Abs. 1 S. 1 BGB zieht ebenfalls das Auftragsrecht heran: *Dauner-Lieb*, Sondervermögen, S. 106.

321 Nach dem BGH, NJW 1997, 47, 48, besteht bei auftragswidriger Verwendung des Geldes ein Herausgabeanspruch auf dieses Geld aus § 667 BGB.

322 Erman-*Ehmann*, § 667 BGB, Rn. 4; MüKo-*Seiler*, § 667 BGB, Rn. 9.

323 *Derleder*, NJW 2012, 2689, 2690.

324 Wenn auch mit anderer Argumentation: Staudinger-*Martinek*, § 665 BGB, Rn. 24; MüKo-*Seiler*, § 665 BGB, Rn. 38; *Dauner-Lieb*, Sondervermögen, S. 106.

325 BGH NJW 2009, 840, 841; OLG Koblenz VersR 2009, 405, 406.

326 *Derleder*, NJW 2012, 2689, 2690.

Selbst wenn man nun der Ansicht des BGH folgt und damit dem Auftraggeber einen Herausgabeanspruch bzgl. des vom Beauftragten erworbenen Gegenstandes zubilligt, so kann dies nicht einfach auf den Erben übertragen werden. Der Erbe ist in einer ganz anderen Position als der Beauftragte. Er ist Eigentümer der finanziellen Mittel des Nachlasses und ist auch bis zur beschränkten Haftung gem. § 1975 BGB zur Verwaltung des Nachlasses berechtigt, und zwar nicht nur rechtsgeschäftlich aus dem Auftragsverhältnis wie der Beauftragte. Man würde es sich zu einfach machen, wenn man die Regeln des Auftragsrechts unreflektiert auch auf den Erben anwendet, weil er vom Erbfall an die Interessen der Nachlassgläubiger beachten muss. Für *Dauner-Lieb* ist neben der hier dargestellten Stellung des Erben auch die Kompliziertheit der Erbenhaftung ein Grund dafür, dass das Verhältnis von Erbe und Nachlassgläubiger kaum mit dem Verhältnis von Beauftragtem und Auftraggeber zu vergleichen ist, weil der Erbe sich seiner „Pflichtbindung" gegenüber den Nachlassgläubigern selten bewusst ist. Dies soll dazu führen, dass die Wertung der angemaßten oder unerlaubten Eigengeschäftsführung gem. § 687 Abs. 2 S. 1 BGB keine Bedeutung für die Frage hat, ob eine Herausgabepflicht des Erben besteht.[327] Im Ergebnis ist das richtig, jedoch können die Wertungen des § 687 Abs. 2 S. 1 BGB schon gar keine Rolle bei § 667 BGB spielen, weil diese Norm verschuldensunabhängig ist[328] und es so unerheblich für die Rechtsfolge des § 667 BGB ist, ob der Erbe schuldhaft gegen die „Pflichtbindung" verstoßen hat oder nicht. Daran ändert auch die Wertung des § 687 Abs. 2 S. 1 BGB nichts.

Aufgrund der überzeugenderen Argumente ist die Ansicht vorzugswürdig, die dem Erben keine generelle Herausgabepflicht auferlegen will.

(2) Feststellung des Erbenwillens

Im Anschluss stellt sich die zweite Frage, wie die Willensrichtung des Erben festzustellen ist. Die Motive zum BGB nennen äußere Indizien zur Bestimmung der Willensrichtung als maßgeblich dafür, ob das Rechtsgeschäft wirtschaftlichen Bezug zum Nachlass hatte, zum Beispiel, wenn Inventarstücke eines Nachlassgrundstücks ersetzt werden.[329] Andere wollen die Willensrichtung des Erben darüber bestimmen, ob er ausdrücklich oder konkludent seinen Willen, für den

---

327 *Dauner-Lieb,* Sondervermögen, S. 108–109.

328 BGH NJW-RR 2000, 272, 273; Staudinger-*Martinek,* § 667 BGB, Rn. 1.

329 RGZ 134, 257, 259; Mot. V, S. 628; auch Nerlich/Römermann-*Riering,* § 315, InsO, Rn. 30.

Nachlass zu handeln, erkennbar gemacht hat.[330] Letztendlich besteht bei beiden Ansichten das Problem, dass der Wille des Erben nicht immer nachweisbar ist, unabhängig davon, ob man auf äußere Indizien oder auf den ausdrücklichen oder konkludenten Willen abstellt. Sollen äußere Indizien entscheidend sein, so unterstellt man dem Erben im Zweifelsfall etwas, was er tatsächlich gar nicht gewollt hat. Vorzugswürdig erscheint auch aus Gründen der Rechtssicherheit die Ansicht[331], die einen Willen, für den Nachlass zu handeln, fordert, der dem Vertragspartner erkennbar ist.

(3) Anwendung einer Surrogation

Wie bereits erwähnt, möchte eine Ansicht in der Literatur zudem auf die Fälle der Nachlassabsonderung gem. der §§ 1976 ff. BGB die Surrogationsvorschrift des § 2041 BGB analog anwenden.[332] Gegen diese Analogie könnte die Schutzrichtung der im BGB geregelten Surrogationsvorschriften sprechen. Aus § 2041 S. 1 BGB geht zum Beispiel deutlich hervor, dass die Miterben vor Schmälerungen des Nachlass geschützt werden sollen.[333] Allerdings haben die Nachlassgläubiger ebenso ein Interesse an einem ungeschmälerten Nachlass, sodass sie zumindest auch über die Surrogationsvorschrift des § 2041 S. 1 BGB geschützt werden.[334] Für die Einbeziehung der Nachlassgläubiger spricht, dass das BGB in vielerlei Hinsicht den Schutz der Nachlassgläubiger fördert.[335] Die Schutzrichtungen der

---

330 *Ebenroth,* ErbR, Rn. 1136; Staudinger-*Dobler,* § 1978 BGB, Rn. 17; *Dauner-Lieb,* Sondervermögen, S. 109; wohl auch Planck-*Flad,* § 1978 BGB, S. 175; Soergel-*Stein,* § 1978 BGB, Rn. 4 lässt die Frage offen, ob der Erbe ausdrücklich oder konkludent den Nachlassbezug zum Ausdruck bringen muss.

331 *Ebenroth,* ErbR, Rn. 1136; Staudinger-*Dobler,* § 1978 BGB, Rn. 17; *Dauner-Lieb,* Sondervermögen, S. 109; wohl auch Planck-*Flad,* § 1978 BGB, S. 175; Soergel-*Stein,* § 1978 BGB, Rn. 4.

332 Staudinger-*Dobler,* § 1978 BGB, Rn. 17; zustimmend Erman-*Schlüter,* § 1978 BGB, Rn. 3; eine analoge Anwendung der §§ 2019 Abs. 1, 2111 Abs. 1 BGB befürwortet dagegen *v. Lübtow,* ErbR II, S. 1169; BGH NJW-RR 1989, 1226, 1227 hat eine Analogie zu einer Surrogationsregelung zumindest für § 1990 BGB, der auf § 1978 BGB verweist, abgelehnt; kritisch auch *Schmidt-Kessel,* WM 2003, 2086, 2087–2088; a.A. Planck-*Flad,* § 1978 BGB, S. 175; RGRK-*Johannsen,* § 1978 BGB, Rn. 6; eine analoge Anwendung der §§ 2019, 2111 BGB verneint Soergel-*Stein,* § 1978 BGB, Rn. 4

333 MüKo-*Gergen,* § 2041 BGB, Rn. 1; *Lange/Kuchinke,* ErbR, S. 1068.

334 OLG München NJW 1956, 1880, 1880; KG DNotZ 1937, 640, 642; MüKo-*Gergen,* § 1978 BGB, Rn. 1 u. 24; *Kipp/Coing,* ErbR, S. 611; Staudinger-*Löhnig,* § 2041 BGB, Rn. 1; zum Schutzzweck der §§ 2019, 2041, 2111 BGB: BGH NJW 1990, 514, 515.

335 MüKo-*Gergen,* § 1978 BGB, Rn. 24.

Surrogationsvorschriften können also kein geeignetes Argument gegen eine analoge Anwendung des § 2041 BGB sein.

Ein starkes Argument gegen eine Analogie zu § 2041 BGB ist, dass nicht dem Erben seine gewinnbringenden Geschäfte zugutekommen, sondern den Nachlassgläubigern. Das führt im Endeffekt zu einer „Gewinnabschöpfung".[336] Dem kann entgegnet werden, dass man die Surrogation nur bis zur Höhe des Wertes der entnommenen Mittel reichen lassen kann und der verbleibende Bruchteil dem Erben zufällt.[337] Das würde allerdings die Rechtslage noch unüberschaubarer machen, weil dann immer der genaue objektive Wert ermittelt werden müsste, was teilweise nicht möglich ist. Des Weiteren könnte die strenge und absolute Wirkung der Surrogation dafür sprechen, dass es sich nicht um analogiefähige Regelungen handelt.[338] Surrogationen führen immer dazu, dass der Rechtsverkehr beeinträchtigt wird, weil sie Rechtsfolgen ohne erkennbare Handlungen bestimmen.[339] Dem wird zurecht entgegengehalten, dass in diesem Fall der Rechtsverkehr kaum beeinträchtigt werden würde, weil der Erbe Eigentümer wird – unabhängig davon, ob der Gegenstand nun dem Nachlass oder dem Eigenvermögen zugeordnet wird.[340] Jedoch kann dagegen eingewendet werden, dass für die Eigengläubiger im Falle einer Insolvenz des Erben nicht erkennbar ist, ob der in Frage stehende Gegenstand nun ihrer Befriedigung zugutekommt oder ob die Nachlassgläubiger bzw. der Nachlassverwalter oder Nachlassinsolvenzverwalter die Aussonderung des Gegenstands gem. § 47 InsO erwirken können. In dieser Hinsicht wird der Rechtsverkehr also schon mittelbar durch die analoge Anwendung des § 2041 BGB beeinträchtigt. Außerdem haben die gesetzlich geregelten Surrogationsvorschriften gemeinsam, dass sie auch immer dem Schutz des Erben, der Miterben oder des Vorerben dienen, also dem durch gesetzliche Erbfolge oder durch Verfügung von Todes wegen Legitimierten. Eine analoge Anwendung würde nur die Nachlassgläubiger schützen, weil es für den Erben im Endeffekt unerheblich ist, ob der erworbene Vermögensgegenstand dem Nachlass oder seinem Eigenvermögen zuzuordnen ist, denn er ist Eigentümer beider Vermögensmassen. Dieses Argument wäre zugegeben nicht sehr überzeugend, wenn man, wie ein Teil der Rechtsprechung, annimmt, dass die Surrogationsvorschriften in „erster Linie" den Schutz der Nachlassgläubiger

336 *Dauner-Lieb,* Sondervermögen, S. 113.

337 Nicht bezogen auf eine analoge Anwendung des § 2041 BGB schlägt dies auch *Schmidt-Kessel,* WM 2003, 2086, 2089 vor.

338 *Wolf,* JuS 1975, 643, 644 zur Wirkung der Surrogation.

339 *Dauner-Lieb,* Sondervermögen, S. 113; *Lange/Kuchinke,* ErbR, S. 1067.

340 *Dauner-Lieb,* Sondervermögen, S. 113.

bezwecken.[341] Im Übrigen wird aber keine Bewertung des „Schutzgrades“ von Erbe und Nachlassgläubigern vorgenommen. Letztlich sprechen die besseren Argumente dafür, eine analoge Anwendung des § 2041 BGB im Rahmen der Nachlassabsonderung nach den §§ 1976 ff. BGB abzulehnen.

Ein Teil der Literatur möchte, dass die erworbene Sache im Wege der dinglichen Surrogation kraft Parteiwillens unmittelbar Nachlassbestandteil wird.[342] Wiederum ein Teil der Literatur[343] möchte eine dingliche Surrogation kraft Parteiwillens nur zulassen, wenn der Wille erkennbar ist, und ein anderer Teil[344] hält diese Erkennbarkeit nicht für nötig. Für die letztgenannte Ansicht kann angeführt werden, dass die Rechtsfolge einer gesetzlichen Surrogation ohne Rücksicht auf Erkennbarkeit des Handelns einsetzen[345] und das dann nichts anderes für die Surrogation kraft Parteiwillens gelten kann. Der BGH hat die Frage nach einer dinglichen Surrogation kraft Parteiwillens offengelassen.[346] Für die Anwendung einer solchen dingliche Surrogation kraft Parteiwillens spricht die Privatautonomie. Der Erbe kann selbst entscheiden, ob der erworbene Gegenstand zum Nachlass oder zu seinem Eigenvermögen zählen soll. Die dingliche Surrogation kraft Parteiwillens würde unter Umständen zwar auch zu einer „Gewinnabschöpfung“[347] durch die Nachlassgläubiger führen, jedoch nicht entgegen dem Willen des Erben, wie es bei einer analogen Anwendung des § 2041 BGB der Fall gewesen wäre. Letztendlich führt eine dingliche Surrogation kraft Parteiwillens dazu, dass vor der eigentlich Separation von Nachlass und Eigenvermögen dem Erben gestattet wird, den Nachlass als Sondervermögen zu behandeln.[348] Ein gewichtiger Vorteil für die Nachlassgläubiger ist dabei – wie es auch der Fall bei einer analogen Anwendung des § 2041 BGB gewesen wäre –, dass sie ein Aussonderungsrecht nach § 47 InsO haben, wenn es zur Insolvenz des Erben

---

341 So etwa KG DNotZ 1937, 640, 642.

342 *Ebenroth,* ErbR, Rn. 1136; Palandt-*Weidlich,* § 1978 BGB, Rn. 3; *Dauner-Lieb,* Sondervermögen, S. 110; a.A.: Soergel-*Stein,* § 1978 BGB, Rn. 4.

343 *Dauner-Lieb,* Sondervermögen, S. 110; *Endemann,* ErbR, Rn. 1136; *Lange/Kuchinke,* ErbR, S. 1075.

344 Palandt-*Weidlich,* § 1978 BGB, Rn. 3; *Schmidt-Kessel,* WM 2003, 2086, 2089 für eine Zuordnung zum Nachlass, die auf keine Surrogationsvorschrift im BGB gestützt wird, sondern allein auf die Funktion des Nachlasses und die auch ohne erkennbaren Erbenwillen erfolgen soll.

345 *Lange/Kuchinke,* ErbR, S. 1067; *Brox/Walker,* ErbR, § 34 Rn. 1; Prot. VI, S. 325.

346 BGH NJW-RR 1989, 1226, 1227.

347 Begriff nach *Dauner-Lieb,* Sondervermögen, S. 108.

348 MüKo-*Küpper,* § 1978 BGB, Rn. 6.

kommt.[349] Die Begünstigung der Nachlassgläubiger an dieser Stelle könnte allerdings zu einer Benachteiligung der Eigengläubiger des Erben im Rahmen einer Insolvenz führen. Die Eigengläubiger des Erben haben das Interesse, auch auf den Nachlass zugreifen zu dürfen. Jedoch kann dem entgegenhalten werden, dass die Eigengläubiger sich für den Erben als Schuldner entschieden haben und deswegen auch sein Insolvenzrisiko zu tragen haben, genauso wie sich die Nachlassgläubiger für das Insolvenzrisiko des Erblassers entschieden haben.[350]

Wenn jedoch schon eine Surrogation angenommen wird, die keine gesetzliche Regelung erfuhr, dann wird zumindest verlangt werden können, dass der Wille, für den Nachlass zu erwerben, erkennbar wird.

(4) Zwischenergebnis

Nach dem überwiegenden Teil der Literatur und dem BGH ist für eine Herausgabepflicht des durch den Erben rechtsgeschäftlich mit Mitteln des Nachlasses erworbenen Gegenstands nach §§ 1978 Abs. 1 S. 1, 667 Alt. 2 BGB die Willensrichtung entscheidend. Die überzeugenderen Argumente sprechen dafür, dass dieser Wille dem Vertragspartner erkennbar werden muss.

Eine analoge Anwendung der Surrogationsvorschrift ist wegen der Gegenargumente abzulehnen. Es ließen sich Argumente für und gegen eine dingliche Surrogation kraft Parteiwillens feststellen. Der überwiegende Teil der Literatur hält sie für möglich. Der BGH hat diese Frage in einer Entscheidung offengelassen.

cc) Eigener Lösungsvorschlag

Die eben dargestellten drei Streitfragen zeigen im Wesentlichen auf, dass der Verweis auf § 667 BGB für das Verhältnis zwischen Erbe und Nachlassgläubiger nicht passt. Dass andere Vorschriften des Auftragsrechts ebenso wenig auf dieses Verhältnis passen, war schon bei der Erstellung des BGB klar.[351] Der Verweis des § 1978 Abs. 1 S. 1 BGB trägt in seiner Einfachheit, ohne die entsprechende Anwendung des Auftragsrechts[352] zu konkretisieren, nicht zur Lösung der Probleme bei und offenbart damit seine Schwächen. An den oft schwer nachweisbaren Erbenwillen sollen die Rechtsfolgen des §§ 1978 Abs. 1 S. 1, 667 Alt. 2 BGB

---

349 Mit Vergleich zum Auftragsrecht *Dauner-Lieb,* Sondervermögen, S. 106; ablehnend Soergel-*Stein,* § 1978 BGB, Rn. 4.

350 *Dauner-Lieb,* Sondervermögen, S. 110 sieht im Ergebnis auch keinen Grund zur Begünstigung der Eigengläubiger.

351 Mot. V, S. 627.

352 MüKo-*Küper,* § 1978 BGB, Rn. 4.

festgemacht werden. Abgesehen von den Fällen, in denen der Wille des Erben tatsächlich erkennbar und nachweisbar ausgedrückt wurde, hängen die Rechtsfolgen beinahe vom Zufall ab. Aus diesem Grund soll hier ein eigener, bisher – soweit ersichtlich – nicht vertretener Ansatz präsentiert werden. Es besteht Konsens darüber, dass einige Normen des Auftragsrechts nicht angewendet werden können.[353] Deswegen sollte auch § 667 BGB in den Fällen unanwendbar sein, in denen der Erbe etwas mit Mitteln aus dem Nachlass erworben hat. Das würde zu dem Ergebnis führen, dass den Nachlassgläubigern nur ein Ersatzanspruch aus §§ 1978 Abs. 1 S. 1, 280 Abs. 1, 662 BGB i.H.d. entnommenen Mittel zusteht. Wird der Ansicht der Rechtsprechung gefolgt, so könnte auch gesagt werden, dass in solchen Fällen die Nachlassgläubiger nur einen Anspruch auf Ersatz des Geldes aus §§ 1978 Abs. 1 S. 1, 667 Alt. 2 BGB haben sollen, aber keinen Herausgabeanspruch bezüglich des erworbenen Gegenstands. Dies hätte den Vorteil, dass es dann nicht auf ein Verschulden des Erben ankommen würde. Allerdings wird das Vertretenmüssen gem. § 280 Abs. 1 S. 1 BGB widerlegbar vermutet, sodass keine wesentliche Schlechterstellung der Nachlassgläubiger zu befürchten ist. Zumindest für eine eingeschränkte Anwendung des § 667 Alt. 2 BGB im Rahmen des § 1978 Abs. 1 S. 1 BGB lediglich auf Ersatz der entnommenen Mittel spricht, dass die Nachlassgläubiger durch § 1978 Abs. 1 S. 1 BGB nur in der Höhe des Vermögens des Nachlasses geschützt werden und nicht in dessen konkreter Zusammensetzung.[354] Sie würden nur das erhalten, was der Erbe dem Nachlass entnommen hat. Den Nachlassgläubigern nur einen Ersatzanspruch zuzugestehen, würde dem Sinn und Zweck des § 1978 Abs. 1 S. 1 BGB somit nicht zuwiderlaufen. Der Gewinn aus einem wirtschaftlich guten Geschäft des Erben würde dem Erben zugutekommen. Dies ist auch billig, weil der Erbe die besseren Konditionen ausgehandelt hat und deshalb der Gewinn auf seine Leistung zurückzuführen ist. Selbst wenn der Gewinn nur auf einer glücklichen Fügung beruht, ist es doch angemessen, dem Erben als Eigentümer der aus dem Nachlass entnommenen Mittel die Vorteile des Geschäfts zukommen zu lassen. Nichts Anderes kann für einen vom Erben verursachten Verlust gelten. Schließt er ein wirtschaftlich schlechtes Geschäft ab, so muss er den Nachlassgläubigern trotzdem den Wert der entnommenen Mittel ersetzen und kann sich nicht auf den Verlust berufen. Nachteile haben die Nachlassgläubiger in dieser Hinsicht also nicht zu befürchten.

353 Staudinger-*Dobler*, § 1978 BGB, Rn. 11; Erman-*Schlüter*, § 1978 BGB, Rn. 3; Planck-*Flad*, § 1978 BGB, S. 175; Soergel-*Stein*, § 1978 BGB, Rn. 1; Mot. V, S. 627.

354 Vgl. S. 76.

Bei diesen Überlegungen zeigen sich nochmals die erheblichen Unterschiede zwischen dem Verhältnis zwischen Erbe und Nachlassgläubiger sowie zwischen Beauftragtem und Auftraggeber: Der Auftraggeber ist Eigentümer der dem Beauftragten zur Verfügung gestellten Mittel. Die Nachlassgläubiger haben aber nur ein Forderungsrecht, zum Beispiel auf entnommene Mittel, sodass sie lediglich schuldrechtlich Berechtigte sind. Dem kann entgegnet werden, dass der Gesetzgeber wollte, dass der Erbe in diesem Fall wie ein Beauftragter zu behandeln ist. Wie bereits erwähnt, ist das Problem in den Motiven zum BGB bekannt, dass einige Vorschriften des Auftragsrechts auf § 1978 Abs. 1 S. 1 BGB nicht passen. Es wird allerdings davon ausgegangen, dass § 667 Alt. 2 BGB mit der Abgrenzung über die Willensrichtung des Erben Anwendung auf § 1978 Abs. 1 S. 1 BGB finden soll. Die Formulierung in den Motiven zum BGB ist aber auch vorsichtig bezüglich der Rechtsfolge des § 667 BGB im Verhältnis zwischen Erbe und Nachlassgläubiger: „Als Regel *wird anzunehmen sein*, dass der Erbe das aus Mitteln der Erbschaft Angeschaffte nicht herauszugeben, sondern nur Ersatz zu leisten habe.“[355] Zu einem anderen Problem sind die Motive wieder deutlicher: „Dass Vermehrungen des Nachlasses aus sich selbst heraus, welche nicht die Folgen von Rechtshandlungen des Erben sind, dem Nachlass zugutekommen, erscheint *selbstverständlich*.“[356] Zu beachten ist auch, dass die Motive zum BGB keine bindende Wirkung haben, sondern nur im Rahmen der Auslegung ihre Bedeutung entfalten.[357] Überzeugend ist das Gegenargument, dass es sich bei der Stellung des Erben im Rahmen des § 1978 Abs. 1 S. 1 BGB um den Willen des Gesetzgebers handelt, auch deshalb nicht, weil er scheinbar nicht die Vielzahl an Problemen eines Verweises auf das Auftragsrecht bedacht und so kaum eine überzeugende und abschließende Regelung getroffen hat.[358]

Außerdem würde es der Rechtssicherheit dienen, wenn von vornherein klar ist, welchen Ansprüchen der Erbe ausgesetzt wäre. Die Rechtsfolgen, die den Erben treffen, würden damit auch weniger vom Zufall abhängen. Dem Gegenargument, dass bei dieser hier vorgestellten Ansicht nicht genug zwischen den einzelnen Lebenssachverhalten differenziert wird, kann entgegnet werden, dass die Differenzierung in der Wirklichkeit kaum getroffen werden kann und so zum Teil bloß eine theoretische Bedeutung hat.

---

355 Mot. V, S. 628.

356 Mot. V, S. 627.

357 *Fritzsche,* Unterlassungsanspruch und -klage, S. 137.

358 *Dauner-Lieb,* Sondervermögen, S. 112–113.

Diese Ansicht bedeutet auch keine Schlechterstellung der Nachlassgläubiger in der Insolvenz des Erben. Zwar können auch schuldrechtliche Herausgabeansprüche ein Aussonderungsrecht in der Insolvenz des Schuldners begründen, aber dies gilt nicht für § 667 Alt. 2 BGB.[359] Gleiches muss dann auch für einen Herausgabeanspruch aus §§ 1978 Abs. 1 S. 1, 667 Alt. 2 BGB gelten. Eine dingliche Surrogation kraft Parteiwillens ist innerhalb dieser Ansicht abzulehnen. Es wäre inkonsequent, die Frage nach einem Herausgabeanspruch gem. §§ 1978 Abs. 1 S. 1, 667 Alt. 2 BGB unabhängig von der Willensrichtung des Erben zu beantworten, aber bei der Frage nach einer dinglichen Surrogation kraft Parteiwillens auf die Willensrichtung abzustellen. Bei dieser Surrogation würden ebenfalls Probleme bzgl. der Nachweisbarkeit des Willens bestehen. Außerdem führt die dingliche Surrogation kraft Parteiwillens dazu, dass der Erbe den Nachlass nach Verschmelzung mit seinem Eigenvermögen aber vor Inkrafttreten einer Haftungsbeschränkung gem. § 1975 BGB schon als Sondervermögen behandeln kann.[360] Dies widerspricht aber dem Grundsatz der unbeschränkten, aber beschränkbaren Erbenhaftung, weil demnach beim Erbfall zunächst eine Verschmelzung von Nachlass und Eigenvermögen erfolgt und erst mit einer Haftungsbeschränkung wieder eine Separation eintritt.

Letztlich ist noch problematisch, dass der BGH die Ersatzpflicht nicht auf § 667 Alt. 2 BGB stützen will, wenn es sich um einen Verlust der Nachlassmittel handelt, der nicht auf eine Eigenverwendung dieser Mittel zurückzuführen ist.[361] Zur Folge hat dies, dass es wieder auf eine Willensrichtung, für sich oder für einen anderen zu handeln (bzw. für den Nachlass zu handeln), ankommt, um überhaupt die einschlägige Anspruchsgrundlage feststellen zu können. Es ist aber sowieso nicht ersichtlich, warum in Abkehr von anderen Vertragstypen ein Herausgabeanspruch auf das nicht mehr vorhandene Geld und nicht nur ein Schadensersatzanspruch besteht.[362] Dieses Problem wird sich nicht ganz lösen lassen, denn auch um die zu vertretende Pflichtverletzung festzustellen, muss wohl ein Rückgriff auf die ursprüngliche Verwendungsabsicht gemacht werden. Allerdings kommt den Gläubigern in diesen Fällen die widerlegbare Vermutung des Verschuldens gem. § 280 Abs. 1 S. 2 BGB zugute.

Dauner-Lieb stellt fest, dass die Herausgabepflicht des Erben nur eine Ausnahme darstellen würde und der Erbe in den meisten Fällen Ersatz für die

359 OLG Düsseldorf NZI 2012, 887, 890; MüKo-*Ganter*, § 47 InsO, Rn. 341; Uhlenbruck-*Brinkmann*, § 47 InsO, Rn. 62; Schmidt-*Thole*, § 47 InsO, Rn. 63.

360 MüKo-*Küpper*, § 1978 BGB, Rn. 6.

361 BGH NJW 2006, 986, 987.

362 *Derleder*, NJW 2012, 2689, 2690.

entnommenen Mittel zu leisten hat, wenn der Ansicht der überwiegenden Literatur und des BGH gefolgt wird.[363] Auch die Motive zum BGB kommen zu diesem Ergebnis.[364] Wenn die Ersatzpflicht in der Praxis schon die Regel ist, dann ist es doch nur sinnvoll, auf die komplizierte Abgrenzung über die Willensrichtung des Erben komplett zu verzichten.

Im Ergebnis sprechen gute Argumente für die hier präsentierte Lösung. Die einheitliche Rechtsfolge führt in der Praxis zu klaren Ergebnissen und verkompliziert die – ohnehin schon unübersichtliche – Ausgestaltung der Erbenhaftung nicht noch weiter. Die Voraussetzung der Willensrichtung des Erben, für den Nachlass zu handeln, wird in § 1978 Abs. 1 S. 1 BGB nicht ersichtlich und kann auch nicht aus § 667 Alt. 2 BGB entnommen werden, weil es auf dessen Tatbestandsvoraussetzungen wegen der rechtlichen Natur des § 1978 Abs. 1 S. 1 BGB als Rechtsfolgenverweisung[365] gar nicht ankommt.

d) Ersatzpflicht

Bei Verletzung der ihm obliegenden Verwaltungspflicht macht sich der Erbe also grundsätzlich gegenüber den Nachlassgläubigern schadensersatzpflichtig, § 1978 Abs. 1 BGB.

Keine Ersatzpflicht gegenüber den Nachlassgläubigern löst es aus, wenn der Erbe annehmen konnte, dass der Nachlass zur Befriedigung aller Nachlassverbindlichkeiten ausreicht und aus diesem Grund einzelne Nachlassgläubiger befriedigt. § 1979 BGB bestimmt, dass diese Berichtigungen als für Rechnung des Nachlasses erfolgt gelten. Eine Ersatzpflicht tritt also nur ein, wenn der Erbe nicht davon ausgehen konnte, dass der Nachlass zur Befriedigung aller Nachlassgläubiger ausreicht. Im Rahmen des § 1978 BGB ist deswegen die Frage interessant, wann der Erbe davon nicht ausgehen durfte. Es geht darum, ob dem Erben eine Prüfungspflicht auferlegt wurde oder ob er zunächst annehmen darf, dass der Nachlass zur Gläubigerbefriedigung ausreichen wird. An vielen Stellen des BGB wird den Nachlassgläubigern ein hoher Schutz zugesprochen, sodass es nur konsequent erscheint, wenn den Erben eine Prüfungspflicht trifft. In der Rechtsprechung[366] und in der Literatur[367] wird dem Erben eine Prüfungspflicht

363 *Dauner-Lieb*, Sondervermögen, S. 109.

364 Mot. V, S. 628.

365 BGH ZEV 2008, 237.

366 BGH NJW 1985, 140, 140; OLG Schleswig ZInsO 2006, 885, 886.

367 MüKo-*Küpper*, § 1979 BGB, Rn. 3; Staudinger-*Dobler*, § 1979 BGB, Rn. 5; Soergel-*Stein*, § 1979 BGB, Rn. 2; Palandt-*Weidlich*, § 1979 BGB, Rn. 2; Erman-*Schlüter*, § 1979 BGB, Rn. 3; RGRK-*Johannsen*, § 1979 BGB, Rn. 7.

auferlegt. Der BGH stellt relativ hohe Anforderungen an diese Prüfungspflicht, sodass es nicht ausreicht, wenn der Erbe sich lediglich einen Überblick verschafft, sondern es ist eine möglichst vollständige Sichtung des Nachlasses zu verlangen, wobei immer auch der Einzelfall maßgeblich ist.[368]

Problematisch ist, ob der Erbe bei der Prüfung des Nachlasses Vermächtnisse und Auflagen zu berücksichtigen hat. Die überwiegende Meinung im Schrifttum ist der Auffassung, dass Ansprüche aus Vermächtnis und Auflagen nicht von der Prüfungspflicht des Erben umfasst sind und damit keine Ersatzpflicht solchen Gläubigern gegenüber eintritt.[369] Dieser Standpunkt wird auf § 1980 Abs. 1 S. 3 BGB gestützt.[370] Andere Stimmen wollen diese Auffassung in der Hinsicht korrigieren, dass sich der Erbe ersatzpflichtig nach § 1978 Abs. 1 BGB macht, wenn er Nachlassverbindlichkeiten berichtigt, die Ansprüchen aus Vermächtnissen oder Auflagen im Falle eines Nachlassinsolvenzverfahrens gleich- oder nachgeordnet sind.[371]

Problematisch ist an beiden Ansichten, dass sich die Einschränkung der Prüfungspflicht nicht aus dem Wortlaut ergibt[372] und dass die Vermächtnisse und Auflagen den Erben schon aus der Verfügung von Todes wegen bekannt sind. Weiterhin kann sich auch auf den Standpunkt gestellt werden, dass § 1980 Abs. 1 S. 3 BGB nur eine Ausnahme von der Regel aufstellt, dass außerhalb des Anwendungsbereiches der Einrede des § 1992 S. 1 BGB Vermächtnisse und Auflagen sehr wohl maßgeblich sind.

Diesen Einwänden kann man aber mit der in der InsO festgelegten Rangfolge begegnen. § 327 Abs. 1 Nr. 2 InsO weist Ansprüchen aus Vermächtnissen und Auflagen eine untergeordnete Rangstelle zu. In konsequenter Anwendung dieser Rangfolge kann eine Befriedigung von Gläubigern, deren Ansprüche wiederum den Ansprüchen aus Vermächtnissen und Auflagen untergeordnet sind, eine Ersatzpflicht auslösen. In der Praxis wird dieser Fall jedoch selten vorkommen.[373] Die Beweislast für das Vorliegen der Voraussetzungen des § 1979 BGB trägt der Erbe.[374]

---

368 BGH NJW 1985, 140.

369 Erman-*Schlüter,* § 1979 BGB, Rn. 3; RGRK-*Johannsen,* § 1979 BGB, Rn. 7; MüKo-*Küpper,* § 1979 BGB, Rn. 3.

370 MüKo-*Küpper,* § 1979 BGB, Rn. 3.

371 Staudinger-*Dobler,* § 1979 BGB, Rn. 6; Soergel-*Stein,* § 1979 BGB, Rn. 2.

372 So auch Soergel-*Stein,* § 1979 BGB, Rn. 2.

373 Staudinger-*Dobler,* § 1979 BGB, Rn. 6.

374 BGH NJW 1985, 140, 140; OLG Schleswig ZInsO 2006, 885, 886.

3. Einordnung der Ansprüche aus § 1978 Abs. 1 BGB

Bis zur BGH-Entscheidung aus dem Jahr 1989 bestanden in Rechtsprechung und Literatur Unklarheiten darüber, wie § 1978 Abs. 2 BGB zu verstehen ist. § 1978 Abs. 2 BGB bestimmt, dass die Ansprüche aus § 1978 Abs. 1 BGB zum Nachlass gehören. Ein Teil der Literatur[375] und Rechtsprechung[376] versteht diese Formulierung so, dass der Anspruch aus § 1978 Abs. 1 BGB ein Anspruch des Nachlasses gegen das Eigenvermögen des Erben beinhaltet, was zur Folge hätte, dass der Nachlassgläubiger diesen Anspruch pfänden und überweisen lassen muss. 1989 ist der BGH dieser Ansicht nicht gefolgt.[377] Argumentativ ist der BGH dabei auf die Funktion der Fiktion in § 1978 Abs. 2 BGB eingegangen, die es dem Nachlassverwalter oder -insolvenzverwalter nur ermöglichen soll, die Ansprüche aus § 1978 Abs. 1 BGB geltend zu machen. Dort, wo keine Nachlassseparation gem. § 1975 BGB eintritt, also die Fälle der §§ 1990, 1991 BGB, sollen die einzelnen Nachlassgläubiger aus eigenem Recht die Ersatzansprüche aus § 1978 Abs. 1 BGB geltend machen können. Ein großer Teil der Literatur folgt dieser Ansicht des BGH.[378]

III. Aufwendungsersatzanspruch des Erben gem. § 1978 Abs. 3 BGB i.V.m. § 670 bzw. § 683 S. 1 BGB

Nach § 1978 Abs. 3 BGB sind dem Erben Aufwendungen aus dem Nachlass zu ersetzen, soweit er nach den Vorschriften über den Auftrag oder über die Geschäftsführung ohne Auftrag Ersatz hätte verlangen können. Ob der Erbe Ersatz über § 670 BGB oder § 683 S. 1 BGB verlangen kann, entscheidet sich danach, ob der Erbe die Erbschaft bereits angenommen hat.[379] Nach der Annahme richtet sich der Ersatz nach § 670 BGB und vor der Annahme nach § 683 S. 1 BGB. Die Aufwendungsersatzansprüche richten sich gegen den Nachlass. Ist das Nachlassverwaltungsverfahren angeordnet, muss der Erbe diesen Anspruch gem. § 1984 Abs. 1 S. 3 BGB gegenüber dem Nachlassverwalter geltend machen. Im Nachlassinsolvenzverfahren zählen die Aufwendungsersatzansprüche des Erben

375 *Kipp/Coing,* ErbR, S. 568; *Lange/Kuchinke,* ErbR, S. 1274 Fn. 206; Planck-*Flad,* § 1991 BGB, S. 209; RGRK-*Johannsen,* § 1978 BGB, Rn. 11.
376 OLG Dresden ZBlFG 1905/06, 410, 416.
377 BGH NJW-RR 1989, 1226, 1228.
378 Staudinger-*Dobler,* § 1991 BGB, Rn. 10; Erman-*Schlüter,* § 1991 BGB, Rn. 3; Soergel-*Stein,* § 1991 BGB, Rn. 2; MüKo-*Küpper,* § 1991 BGB, Rn. 7; *v. Lübtow,* ErbR II, S. 1169; *Ebenroth,* ErbR, Rn. 1136.
379 MüKo-*Küpper,* § 1978 BGB, Rn. 13; Soergel-*Stein,* § 1978 BGB, Rn. 9.

zu den Masseschulden gem. § 324 Abs. 1 Nr. 1 InsO. Im Rahmen der §§ 1990, 1992 BGB findet § 1978 Abs. 3 BGB über § 1991 Abs. 1 BGB Anwendung. Der Erbe kann sich in diesen Fällen aus den Nachlass befriedigen.[380] Eine interessante Frage ist, ob der Erbe mit Fremdgeschäftsführungswillen gehandelt haben muss, um einen Aufwendungsersatzanspruch geltend machen zu können. Dafür spricht grundsätzlich, dass § 1978 Abs. 3 BGB auf die Regelung der §§ 683 S. 1, 670 BGB verweist. Weiterhin deutet auf das Erfordernis eines Fremdgeschäftsführungswillens hin, dass die Rechtsprechung und die herrschende Meinung im Rahmen der Herausgabepflicht des Erben gem. §§ 1978 Abs. 1, 667 BGB auf den Willen des Erben abstellt, ob er für den Nachlass erwerben wollte.[381] Nach der im Rahmen dieser Arbeit präsentierten Meinung ist das Abstellen auf die Willensrichtung des Erben aber nicht sinnvoll und es wurde deswegen abgelehnt.[382] Nichts anderes kann für das Erfordernis des Fremdgeschäftsführungswillens gelten, wenn der Erbe Ersatzansprüche geltend macht. Der Erbe handelt als Eigentümer des Nachlasses. Es wird in der Regel nicht festzustellen sein, ob er für den Nachlass handelte oder nicht, sodass der Erbe sich nicht auf einen Aufwendungsersatzanspruch berufen kann.[383]

Der überwiegende Teil der Literatur hält einen Fremdgeschäftsführungswillen ebenfalls nicht für erforderlich.[384] Logisch ist aber, dass nicht jede Aufwendung des Erben zu einem Aufwendungsersatzanspruch führen kann. Es braucht also ein anderes Kriterium, um die Reichweite des Aufwendungsersatzanspruches einzuschränken. Es wird dazu auf die Interessen eines durchschnittlichen Eigengläubigers abgestellt werden müssen.[385] Im Ergebnis kommt man also zum Kriterium der „ordnungsgemäßen Verwaltung“[386], genauso wie im Rahmen des § 1978 Abs. 1 S. 1 BGB auch.

Eine Vergütung hinsichtlich der Geschäfte, die im Zusammenhang mit dem Nachlass stehen, kann der Erbe wegen § 662 BGB im Gegensatz zu dem Nachlassverwalter und -insolvenzverwalter nicht fordern.[387] Von der generellen

380 Erman-*Schlüter,* § 1978 BGB, Rn. 6; Staudinger-*Dobler,* § 1978 BGB, Rn. 37.

381 Vgl. dazu S. 53–56.

382 S. 61–65.

383 *Dauner-Lieb,* Sondervermögen, S. 118.

384 MüKo-*Küpper,* § 1978 BGB, Rn. 13; *Dauner-Lieb,* Sondervermögen, S. 118; Staudinger-*Dobler,* § 1978 BGB, Rn. 26.

385 Soergel-*Stein,* § 1978 BGB, Rn. 9; RGRK-*Johannsen,* § 1978 BGB, Rn. 13 stellt dagegen auf das wirkliche Interesse der Nachlassgläubiger ab.

386 *Dauner-Lieb,* Sondervermögen, S. 118; MüKo-*Küpper,* § 1978 BGB, Rn. 14.

387 BGH NJW 1993, 1851, 1853; Soergel-*Stein,* § 1978 BGB, Rn. 9; Erman-*Schlüter,* § 1978 BGB, Rn. 6.

Versagung eines Vergütungsanspruchs wird eine Ausnahme über eine analoge Anwendung von § 1835 Abs. 3 BGB gemacht, wenn der Erbe eines Unternehmens dieses gewerblich oder berufsmäßig fortführt.[388]

Der Erbe kann Befreiung von einer Verbindlichkeit verlangen, die er zur ordnungsgemäßen Nachlassverwaltung eingegangen ist.[389]

IV. Haftungsverfassung des § 1978 BGB

Spätestens mit dem Zeitpunkt, in dem der Erbe sein Ausschlagungsrecht verliert (§ 1943 BGB), schließt sich endgültig das Tor zu seiner Haftungsfreiheit. Es soll nun die Haftungsverfassung des § 1978 Abs. 1 BGB betrachtet werden. Es geht also um die Frage, wann der Erbe dem „Zugriffsrecht"[390] der Nachlassgläubiger ausgesetzt ist.[391] Ein schuldrechtliches Leistensollen knüpft das Gesetz immer an Voraussetzungen. Spezifiziert man das „rechtliche Leistensollen"[392] weiter, so kommt man zu unterschiedlichen Möglichkeiten, wie ein solches Leistensollen aussieht. Das Leistensollen kann unter anderem als Herausgabe einer Sache, Zahlung eines Kaufpreises, Verschaffung des Eigentums oder Zahlung eines Schadensersatzes ausgestaltet sein. § 1978 Abs. 1 BGB gewährt den Nachlassgläubigern unter gewissen Voraussetzungen die Möglichkeit, vom Erben Schadensersatz zu verlangen. Für die meisten Schadensersatzansprüche ist ein dem Erben vorwerfbares Verhalten erforderlich.[393] Wann von einem vorwerfbaren Verhalten des Erben ausgegangen werden kann und wie dieses konstruiert werden muss, damit der Erbe sich gegenüber den Nachlassgläubigern schadensersatzpflichtig macht, soll im Folgenden untersucht werden. Dabei wird so vorgegangen: Zunächst wird herausgearbeitet, wie der damalige Gesetzgeber konstruiert hat, dass den Erben als Eigentümer des Nachlasses ein Verschulden trifft. Danach wird untersucht, ob es sich bei dieser Konstruktion um eine Ausnahme im Zivilrecht handelt oder ob der Gesetzgeber von derartigen Konstrukten des Öfteren Gebrauch gemacht hat. Schließlich soll auf § 1978 Abs. 1 BGB zurückgekommen werden und untersucht werden, ob eine dogmatische Begründung des Verschuldens nötig ist und ob diese Regelung im Hinblick auf die Erkenntnisse im vorangegangenen Teil einer Korrektur bedarf.

---

388 Staudinger-*Marotzke*, § 1922 BGB, Rn. 186; kritisch im Hinblick auf das Vorliegen von Verwendungen: *Wolf*, AcP 181 (1981), 480, 507.

389 MüKo-*Küpper*, § 1978 BGB, Rn. 14.

390 *v. Tuhr, BGB* AT, S. 11.

391 Zur Abgrenzung von Schuld und Haftung, vgl. S. 19–20.

392 *Muscheler*, ErbR II, Rn. 3378.

393 Palandt-*Grüneberg*, § 276 BGB, Rn. 3.

1. Konstruktion des Verschuldensvorwurfs gegen den Erben

Im vorangegangenen Teil der Arbeit wurde schon mehrfach erwähnt, dass der Erbe als Eigentümer des Nachlasses handelt und trotzdem unter Umständen eine Schadensersatzpflicht begründet wird. Diese Schadensersatzpflicht erfolgt im Interesse der Nachlassgläubiger.[394] Diese haben das Interesse, dass der Nachlass möglichst ungeschmälert erhalten bleibt, sodass ihre Befriedigung mit Mitteln aus diesem Nachlass erfolgen kann. Um diesen Schutz zu erreichen, hatte der damalige Gesetzgeber im Wesentlichen drei Möglichkeiten: Der Erbe wird rückwirkend wie ein Verwalter des Nachlasses behandelt[395], alle Rechtsgeschäfte, die der Erbe bzgl. des Nachlasses seit dem Erbfall abgeschlossen hat, werden rückwirkend unwirksam[396] oder dem Erben wird das Recht zur Verwaltung genommen, wenn er gegen seine Verwaltungspflicht verstößt[397]. Der Gesetzgeber hat sich mit der Regelung des § 1978 Abs. 1 BGB für die erst genannte Möglichkeit entschieden.[398]

§ 1978 BGB beinhaltet, um genau zu sein, zwei Haftungsverfassungen. In § 1978 Abs. 1 S. 1 BGB wird die Haftung des Erben für die Verwaltung geregelt, die er nach der Annahme der Erbschaft vorgenommen hat. § 1978 Abs. 1 S. 2 BGB bestimmt hingegen die Haftung des Erben für die Verwaltung zwischen Erbfall und bis zu dem Zeitpunkt der Annahme der Erbschaft. Diese Unterscheidung wird – wie bereits erwähnt – aufgrund der „Besorgnispflicht“ des Erben getroffen, die erst mit Annahme der Erbschaft dem Erben auferlegt wird.[399]

a) *Verschuldensvorwurf im Allgemeinen*

Bevor auf § 1978 Abs. 1 BGB und seine Besonderheiten im Verschuldensvorwurf eingegangen werden soll, soll zunächst dargestellt werden, wie der Verschuldensvorwurf im Zivilrecht allgemein konstruiert wurde. Diese Betrachtung ist für das Verständnis der folgenden Ausführungen relevant.

In § 276 BGB wird die Verantwortlichkeit des Schuldners geregelt. Diese Verantwortlichkeit wiederum wird regelmäßig durch das Verschulden begründet.[400]

394 Mot. V, S. 626.
395 *Muscheler*, Haftungsordnung, S. 209.
396 *Muscheler*, Haftungsordnung, S. 209.
397 Siber, Haftung für Nachlassschulden, S. 80.
398 Gegen eine Rückwirkung des Verschuldens: Soergel-*Stein*, § 1978 BGB, Rn. 5; gegen eine Rückwirkung einer Verwaltungspflicht und eines Verschuldens: *v. Lübtow*, ErbR II, S. 1131.
399 Mot. V, S. 626–627; Planck-*Flad*, § 1978 BGB, S. 174.
400 Staudinger-*Caspers*, § 276 BGB, Rn. 1.

Nach § 276 Abs. 1 S. 1 BGB hat der Schuldner möglicherweise auch etwas ohne Verschulden oder nur mit qualifiziertem Verschulden zu vertreten, wenn es das Gesetz an anderer Stelle bestimmt. Verschulden ist „ein auf Vorsatz oder Fahrlässigkeit beruhendes Verhalten“.[401] Die Fahrlässigkeit wird in § 276 Abs. 2 BGB definiert. Der Vorsatz wird nicht legaldefiniert, ist aber „gleichbedeutend mit wissentlich und willentlich“.[402] Die Pflichtverletzung wird dem Schuldner über sein Vertretenmüssen (regelmäßig Verschulden) zugerechnet.[403] Der Gesetzgeber ist damit dem Verschuldensprinzip als Grundsatz gefolgt, das er im Rahmen der Schuldrechtsmodernisierung auch ausdrücklich bestätigt hat.[404] Es ist also grundsätzlich erforderlich, dass der Schuldner den Schaden zu vertreten hat.[405] Das Vertretenmüssen des Schuldners muss sich auf die Pflichtverletzung beziehen. Dies hat zur Folge, dass eine Pflicht bestehen muss, der Schuldner diese verletzt und er diese Pflichtverletzung zu vertreten hat.

b) Verschuldensvorwurf im Rahmen des § 1978 Abs. 1 S. 1 BGB

Der Erbe unterliegt einem Irrtum, wenn er glaubt, dass sein Eigenvermögen vor dem Zugriff der Nachlassgläubiger geschützt ist, nach dem er eine Haftungsbeschränkung auf den Nachlass erwirkt hat. Zwar schließt sich das Tor der Eigenhaftung des Erben bzgl. der Nachlassverbindlichkeiten, aber gleichzeitig öffnet sich das Tor der Verwaltungshaftung des Erben. Der Erbe sollte sich also nicht in Sicherheit wähnen, wenn z.B. über den Nachlass das Nachlassverwaltungsverfahren angeordnet bzw. das Nachlassinsolvenzverfahren eröffnet wurde. Die Ansprüche aus § 1978 Abs. 1 BGB gehören nach § 1978 Abs. 2 BGB zum Nachlass. Dies hat Auswirkungen auf die Einreden, die dem Erben im Falle eines dürftigen oder unzureichenden Nachlasses zustehen. Sofern eine Forderung aus § 1978 Abs. 1 BGB besteht, kann sie dazu führen, dass der Erbe sich nicht auf die Einreden der §§ 1990, 1991 BGB berufen kann.[406] Die Verwaltungshaftung aus § 1978 Abs. 1 BGB ist also mit mehreren Risiken für den Erben verbunden.

Im Vergleich zu den Risiken, die den Erben treffen können, ist die Gestaltung eines vorwerfbaren Verhaltens des Erben sehr konstruiert. Dazu muss man sich folgende Situation vorstellen: Der Erblasser stirbt und der Erbe tritt kraft

---

401 Mot. I, S. 281.
402 Mot. I, S. 280.
403 Staudinger-*Caspers,* § 276 BGB, Rn. 3.
404 BT-Drucks. 14/6040, S. 131.
405 Ausnahme: § 826 BGB.
406 BGH NJW-RR 1989, 1226, 1228.

gesetzlicher oder gewillkürter Erbfolge in die Rechte und Pflichten des Erblassers ein, § 1922 Abs. 1 BGB. Das bedeutet, dass er auch das Eigentum des Erblassers erwirbt. Der Eigentümer kann grundsätzlich mit seinem Eigentum nach Belieben verfahren. Das trifft auch auf den Erben zu. Der Erbe entscheidet sich dafür, sein Eigenvermögen zu schützen, und beantragt z.B. ein Nachlassverwaltungsverfahren. Das Gesetz ermöglicht es ihm, innerhalb eines relativ großzügigen Zeitraums von zwei Jahren gem. § 1981 Abs. 2 S. 2 BGB den Antrag zu stellen. Zumindest bei einem überschaubaren Nachlass wird der Erbe diese zwei Jahre nicht abwarten, sondern relativ zeitnah den Antrag stellen. In der Zwischenzeit muss der Erbe natürlich trotzdem einige Maßnahmen treffen, zum Beispiel die Mietwohnung des Erblassers ausräumen. Sobald der Erbe aber tätig wird und sich in Zukunft auf eine Haftungsbeschränkungsmöglichkeit des BGB berufen möchte, schwebt über ihm trotzdem die Gefahr der persönlichen Haftung. Zerstört er zum Beispiel beim Ausräumen der Wohnung leicht fahrlässig einen Nachlassgegenstand oder verkauft er einen Nachlassgegenstand auch nur ein wenig unter dem objektiven Wert, so ist er mit der Anordnung der Nachlassverwaltung der Haftung aus § 1978 Abs. 1 S. 1 BGB ausgesetzt. Im Hinblick darauf, dass er aber Eigentümer des zerstörten bzw. verkauften Gegenstands war, ist eine solche Haftung zumindest ungewöhnlich. Das BGB konstruiert die Haftung darüber, dass rückwirkend Verwaltungspflichten entstehen, die der Erbe hätte beachten müssen.[407] Das allein reicht aber noch nicht aus, um den Erben haftbar zu machen, denn weiterhin muss den Erben ein Verschulden treffen. Nach ganz überwiegender Meinung sind die §§ 276, 278 BGB auch auf § 1978 Abs. 1 BGB anwendbar.[408] Dabei handelt es sich nicht um ein Verschulden gegen sich selbst, sondern um ein Verschulden gegen andere, namentlich gegen die Nachlassgläubiger.[409] Der Erbe muss also eine Verwaltungspflicht verletzt haben, die zum Zeitpunkt der Handlung noch nicht bestand. Wenn den Erben aber keine Pflicht trifft, den Nachlass zu verwalten, kann ihm zum maßgeblichen Zeitpunkt auch kein Verschuldensvorwurf gemacht werden. Aus diesem Grund müsste auch das Verschulden des Erben rückwirkend fingiert[410] werden, andernfalls würde die Regelung des § 1978 Abs. 1 S. 1 BGB leerlaufen.

---

407 *Muscheler*, ErbR II, Rn. 3573; a.A. Soergel-*Stein*, § 1978 BGB, Rn. 5.

408 Staudinger-*Dobler*, § 1978 BGB, Rn. 12–13; RGRK-*Johannsen*, § 1978 BGB, Rn. 4; Erman-*Schlüter*, § 1978 BGB, Rn. 4; Burandt-Rojahn-*Joachim*, § 1978 BGB, Rn. 10; *Brox/Walker*, ErbR, § 39 Rn. 5; *v. Lübtow*, ErbR II, S. 1131.

409 A.A. Soergel-*Stein*, § 1978 BGB, Rn. 5.

410 *Osthold*, ZEV 2015 444, 448.

c) *Verschuldensvorwurf im Rahmen des § 1978 Abs. 1 S. 2 BGB*

§ 1978 Abs. 1 S. 2 BGB verlagert den Ansetzungspunkt für das Verschulden noch weiter vor. Diese Vorschrift regelt die Verantwortlichkeit des Erben ab dem Zeitpunkt des Erbfalls bis zur Annahme der Erbschaft durch den Erben. Die Annahme der Erbschaft ist Voraussetzung für die Haftung nach § 1978 Abs. 1 S. 2 BGB. Schlägt der Erbe aus, so haftet er dem endgültigen Erben nach § 1959 BGB. Auch hier treffen den Erben keine Verwaltungspflichten. Er ist gem. § 1922 Abs. 1 BGB in die Rechte und Pflichten des Erblassers eingetreten und damit auch Inhaber der Eigentumsrechte geworden. Es macht auch keinen Unterschied, dass der Erbe die Erbschaft noch nicht angenommen hat. Der Nachlass geht aufgrund der Universalsukzession gem. § 1922 Abs. 1 BGB und nicht aufgrund der Annahme auf den Erben über. Die Ausschlagung bietet dem Erben nur die Möglichkeit, den Anfall der Erbschaft zu beseitigen.[411] Der Unterschied ist aber, dass er sich vor der Erbschaftsannahme passiv verhalten kann und nur bei Handlungen eine Haftung fürchten muss.[412] Nimmt er Handlungen vor, die zu einer Schmälerung des Nachlasses führen, entstehen rückwirkend – wie bei § 1978 Abs. 1 S. 1 BGB – Verwaltungspflichten, gegen die der (vorläufige) Erbe möglicherweise rückwirkend fingiert schuldhaft verstoßen haben muss. Sowohl bei § 1978 Abs. 1 S. 1 als auch bei S. 2 BGB ist der Verschuldensvorwurf gleichermaßen konstruiert. Im Folgenden wird der Schwerpunkt auf die Haftung des Erben nach § 1978 Abs. 1 S. 1 BGB gelegt, also wegen Maßnahmen des Erben nach der Annahme der Erbschaft. Diese Ausführungen können aber auf die Regelung des § 1978 Abs. 1 S. 2 BGB übertragen werden.

2. Zwischenergebnis

Das hier darzustellende Problem ist also, wie im Rahmen des § 1978 Abs. 1 BGB ein Verschulden konstruiert werden soll, wenn die Verwaltungspflichten, gegen die der Erbe schuldhaft verstoßen haben soll, selbst rückwirkend fingiert werden. Dieses Problem wurde in der Literatur bisher kaum diskutiert.[413] Für den Erben ist diese Haftung nicht ungefährlich, denn nicht nur er bestimmt, ob und wann er sich auf eine Haftungsbeschränkung berufen möchte, sondern auch die Nachlassgläubiger haben gem. § 1981 Abs. 2 S. 1 BGB die Möglichkeit, die Nachlassverwaltung zu beantragen, und können so die persönliche Haftung des Erben für bisherige Verwaltungsmaßnahmen erreichen.

---

411 MüKo-*Leipold*, § 1943 BGB, Rn. 1.

412 Mot. V, S. 626–627; Planck-*Flad*, § 1978 BGB, S. 174.

413 Dies stellt auch *Osthold*, ZEV 2015, 444, 448, fest.

V. Rückwirkend fingiertes Verschulden als Ausnahme

Im zweiten Schritt soll nun untersucht werden, ob das rückwirkend fingierte Verschulden im Zivilrecht eine Ausnahme darstellt. Dazu werden andere Haftungsverhältnisse mit dem zwischen Erbe und Nachlassgläubiger verglichen, um die Haftungsverfassung des § 1978 Abs. 1 BGB besser in das Gesamtgefüge der Haftungsverhältnisse einordnen zu können.

Das rückwirkend fingierte Verschulden hängt unabdingbar mit der Rückwirkung der Verwaltungspflicht zusammen, weil es ohne die Rückwirkung der Verwaltungspflicht an einem Anknüpfungspunkt für das Verschulden fehlen würde. Bei dieser Untersuchung kommt es nicht primär darauf an, Unterschiede bei exakter Vergleichbarkeit der Haftungsverfassungen aufzudecken, sondern es soll versucht werden, den hinter den einzelnen Haftungsverfassungen stehenden Rechtsgedanken zu ermitteln. Das bedeutet aber nicht, dass die Besonderheiten der einzelnen Regelungen ausgeblendet werden, vielmehr soll über diese Vorgehensweise versucht werden, zu ermitteln, ob es sich bei der Rückwirkung in § 1978 Abs. 1 BGB um eine Irregularität handelt. Weiterhin soll untersucht werden, ob die strenge Haftung des Erben gerechtfertigt ist oder ob das Gesetz an einer anderen Stelle bei einer ähnlichen Interessenlage eine mildere Haftung bzw. bei einer unterschiedlichen Interessenlage eine gleiche Haftung bestimmt.

Je nach Ergebnis der Untersuchung kann möglicherweise im dritten Schritt ein Rückschluss auf das rückwirkend fingierte Verschulden im Rahmen des § 1978 Abs. 1 BGB vorgenommen werden, um so klären zu können, wie dieses Verschulden dogmatisch zu begründen ist. Gelingt es nicht, eine ähnliche Konstruktion im Zivilrecht zu finden, könnte dies ein Indiz dafür sein, dass bei § 1978 Abs. 1 BGB die Haftung des Erben abgemildert werden muss. Wird eine ähnliche Konstruktion bei unterschiedlicher Interessenlage gefunden, kann dies ebenfalls für die Notwendigkeit einer Neubewertung der Erbenhaftung im Rahmen von § 1978 Abs. 1 BGB sprechen.

1. Betrachtung des Erbrechts

Da die Regelung des § 1978 Abs. 1 BGB ein Bestandteil des Erbrechts ist, soll zunächst auch das Erbrecht auf Parallelen untersucht werden.

a) Haftung des Nachlasspflegers

Die Haftung des Nachlasspflegers gegenüber dem Erben ergibt sich aus §§ 1915, 1833 BGB. Er haftet dem Erben gegenüber wie der Vormund dem Mündel. Liegen die Voraussetzungen des § 1960 Abs. 1 BGB vor, kann das Nachlassgericht einen

Nachlasspfleger bestellen. Diese Bestellung wird wirksam, wenn der Beschluss gem. § 40 Abs. 1 FamFG dem Nachlasspfleger bekannt gegeben wurde. Die herrschende Meinung versteht die Nachlasspfleg-schaft als gesetzliche Vertretung des endgültigen Erben.[414] Nach §§ 1915, 1833 BGB haftet der Nachlasspfleger dem Erben gegenüber, wenn er eine Pflicht verletzt hat. Der Nachlasspfleger ist verpflichtet, die Maßnahmen zu treffen, die im Rahmen einer der Sicherung und Erhaltung dienenden Verwaltung nötig sind.[415] Diese Pflichten treffen ihn aber erst, nachdem ihm bekannt gegeben wurde, dass er zum Nachlasspfleger bestellt wurde. Hier bedurfte es keiner rückwirkenden Fiktion, um eine Haftung zu begründen.

Umstritten ist, ob der Nachlasspfleger den Nachlassgläubigern gegenüber haftet. Nach § 2012 Abs. 1 S. 2 BGB ist der Nachlasspfleger den Nachlassgläubigern zur Auskunft über den Bestand des Nachlasses verpflichtet. Bei Verletzung dieser Pflicht macht er sich schadensersatzpflichtig.[416] Problematisch ist, ob er auch für jede andere schuldhafte Pflichtverletzung einzustehen hat. Einige wollen diese Haftung über eine analoge Anwendung des § 1958 Abs. 2 BGB begründen.[417] Der deutlich überwiegende Teil der Literatur verneint eine Analogie zu § 1958 Abs. 2 BGB.[418] Als Argument für eine analoge Anwendung des § 1958 Abs. 2 BGB wird folgendes angeführt: Aus § 2012 Abs. 1 BGB gehe der Wille des Gesetzgeber hervor, dass der Nachlasspfleger auch für andere Pflichtverletzungen gegenüber den Nachlassgläubigern haftet.[419] Dem kann man allerdings entgegnen, dass der Gesetzgeber nur ausnahmsweise eine Schadensersatzpflicht des Nachlasspflegers begründen wollte, wenn er seiner Auskunftspflicht über den

---

414 RGZ 81, 292; RGZ 106, 46, 47; BGH WM 1969, 36, 37; BGH NJW 1985, 2596, 2597; BGH NJW 1989, 2133, 2134; BGH NJW 2005, 756, 758; BayObLG NJW 1959, 725, 726; Palandt-*Weidlich,* § 1960 BGB, Rn. 11; Soergel-*Stein,* § 1960 BGB, Rn. 25; *Muscheler,* ErbR II, Rn. 3103; Erman-*Schlüter,* § 1960 BGB, Rn. 19; RGRK-*Johannsen,* § 1960 BGB, Rn. 20; *Lange,* ErbR, S. 531; a.A.: *Hellwig,* Anspruch und Klagrecht, S. 73 sieht den Nachlasspfleger als Vertreter des als selbständiges Sondervermögen zu behandelnden Nachlasses; *v. Lübtow,* ErbR II, S. 755 sieht ihn als Partei kraft Amtes.

415 BGH NJW 1968, 353; *Lange,* ErbR, Rn. 23.

416 *v. Lübtow,* ErbR II, S. 759; *Muscheler,* ErbR II, Rn. 3126.

417 *v. Lübtow,* ErbR II, S. 759; *Lange/Kuchinke,* ErbR, S. 995; Planck-*Flad,* Vorbem. zu § 1942 BGB, S. 62;

418 RGZ 151, 57, 63–64; *Kipp/Coing,* ErbR, S. 684; Palandt-*Weidlich,* § 1960 BGB, Rn. 18; RGRK-*Johannsen,* § 1960 BGB, Rn. 34; Staudinger-*Marotzke,* § 1960 BGB, Rn. 54; Erman-*Schlüter,* § 1960 BGB, Rn. 24; Soergel-*Stein,* § 1960 BGB, Rn. 40; *Möhring/Beisswingert/Klingelhöffer,* Vermögensverwaltung, S. 128.

419 Planck-*Flad,* Vorbem. zu § 1942 BGB, S. 62.

Nachlass nicht nachgekommen ist. Ein anderes Argument gegen eine Schadensersatzpflicht ist, dass der Nachlasspfleger in der Regel keine Vergütung erhält.[420] Weiterhin wird so eine Haftung des Nachlasspflegers als zu weitgehend abgelehnt.[421] § 1985 Abs. 2 S. 1 BGB ist direkt nur auf den Nachlassverwalter anwendbar. Die Nachlassverwaltung ist ein Spezialfall der Nachlasspflegschaft. Dies legt nahe, dass es sich bei § 1985 Abs. 2 S. 1 BGB um eine Ausnahme im Rahmen der Nachlassverwaltung handelt und daher keine analogiefähige Regel für andere Pflegschaften aufgestellt wird.

Die Haftung des Nachlasspflegers ist nicht mit der Haftung des Erben aus § 1978 Abs. 1 BGB vergleichbar. Interessant ist aber, dass der Gesetzgeber die Haftung des Nachlasspflegers gegenüber den Nachlassgläubigern bis auf wenige Ausnahmen ausschließen wollte.[422] Das führt dazu, dass die Haftung des Nachlasspflegers nicht ausufernd ist, sondern ihn bzgl. der Nachlassgläubiger nur überschaubare Pflichten treffen, wohingegen die Haftung des Erben sehr weit ausgestaltet wurde. Zu einer Rückwirkung von Pflichten und Verschulden kommt es nicht.

Ein weiterer Unterschied zur Haftung des Erben gegenüber den Nachlassgläubigern ist, dass der Nachlasspfleger eine Vergütung erhält. Zwar lautet der Grundsatz in §§ 1915 Abs. 1 S. 1, 1836 Abs. 1 S. 1 BGB, dass die Tätigkeit nicht vergütet wird, aber dieser Grundsatz ist eher zu einer Ausnahme geworden.[423] Der berufsmäßige Nachlasspfleger hat einen Vergütungsanspruch aus §§ 1915 Abs. 1 S. 1, 1836 Abs. 1 S. 2 BGB. Nach § 1836 Abs. 2 BGB kann das Gericht auch beim nicht berufsmäßigen Nachlasspfleger eine angemessene Vergütung festsetzen. Der Erbe hingegen erhält keinen Vergütungsanspruch, ist aber gleichzeitig einer sehr viel weitreichenderen Haftung ausgesetzt.

Insofern kann die Betrachtung der Haftung des Nachlasspflegers keine Parallelen zu dem rückwirkend fingierten Verschulden des Erben im Rahmen des § 1978 Abs. 1 BGB liefern, sie kann aber den Eindruck verstärken, dass es sich bei einem derartigen Verschulden um eine Irregularität im Zivilrecht handeln könnte.

b) Haftung des Nachlassverwalters und Nachlassinsolvenzverwalters

Nun soll die Haftung des Nachlassverwalters untersucht werden. Nach Anordnung der Nachlassverwaltung bestellt das Nachlassgericht (§ 1962 BGB) einen

420 Staudinger-*Marotzke*, § 1960 BGB, Rn. 54.
421 Erman-*Schlüter*, § 1960 BGB, Rn. 24.
422 Zumindest nach der hier dargestellten h.M.
423 MüKo-*Leipold*, § 1960 BGB, Rn. 67; Erman-*Schlüter*, § 1960 BGB, Rn. 25.

Nachlassverwalter, §§ 1960 Abs. 2, 1915 Abs. 1 S. 1, 1789 S. 1 BGB. Ab diesem Zeitpunkt hat der Nachlassverwalter den gesamten Nachlass zu verwalten und Nachlassverbindlichkeiten aus dem Nachlass zu berichtigen, § 1985 Abs. 1 BGB. Mit Ernennung des Nachlassverwalters entsteht zwischen dem Erben und dem Nachlassverwalter ein Schuldverhältnis[424], bei dessen Verletzung er dem Erben gegenüber aus §§ 1915, 1833 BGB haftet. Verletzt er Verwaltungspflichten, so ist er „auch" den Nachlassgläubigern gegenüber verantwortlich, § 1985 Abs. 2 S. 1 BGB. Auch zwischen dem Nachlassverwalter und den Nachlassgläubigern entsteht ein gesetzliches Schuldverhältnis ab Bestellung des Nachlassverwalters.[425] Die Pflichten aus § 1985 Abs. 1 BGB werden damit erst ab der Bestellung begründet.

Nicht anders ist die Haftung des Nachlassinsolvenzverwalters ausgestaltet. Hat das Gericht das Insolvenzverfahren eröffnet, ernennt es auch einen Insolvenzverwalter, § 27 Abs. 1 InsO. Nach § 80 Abs. 1 InsO hat der Insolvenzverwalter den Nachlass zu verwalten und kann deswegen über ihn verfügen. Diesbezüglich treffen ihn Pflichten gem. §§ 148 Abs. 1, 151, 152 InsO. Auch bei dem Nachlassinsolvenzverwalter handelt es sich um einen Insolvenzverwalter, sodass § 60 InsO anwendbar ist. Nach § 60 InsO haftet der Nachlassinsolvenzverwalter allen Beteiligten gegenüber für entstandene Schäden, wenn er schuldhaft eine Pflicht verletzt hat. Aber diese Pflichten treffen den Nachlassinsolvenzverwalter erst ab seiner Ernennung nach § 27 Abs. 1 S. 1 InsO.

Der Gesetzgeber hat bei der Haftung im Rahmen der Nachlassverwaltung und -insolvenzverwaltung mit keinen Rückwirkungsfiktionen gearbeitet. Solche rückwirkend fingierte Pflichten sind an dieser Stelle weder sinnvoll noch vereinbar mit der Systematik des Gesetzes.

Zu beachten ist noch, dass der Nachlassverwalter gem. § 1987 BGB und der Nachlassinsolvenzverwalter gem. § 63 Abs. 1 S. 1 InsO eine angemessene Vergütung erhalten. Die entgeltlich handelnden Nachlassverwalter und -insolvenzverwalter müssen also eine geringere Haftung fürchten als der unentgeltlich handelnde Erbe, wenn er schuldhaft Verwaltungspflichten verletzt.

Auch bei dieser Haftung können keine Parallelen zu der Haftung des Erben ausfindig gemacht werden.

c) Haftung des Testamentsvollstreckers

In § 2219 Abs. 1 BGB ist die Haftung des Testamentsvollstreckers geregelt. § 2219 Abs. 1 BGB bestimmt eine verschuldensabhängige Haftung des

424 RGZ 150, 189, 190.

425 OLG Frankfurt a.M. NJWE-FER 1998, 116, 117.

Testamentsvollstreckers, wenn dieser eine ihm obliegende Pflicht aus dem gesetzlichen Schuldverhältnis mit dem Erben verletzt hat. Diese Pflicht kann sich aus dem Gesetz ergeben oder aus Anordnungen des Erblassers.[426] Der Verschuldensmaßstab richtet sich dabei nach § 276 BGB.[427] Die Haftung des Testamentsvollstreckers kann aber nur bedingt mit der Erbenhaftung gem. § 1978 Abs. 1 BGB verglichen werden. Im Zeitpunkt der schuldhaften Pflichtverletzung bestanden die Pflichten bereits aus dem gesetzlichen Schuldverhältnis. Es kam zu keiner Rückwirkung. Weiterhin ist zu beachten, dass der Testamentsvollstrecker gem. § 2221 BGB eine angemessene Vergütung verlangen kann, wenn der Erblasser nichts anderes bestimmt hat. Insofern ist seine Haftung aufgrund der fehlenden Rückwirkung schwächer als die Haftung des unentgeltlich tätig werdenden Erben. Allerdings ist diese Haftungssituation nicht vergleichbar, denn der Testamentsvollstrecker wird nicht vor Ernennung tätig. Aus einem Vergleich zu der Haftung des Testamentsvollstreckers können insofern keine Erkenntnisse gewonnen werden.

d) Haftung des Vorerben

Interessanter könnte ein Vergleich mit der Haftung des Vorerben gegenüber dem Nacherben sein. Der Vorerbe kann über den Nachlass gem. § 2112 BGB frei verfügen, wenn sich nicht aus §§ 2113–2115 BGB etwas anderes ergibt. Insofern ist seine Position besser mit der des nach § 1978 Abs. 1 BGB haftenden Erben vergleichbar als mit der Position des Nachlassverwalters oder -insolvenzverwalters.

§ 2130 Abs. 1 BGB beinhaltet einen Anspruch des Nacherben gegen den Vorerben auf Herausgabe des Nachlasses in dem Zustand, in dem er sich befinden würde, wenn ihn der Vorerbe ordnungsgemäß verwaltet hätte. Der Vorerbe ist also dem Nacherben gegenüber verantwortlich, dass der Nachlass ordnungsgemäß verwaltet wurde.[428] Veränderungen oder Verschlechterungen von Erbschaftssachen, die durch eine ordnungsgemäße Benutzung herbeigeführt wurden, hat der Vorerbe nicht zu vertreten, § 2132 BGB. Für andere Verschlechterungen oder Veränderungen muss der Vorerbe dem Nacherben Ersatz leisten. Denkbar ist vor allem die Pflichtverletzung, dass der Vorerbe Mittel aus dem

---

426 Palandt-*Weidlich,* § 2219 BGB, Rn. 2; MüKo-*Zimmermann,* § 2219 BGB, Rn. 12.

427 MüKo-*Zimmermann,* § 2219 BGB, Rn. 11; Palandt-*Weidlich,* § 2219 BGB, Rn. 2; Erman-*Schmidt,* § 2219 BGB, Rn. 2.

428 RGRK-*Johannsen,* § 2130 BGB, Rn. 1; Palandt-*Weidlich,* § 2130 BGB, Rn. 6; Erman-*Schmidt,* § 2130 BGB, Rn. 1; Staudinger-*Avenarius,* § 2130 BGB, Rn. 7; *Kipp/Coing,* ErbR, S. 310; MüKo-*Grunsky,* § 2130 BGB, Rn. 1.

Nachlass entnommen hat, aber keine ausgleichende Leistung an den Nachlass erbracht hat.[429] Dabei hat der Vorerbe nach § 2131 BGB nur für diejenige Sorgfalt einzustehen, die er in eigenen Angelegenheiten anzuwenden pflegt. Auf die Beachtung der eigenüblichen Sorgfalt kann sich der Vorerbe nicht berufen, wenn das Gesetz konkrete Verwaltungspflichten aufstellt (§§ 2116–2119, 2123, 2133 BGB) und auch nicht im Rahmen der Ersatzpflicht nach § 2134 S. 2 BGB.[430] Fraglich ist, ob §§ 2130 Abs. 1 S. 1, 2131 BGB eine Anspruchsgrundlage auf einen Schadensersatzanspruch enthält, wenn der Vorerbe keine ordnungsgemäße Verwaltung vorgenommen hat. Hinsichtlich des Wortlauts können §§ 2130 Abs. 1 S. 1, 2131 BGB keine Anspruchsgrundlage entnommen werden, sodass auf die §§ 280 ff. BGB zurückgegriffen werden kann.[431]

§§ 2130 Abs. 1 S. 1, 2131 BGB finden nur auf den nicht befreiten Vorerben Anwendung.[432] Auch der nicht befreite Vorerbe kann über die zur Erbschaft gehörenden Gegenstände verfügen, § 2112 BGB. Diese Verfügungsmacht wird in den §§ 2113–2115 BGB beschränkt. Der Vorerbe ist aber trotzdem Eigentümer des Nachlasses bzw. Inhaber der anderen Rechte aus dem Nachlass.[433] Der Vorerbe haftet nicht nur gegenüber dem Nacherben, sondern in seiner Stellung als Erbe genauso wie der Alleinerbe nach den §§ 1967 ff. BGB.[434] Hier soll aber das Haftungsverhältnis zwischen Vorerbe und Nacherbe betrachtet werden.

Es soll im Folgenden untersucht werden, was der Grund für die Haftungsregelung nach § 277 BGB für den Vorerben gegenüber dem Nacherben ist, um Rückschlüsse auf die Regelung des § 1978 Abs. 1 BGB ziehen zu können. Die Protokolle zum BGB halten die mildere Haftung für gerechtfertigt, weil es dem mutmaßlichen Willen des Erblassers entspricht, dass der Vorerbe gegenüber dem Nacherben nicht allzu streng haftet. Weiterhin kann bei dem Vorerben kein anderer Sorgfaltsmaßstab anlegt werden als die eigenübliche Sorgfalt, die der Vorerbe in seinen Angelegenheiten walten lässt, weil er Eigentümer des Nachlasses geworden ist und deswegen den Nachlass genauso wie seine anderen Vermögensgüter behandelt.[435] Die Protokolle zum BGB sehen die Haftungserleichterung

429 *Lange,* ErbR, S. 505.

430 *Kipp/Coing,* ErbR, S. 310; *Brox/Walker,* ErbR, § 25 Rn. 31; Staudinger-*Avenarius,* § 2131 BGB, Rn. 3.

431 *Lange,* ErbR, S. 489; wohl auch *Brox/Walker,* ErbR, § 25 Rn. 31; Burandt/Rojahn-*Lang,* § 2130 BGB, Rn. 13; a.A. MüKo-*Grunsky,* § 2135 BGB, Rn. 5.

432 *Brox/Walker,* ErbR, § 25 Rn. 41; Staudinger-*Avenarius,* § 2130 BGB, Rn. 6.

433 Palandt-*Weidlich,* § 2112 BGB, Rn. 1; *Binder,* ErbR, S. 78.

434 Müko-*Küpper,* § 1967 BGB, Rn. 2.

435 Prot. V, S. 96.

eines Vorerben also in seiner Eigentümerstellung begründet, obwohl der Vorerbe aus der Verfügung von Todes wegen weiß, dass er „nur" ein Vorerbe ist und der Nachlass zu gegebener Zeit auf den Nacherben übergehen wird. Ihm ist klar, dass er sich haftbar macht, wenn er gegen Verwaltungspflichten verstößt. Diese Verwaltungspflichten entstehen auch nicht rückwirkend mit Eintritt des Nacherbfalls nach § 2106 BGB, sondern mit der Erbschaftsannahme durch den Vorerben bzw. unter Umständen früher, wenn er vor dieser bereits tätig wird. Insofern ist dem Vorerben von Beginn an klar, dass ihn die Pflicht zur ordnungsgemäßen Verwaltung aus § 2130 Abs. 1 S. 1 BGB trifft, trotzdem soll er gem. §§ 2131, 277 BGB nur die eigenübliche Sorgfalt zu vertreten haben.

Fraglich ist aber, ob dies allein die Gründe für eine mildere Haftung des Vorerben sein können oder ob noch weitere Gründe ersichtlich sind. Ein weiterer Grund könnte sein, dass der Nacherbe weniger schutzwürdig ist als die Nachlassgläubiger.[436] Als Argument wird hier angeführt, dass die Nachlassgläubiger für ihre Forderung gegen den Nachlass meistens eine Gegenleistung erbracht haben und der Nacherbe ohne jegliche Gegenleistung den Nachlass erworben hat.[437] In zweierlei Hinsicht ist diese Begründung aber problematisch. Zum einen ist es dem Erbrecht gerade immanent, dass der Erbe in der Regel etwas ohne eine Gegenleistung erhält und aufgrund gesetzlicher oder gewillkürter Erbfolge erbt. Deswegen ist er aber nicht per se schutzunwürdiger als derjenige, dessen Forderung wegen eines synallagmatischen Schuldverhältnisses besteht. Letztlich zeigen dies auch die dinglichen Surrogationsvorschriften, die im Erbrecht geregelt wurden, weil sie zumindest auch dem Schutz des Erben dienen.[438]

Etwas anderes kann sich auch nicht aus den Möglichkeiten des Nacherben zum Schutz des Nachlasses ergeben. Der Nacherbe kann unter gewissen Umständen verlangen, dass Sicherheiten gem. § 2128 Abs. 1 BGB geleistet werden und ihm steht ein Auskunftsrecht nach § 2127 BGB zu. Diese Rechte dienen dem Schutz des Nacherben. Es wäre aber nicht sinnvoll, dem Nacherben Maßnahmen zum Schutz des Nachlasses einzuräumen und gleichzeitig aufgrund seiner angeblich geringeren Schutzwürdigkeit den Vorerben durch eine Haftungsmilderung besser zu stellen. Außerdem gibt das BGB auch den Nachlassgläubigern Möglichkeiten, den Nachlass zu sichern. So können sie zum Beispiel gem. § 1994 Abs. 1 S. 1 BGB verlangen, dass der Erbe ein Inventar errichtet. Weiterhin können sie gem. § 1981 Abs. 2 S. 1 BGB beantragen, dass eine Nachlassverwaltung

---

436 *Osthold*, ZEV 2015, 444, 448.
437 *Osthold*, ZEV 2015, 444, 448.
438 *Muscheler*, ErbR II, Rn. 2485.

angeordnet wird. Gleiches gilt nach § 317 Abs. 1 InsO für das Nachlassinsolvenzverfahren. Über die Rechte des Nacherben kann also keine geringere Schutzwürdigkeit begründet werden. Den gesetzlichen Erwerb des Erben mit dem – tatsächlich an einigen Stellen im BGB schlechter gestellten – rechtsgeschäftlichen unentgeltlichen Erwerb gleichzustellen bzw. über den Charakter der Unentgeltlichkeit eine Haftungsmilderung des Vorerben gegenüber dem Nacherben zu begründen, kann nicht überzeugen. Weiterhin müssen die Forderungen der Nachlassgläubiger nicht immer zwangsläufig wegen eines Synallagmas entstanden sein. Denkbar sind zum Beispiel Forderungen aus unerlaubten Handlungen. Diese Gläubiger werden aber in den meisten Erbfällen nur einen kleinen Anteil der Nachlassgläubiger ausmachen.

Weiterhin ist der Nacherbe nach wohl überwiegender Ansicht auch schon dinglich mit einem Anwartschaftsrecht am Nachlass beteiligt.[439] Würde die Haftungsmilderung des Vorerben gegenüber dem Nacherben bestehen, weil dieser nur unentgeltlich etwas erlangt hat, dann würde man zu dem merkwürdigen Ergebnis kommen, dass der mit dem Anwartschaftsrecht dinglich berechtigte Nacherbe schlechter gestellt werden soll als die Nachlassgläubiger, die ihr Forderungsrecht aus einem Schuldverhältnis erworben haben.[440] Außerdem könnte es sogar im Interesse der Nachlassgläubiger sein, dass der Vorerbe dem Nacherben möglichst umfangreich haftet, damit dieser Ersatzanspruch zum Nachlass gehört und sich so auch im Falle einer Haftungsbeschränkung des Nacherben nach den §§ 1975 ff. BGB die Haftungsmasse erhöht. Der Ersatzanspruch entsteht allerdings erst mit Eintritt des Nacherbfalls gem. §§ 2106, 2139 BGB.[441] So wird teilweise vertreten, dass die Ersatzansprüche des Nacherben gegen den Vorerben nicht von der dinglichen Surrogation des § 2111 BGB erfasst werden.[442] Der BGH hat in einem nicht veröffentlichten Urteil entschieden, dass diese Ersatzansprüche von der Surrogation erfasst werden.[443] Allerdings bestimmt § 2144 Abs. 1 BGB, dass unter anderem der Ersatzanspruch des Nacherben gegen den Vorerben wegen Verletzung der Pflicht zur ordnungsgemäßen Verwaltung zum

439 RGZ 101, 185, 188; RGZ 170, 163, 168; BGH NJW 1962, 1910,1912; BGH NJW 1983, 2244, 2246; Palandt-*Weidlich,* § 2100 BGB, Rn. 12; *Muscheler,* ErbR II, Rn. 2533; *Lange,* ErbR, S. 496; *v. Lübtow,* ErbR II, S. 629.

440 So auch *Osthold,* ZEV 2015, 444, 448.

441 Burandt/Rojahn-*Lang,* § 2130 BGB, Rn. 15; Palandt-*Weidlich,* § 2130 BGB, Rn. 6; *Muscheler,* ErbR II, Rn. 2503; MüKo-*Grunsky,* § 2130 BGB, Rn. 6.

442 Staudinger-*Avenarius,* § 2130 BGB, Rn. 5.

443 BGH, Urt. vom 31.10.1984 – IVa ZR 210/82 zitiert nach Staudinger-*Avenarius,* § 2130 BGB, Rn. 5.

Nachlass zählt. Um die Nachlasszugehörigkeit zu begründen, bedarf es insofern nicht mehr der dinglichen Surrogation aus § 2111 Abs. 1 S. 1 BGB.

Die Haftungsmilderung des § 2131 BGB ist also nicht darin begründet, dass der Nacherbe weniger schutzwürdig im Vergleich zu den Nachlassgläubigern ist. Eine solche Argumentation würde verkennen, dass auch die Nachlassgläubiger ein hohes Interesse daran haben, den Vorerben möglichst umfassend für Verstöße gegen die Verwaltungspflicht haften zu lassen.

Die Haftungsmilderung des § 2131 BGB kann letztlich nur auf den mutmaßlichen Willen des Erblassers und auf die Eigentümerstellung zurückgeführt werden.[444] Dies ist sinnvoll, denn der Vorerbe handelt als Eigentümer und beachtet als solcher auch nur die Sorgfalt, die er in seinen sonstigen Angelegenheiten pflegt. Interessant ist hier auch, dass der damalige Gesetzgeber dem Vorerben diese Haftungsmilderung zukommen ließ, obwohl seine Rechtsinhaberschaft durch die Verfügungsbeschränkungen in den §§ 2113, 2114 BGB eingeschränkt ist. Trotz der vergleichsweise schwachen Position des Vorerben hat sich der Gesetzgeber dafür entschieden, ihn für die ordnungsgemäße Verwaltung gegenüber dem Vorerben nur nach § 277 BGB haften zu lassen.

§ 2130 Abs. 1 S. 1 BGB bestimmt, dass der Vorerbe den Nachlass ordnungsgemäß zu verwalten hat. Zwar entsteht der Schadensersatzanspruch erst mit dem Nacherbfall, die Pflicht zur ordnungsgemäßen Verwaltung besteht aber seit der Annahme der Erbschaft durch den Vorerben. Es werden also keine Pflichten rückwirkend fingiert und es bedarf damit auch keiner rückwirkenden Fiktion des Verschuldens bzgl. der Verwaltungspflicht im Rahmen der Haftung zwischen Vorerbe und Nacherbe. Insofern konnte auch im Rahmen der Haftung zwischen Vor- und Nacherbschaft kein rückwirkend fingiertes Verschulden ausfindig gemacht werden. Aus der Betrachtung konnten allerdings wichtige Erkenntnisse gewonnen werden. Zum einen gewährt das BGB an dieser Stelle eine Haftungsmilderung bzgl. der Verwaltung gerade wegen der Rechtsinhaberschaft bzw. Eigentümerstellung des Vorerben und zum anderen gewährt es diese, obwohl die Pflicht zur ordnungsgemäßen Verwaltung spätestens vom Zeitpunkt der Annahme der Erbschaft an besteht. Wenn das für den Vorerben als Eigentümer des Nachlasses gilt, obwohl er sich von Anfang an im Klaren über seine (vorübergehende) Verwaltungspflicht war, dann könnte dies auch *a maiore ad minus* für den Erben gelten, der mit keiner Herausgabe des ganzen Nachlasses

444 Dagegen *Hoffmann*, NJW 1967, 1207, 1210, der das Haftungsprivileg allein auf den mutmaßlichen Erblasserwillen zurückführt; auch *Rother*, Schadensrecht, S. 195–196, lehnt – ohne Begründung – ab, dass die Eigentümerstellung des Vorerben der Grund für das Haftungsprivileg in § 2131 BGB ist.

an die Nachlassgläubiger rechnen muss und den deswegen auch zunächst keine Verwaltungspflichten treffen.

Es kann nun natürlich eingewendet werden, dass es bei § 1978 Abs. 1 BGB um das Haftungsverhältnis des Erben gegenüber den Nachlassgläubigern geht und hier um die Haftung des Vorerben gegenüber dem Nacherben. Trotzdem sind diese Haftungsverhältnisse nicht grundlegend verschieden. Im Kern geht es bei beiden Verhältnissen um die Verantwortlichkeit für Verletzungen von Verwaltungspflichten und nur der Anspruchsinhaber ist ein anderer. Die Haftung des Vorerben gegenüber dem Nacherben ist also milder als die Haftung des Erben gegenüber dem Nachlassgläubiger und das, obwohl die beiden Haftungsverhältnisse sich ähneln.

e) Haftung des Erbschaftsbesitzers

Möglicherweise kann auch eine vergleichbare Ausgangslage zu der Haftung des Erbschaftsbesitzers gem. §§ 2023–2025 BGB herausgearbeitet werden. Der Erbschaftsbesitzer ist derjenige, der aufgrund eines vermeintlichen Erbrechts etwas aus der Erbschaft erlangt hat, § 2018 BGB. Der unverklagte und gutgläubige Erbschaftsbesitzer haftet gem. §§ 2021, 818 ff. BGB. Demnach muss er Wertersatz leisten, falls er nicht gem. § 818 Abs. 3 BGB entreichert ist. Der verklagte Besitzer haftet gem. §§ 2023 Abs. 1, 989 BGB für Schadensersatz. Ab der Rechtshängigkeit verschärft sich die Haftung des Erbschaftsbesitzers, weil er von diesem Zeitpunkt an mit der Herausgabe der Erbschaft bzw. eines Erbschaftsgegenstandes hätte rechnen müssen.[445] Der verklagte Erbschaftsbesitzer haftet nach § 276 BGB.[446] Nach § 2024 S. 1 BGB haftet der bösgläubige Erbschaftsbesitzer so wie der verklagte Erbschaftsbesitzer. Voraussetzung ist, dass der Erbschaftsbesitzer bei Beginn des Erbschaftsbesitzes bösgläubig i.S.d. § 932 Abs. 2 BGB ist. Dafür muss er zu diesem Zeitpunkt wissen oder infolge grober Fahrlässigkeit nicht wissen, dass er nicht Erbe ist.[447] Ebenfalls bösgläubig ist der Erbschaftsbesitzer nach § 2024 S. 2 BGB, wenn er später erfährt, dass er nicht der Erbe ist. Gem. § 2024 S. 3 BGB haftet er auch wegen Verzuges. Hinsichtlich Verschlechterung, Untergang oder Unmöglichkeit der Herausgabe des Erlangten ist ein Verschulden i.S.d. § 276 BGB erforderlich.[448]

---

445 Palandt-*Weidlich*, § 2023 BGB, Rn. 1; MüKo-*Helms*, § 2023 BGB, Rn. 1; Erman-*Schlüter*, § 2023 BGB, Rn. 1.

446 Erman-*Schlüter*, § 2023 BGB, Rn. 1; Palandt-*Weidlich*, § 2023 BGB, Rn. 1.

447 MüKo-*Helms*, § 2024 BGB, Rn. 2; *Brox/Walker*, ErbR, § 33 Rn. 11.

448 Staudinger-*Gursky*, § 989 BGB, Rn. 16; MüKo-*Baldus*, § 989 BGB, Rn. 10; Palandt-*Bassenge*, § 276 BGB, Rn. 5.

Man könnte nun meinen, dass im Vergleich zu der Haftung des Vorerben gegenüber dem Nacherben die Haftung des Erbschaftsbesitzers ähnlich streng ausgestaltet ist wie die Haftung des Erben aus § 1978 Abs. 1 BGB. Beide haften nicht nur für die eigenübliche Sorgfalt i.S.d. § 277 BGB, sondern nach § 276 BGB. Jedoch ist entweder erforderlich, dass die Klage rechtshängig geworden ist oder dass der Erbschaftsbesitzer bösgläubig hinsichtlich seiner Erbenstellung ist. Bösgläubig ist er aber nur, wenn er grob fahrlässige Unkenntnis oder Kenntnis von der fehlenden Erbenstellung hatte.[449] Es ist also für eine Schadensersatzhaftung erforderlich, dass der Erbschaftsbesitzer bei Begründung des Erbschaftsbesitzes mindestens grob fahrlässige Unkenntnis bzgl. seiner fehlenden Erbenstellung hatte. Fehlt diese Bösgläubigkeit und ist die Klage auf Herausgabe nicht rechtshängig, scheidet eine Haftung auch für eine z.B. vorsätzlich herbeigeführte Verschlechterung des Erlangten aus.

Die Pflicht zur Herausgabe des aus der Erbschaft Erlangten bestand von Begründung des Besitzes an. Insofern werden auch hier keine Pflichten rückwirkend fingiert. Das Verschulden im Rahmen der §§ 2023, 2024 BGB wird also nicht rückwirkend fingiert. Im Zeitpunkt des schädigenden Ereignisses liegt das Verschulden des Erbschaftsbesitzers vor.

Die Haftung des bösgläubigen Erbschaftsbesitzers lässt sich also nur eingeschränkt mit der Haftungsverfassung des § 1978 Abs. 1 BGB vergleichen. Hinsichtlich des Verschuldens bzgl. Verschlechterung, Untergang oder Unmöglichkeit der Herausgabe des Erlangten ergeben sich – bis auf die Rückwirkung im Bereich des § 1978 Abs. 1 BGB – keine entscheidenden Unterschiede. Dass anspruchsbegründend die Bösgläubigkeit des Erbschaftsbesitzers ist, ist dem Umstand geschuldet, dass hier die Haftung für eine sachenrechtliche Fallgestaltung bestimmt wurde. Dabei geht es bei der Haftung im Rahmen des § 1978 Abs. 1 BGB nicht.

Der gutgläubige Erbschaftsbesitzer haftet nur auf Herausgabe bzw. Wertersatz gem. §§ 2012, 818 ff. BGB, wenn er nicht bereits entreichert ist. Seine Stellung ist in gewisser Weise vergleichbar mit der des Erben im Rahmen des § 1978 Abs. 1 BGB: Verkauft er nämlich Erbschaftsgegenstände unter Wert oder beschädigt er sie leicht fahrlässig, so ist er sich im Gegensatz zu dem verklagten bzw. bösgläubigen Erbschaftsbesitzer keiner Schuld bewusst. Einen Schadensersatzanspruch muss er nicht fürchten. Er ist insoweit haftungsprivilegiert, weil er gutgläubig an seine Erbenstellung glaubte.[450] Ähnlich ist die Ausgangslage bei

---

449 MüKo-*Helms,* § 2024 BGB, Rn. 2; Palandt-*Weidlich,* § 2024 BGB, Rn. 1; Erman-*Schlüter,* § 2024 BGB, Rn. 2.

450 *v. Lübtow,* ErbR II, S. 1044; MüKo-*Baldus,* § 2012 BGB, Rn. 1; *Osthold,* ZEV 2015, 444, 447; Staudinger-*Gursky,* § 2021 BGB, Rn. 1; *Muscheler,* ErbR II, Rn. 3221.

dem Erben im Rahmen des § 1978 Abs. 1 BGB. Im Zeitpunkt der Schädigung fürchtete er keinen Schadensersatzanspruch, das musste er auch nicht, denn zu dem Zeitpunkt des schädigenden Ereignisses lagen die Tatbestandsvoraussetzungen des § 1978 Abs. 1 BGB nicht vor. Erst mit dem Einsetzen einer Haftungsbeschränkung entsteht rückwirkend ein Schuldverhältnis, aus welchem er eine Pflicht verletzt hat, die er rückwirkend auch zu vertreten hat.

Besonders ist diese Konstruktion auch unter dem Aspekt, dass der Anspruchsgegner im Rahmen des § 1978 Abs. 1 BGB der Erbe und nicht nur gutgläubig hinsichtlich seiner Erbenstellung ist. Trotzdem muss er die deutlich strengere Haftung fürchten.[451]

Damit bestätigt auch der Vergleich mit der Haftung der Erbschaftsbesitzer den Eindruck, dass es sich bei der Haftungsverfassung des § 1978 Abs. 1 BGB um eine ungewöhnlich harte Regelung handelt.

f) Zwischenergebnis

Im Erbrecht konnte keine Rückwirkung von Pflichten und dementsprechend auch kein rückwirkend fingiertes Verschulden ausfindig gemacht werden.

2. Betrachtung des Allgemeinen Teils des BGB, des Schuldrechts und des Sachenrechts

Es soll bei diesen Ausführungen nicht nur darum gehen, ob die Konstruktion des rückwirkend fingierten Verschuldens dem Erbrecht fremd ist, sondern ob es sich dabei allgemein um eine Ausnahme im Zivilrecht handelt. Deswegen soll auch eine Untersuchung des übrigen Zivilrechts hinsichtlich Parallelen zu den Haftungsverfassungen des § 1978 Abs. 1 BGB durchgeführt werden.

a) Haftung des Anfechtungsgegners

Nach § 142 Abs. 1 BGB ist ein angefochtenes Rechtsgeschäft als von Anfang an nichtig anzusehen. Es wird also rückwirkend nichtig.[452] Bei dieser rückwirkenden Nichtigkeit bleibt es aber nicht, denn mit ihr einher geht, dass ein Anspruch gegen den Anfechtungsgegner sowie Anfechtenden auf Herausgabe der Leistungen (rückwirkend) begründet wird. Ob sich dieser Anspruch aus § 812 Abs. 1 S. 1 Alt. 1 BGB[453] oder aus § 985 BGB ergibt, richtet sich danach, ob die Anfechtung

---

451 *Osthold*, ZEV 2015, 444, 447.

452 HK-*Dörner*, § 142 BGB, Rn. 1; Palandt-*Ellenberger*, § 142 BGB, Rn. 2.

453 Strittig ist, ob sich nach erfolgter Anfechtung die Herausgabe nach § 812 Abs. 1 S. 1 Alt. 1 BGB oder nach § 812 Abs. 1 S. 2 Alt. 1 BGB richtet. Überwiegende Meinung

nur die Unwirksamkeit des Verpflichtungs- oder auch des Verfügungsgeschäfts bewirkt.[454] Die Anfechtung bedeutet also, dass den Anfechtungsgegner sowie Anfechtenden rückwirkend eine Pflicht zur Herausgabe trifft. Diese Pflicht bestand wegen der Wirkung *ex tunc* ab dem Zeitpunkt des Leistungsaustausches. Kann die jeweilige Leistung nicht herausgeben werden, so kommt ein Wertersatz oder Schadensersatzanspruch in Betracht.

Besonders interessant sind die Fälle, in denen sowohl das Verpflichtungs- als auch das Verfügungsgeschäft unter dem gleichen rechtlichen Mangel leiden (Fehleridentität).[455] Irrt sich der Verkäufer eines Schmuckstücks über dessen Alter und Herkunft als wertbildender Faktor, so liegt ein Irrtum über eine wesentliche Eigenschaft vor.[456] Der Anfechtungsgrund in § 119 Abs. 2 BGB kann eine Unwirksamkeit des Verpflichtungs- und Verfügungsgeschäfts begründen.[457] Dies wäre in dem hier genannten Beispiel der Fall, wenn der Verkäufer das Schmuckstück auch nicht zu einem höheren Preis, welcher dem Alter und der Herkunft Rechnung trägt, hätte verkaufen wollen. Erklärt in diesem Fall der Verkäufer dem Käufer die Anfechtung wegen Eigenschaftsirrtums gem. § 119 Abs. 2 BGB, so wird der Vertrag und die Übereignung des Schmuckstückes unwirksam. Ist das Schmuckstück beim Käufer noch vorhanden, kann die Herausgabe sowohl nach § 812 Abs. 1 S. 1 Alt. 1 BGB als auch nach § 985 BGB verlangt werden. Diese Herausgabeansprüche sind verschuldensunabhängig.

Interessanter ist es, wenn das Schmuckstück beim Käufer verschuldet untergegangen ist. Dann könnte ein Anspruch des Verkäufers aus §§ 989, 990 BGB auf Schadensersatz gegen den Käufer einschlägig sein. Eine Vindikationslage im Zeitpunkt des schädigenden Ereignisses[458] besteht, denn sowohl die Übereignung ist aufgrund der *ex-tunc*-Wirkung der Anfechtung nie wirksam geworden als auch der das Recht zum Besitz vermittelnde Kaufvertrag wurde *ex tunc* unwirksam.

(*Larenz/Canaris*, SchuldR II/2, S. 146; Staudinger-*Lorenz*, § 812 BGB, Rn. 88; Soergel-*Schmidt-Kessel/Hadding*, § 812 BGB, Rn. 97; a.A.: Palandt-*Sprau*, § 812 BGB, Rn. 26; *Conrad*, JuS 2009, 397, 398) wendet aufgrund der Rückwirkung der Anfechtung gem. § 142 BGB den Herausgabeanspruch aus § 812 Abs. 1 S. 1 Alt. 1 BGB an.

454 Bzgl. der Herausgabe zum Beispiel eines gezahlten Kaufpreises muss weiterhin geprüft werden, ob der Verkäufer über den gesetzlichen Erwerbstatbestand nach § 948 Abs. 1 BGB Eigentum erworben hat.

455 RGZ 66, 385, 390.

456 RGZ 124, 115, 117; Palandt-*Ellenberger*, § 119 BGB, Rn. 27; Jauernig-*Mansel*, § 119 BGB, Rn. 13.

457 Zur Fehleridentität bei dem Anfechtungsgrund gem. § 119 Abs. 2 BGB: *Haferkamp*, Jura 1998, 511, 513; MüKo-*Oechsler*, § 929 BGB, Rn. 32; *Baur/Stürner*, SachenR, S. 59.

458 Staudinger-*Gursky*, § 989 BGB, Rn. 3.

Problematisch ist aber die Voraussetzung der Bösgläubigkeit des Anfechtungsgegners. Bösgläubig ist derjenige, dem zum Zeitpunkt des Besitz-erwerbs bekannt oder grob fahrlässig unbekannt ist, dass er nicht zum Besitz berechtigt ist.[459] Diese Bösgläubigkeit wird man dem Anfechtungs- und Anspruchsgegner i.d.R. bei einer auf den Anfechtungsgrund gem. § 119 Abs. 2 BGB gestützten Anfechtung nicht vorwerfen können.

Ganz anders sieht es aber bei der Anfechtung wegen arglistiger Täuschung gem. § 123 Abs. 1 BGB aus, wenn also zum Beispiel der Käufer den Verkäufer über das Alter und die Herkunft des Schmuckstücks getäuscht hat. Dieser Anfechtungsgrund bewirkt die Unwirksamkeit des Verpflichtungs- und Verfügungsgeschäfts[460], sodass zunächst die gleiche Ausgangslage besteht wie bei dem Beispiel mit dem Anfechtungsgrund nach § 119 Abs. 2 BGB. Wegen § 142 Abs. 2 BGB ist der Anfechtungsgegner in diesem Fall aber bösgläubig, denn er kannte die anfechtungsbegründenden Tatsachen und wird deswegen so gestellt, als hätte er die Unwirksamkeit des Kaufvertrages und der Übereignung gekannt.[461] Für einen Schadensersatzanspruch ist weiterhin gem. § 989 Abs. 1 BGB Voraussetzung, dass die Verschlechterung, der Untergang oder die sonstige Unmöglichkeit der Herausgabe der Sache infolge eines Verschuldens des unrechtmäßigen Besitzers eingetreten ist. Dabei soll es an dieser Stelle um den Untergang des Schmuckstücks, um im eben genannten Beispiel zu bleiben, zwischen Übergabe und Erklärung der Anfechtung durch den Verkäufer gehen.

Fraglich ist, wie hinsichtlich dieses Untergangs der Sache das Verschulden konstruiert wird. Es könnte sich dabei ebenfalls um ein rückwirkend fingiertes Verschulden handeln, sodass hier eine wichtige Parallele zu der Haftungsverfassung des § 1978 Abs. 1 BGB gezogen werden könnte. Bis zur Erklärung der Anfechtung könnte dem späteren Anfechtungsgegner kein Verschulden bzgl. des Untergangs der Sache vorgeworfen werden. Die später mit Wirkung *ex tunc* beseitigte Übereignung war zum Zeitpunkt des schädigenden Ereignisses noch wirksam und der Käufer müsste grundsätzlich als (Noch-)Eigentümer keinen Schadensersatzanspruch wegen Verschlechterung oder Untergang der Sache fürchten. Dies ändert sich allerdings mit Erklärung der Anfechtung. Durch sie wird der Kaufvertrag sowie die Übereignung rückwirkend vernichtet. Das

---

459 Prot. III, S. 339; Erman-*Ebbing*, § 990 BGB, Rn. 6; Staudinger-*Gursky*, § 990 BGB, Rn. 10; Jauernig-*Berger*, § 990 BGB, Rn. 2; Palandt-*Bassenge*, § 990 BGB, Rn. 3–5.

460 MüKo-*Oechsler*, § 929 BGB, Rn. 32; Staudinger-*Roth*, § 142 BGB, Rn. 22; *Haferkamp*, Jura 1998, 511, 512; *Baur/Stürner*, SachenR, S. 59; Soergel-*Hefermehl*, § 142 BGB, Rn. 5.

461 BGH NJW-RR 1987, 1456, 1457; *Weimar*, MDR 1975, 116 zur Bedeutung von § 142 Abs. 2 BGB.

bedeutet zunächst, dass nun eine Vindikationslage im Zeitpunkt des schädigenden Ereignisses besteht. Weiterhin könnte dies auch dazu führen, dass ein Verschulden des täuschenden Käufers rückwirkend fingiert wird. Möglicherweise handelt es sich aber auch um ein sogenanntes Verschulden gegen sich selbst. Es soll im Folgenden geklärt werden, wie das Verschulden in diesem konkreten Fall zu konstruieren ist.

Die Konstruktion des Verschuldens wurde schon diskutiert, wenn der unrechtmäßige Besitzer grob fahrlässig beim Besitzerwerb verkannt hat, dass sein Recht zum Besitz mangelhaft ist. Möglicherweise können die dazu diskutierten Ansichten übertragen werden.

Zum einen wird vertreten, dass es sich um ein Verschulden allein gegen sich selbst handeln soll.[462] Dieses Verschulden gegen sich selbst erschöpft seinen Unrechtsgehalt nicht darin, dass eine Pflicht gegenüber jemand anderem verletzt wurde oder eine Handlung rechtswidrig war, sondern bezieht sich allein auf ein Verschulden in eigenen Angelegenheiten.[463] Überträgt man diese Ansicht auf den Fall der Anfechtung, bedeutet dies, dass ein Anspruch aus §§ 989, 990 BGB ohne rückwirkendes Verschulden bejaht werden kann, weil der Anfechtungsgegner den Untergang der Sache zu verschulden hat. Eine schuldhafte Verletzung einer Pflicht gegenüber den Anfechtenden als Eigentümer wäre dann nicht erforderlich.

Im Falle eines unrechtmäßigen Besitzers, der grob fahrlässig verkannt hat, dass er kein Recht zum Besitz hat, nimmt eine andere Ansicht eine Fiktion des Verschuldens an.[464] Dabei ist der Ausgangspunkt dieser Ansicht, dass der unrechtmäßige Besitzer nach seiner Vorstellung nur seine eigene Sache verletzt hat und nicht schuldhaft die Sache eines anderen.[465]

Würde auch diese Ansicht auf das hier vorgestellte Beispiel mit der Anfechtung wegen arglistiger Täuschung angewendet werden, würde im Ergebnis ebenfalls ein Verschulden des Anfechtungsgegners als unrechtmäßigem Besitzer begründet werden können. Allerdings reicht an dieser Stelle eine einfache Fiktion nicht aus, sondern es bedarf zusätzlich einer Rückwirkung dieser Fiktion. Der Unterschied zu dem Fall, in dem der Besitzer bösgläubig ist, weil er grob fahrlässig verkennt, dass er kein Recht zum Besitz hat, ist, dass hier der Anfechtungsgegner vor der Anfechtung tatsächlich Eigentümer war. Diese Eigentümerstellung ist nachträglich mit Wirkung *ex tunc* vernichtet worden. Möchte man

---

462 *Wolf*, SachenR, S. 250.

463 *Wolf*, SchuldR AT, S. 117–118.

464 *Heck*, SachenR, S. 285.

465 *Heck*, SachenR, S. 285.

nun ein Verschulden im Zeitpunkt des schädigenden Ereignisses begründen, so hilft eine reine Fiktion nicht weiter, sondern sie muss genauso wie die Anfechtung selbst eine rückwirkende Wirkung haben. An diesem Ergebnis kann auch § 142 Abs. 2 BGB nichts ändern, da sich dessen Wirkung im Zusammenhang mit § 142 Abs. 1 BGB ebenfalls nur rückwirkend entfaltet.

Eine weitere Ansicht konstruiert ein Verschulden darüber, dass die grobe Fahrlässigkeit im Zeitpunkt des Besitzerwerbes „schon gewisse Verhaltenspflichten bzgl. der Sache" gegenüber dem Eigentümer entfaltet.[466] Diese Ansicht zu übertragen würde bedeuten, dass eine Verhaltenspflicht gegenüber dem Verkäufer und bisherigen Eigentümer entstehen würde. In Anbetracht der arglistigen Täuschung könnte so eine Pflicht wohl mit gutem Gewissen begründet werden. Jedoch darf nicht übersehen werden, dass die Anfechtung als Gestaltungsrecht ihre Wirkung erst entfaltet, wenn sie erklärt worden ist, § 143 Abs. 1 BGB. Diese Ansicht hätte zur Konsequenz, dass trotz eines vorerst wirksamen und abgeschlossenen Erwerbstatbestandes ein Pflichtenverhältnis zwischen bisherigem und neuem Eigentümer bestehen bleibt.

Die vorgestellten Ansichten zu der Verschuldenshaftung des unrechtmäßigen Besitzers führen zum selben Ergebnis.[467] Sofern eine Übertragbarkeit auf den hier zugrundeliegenden Fall angenommen wird, ist die Herleitung des Verschuldens an dieser Stelle aber trotzdem von großer Bedeutung, um die Haftungsverfassung des § 1978 Abs. 1 BGB in das systematische Gesamtgefüge einordnen zu können. Gegen eine Übertragung der Ansicht, die über die Bösgläubigkeit des Besitzers eine Verhaltenspflicht konstruieren möchte und so zu einem Verschulden gegen den bisherigen Eigentümer kommt, spricht, dass sie zwar für den Fall sinnvoll erscheint, in dem der Verkäufer Eigentümer bleibt, aber zu konstruiert ist, wenn der Verkäufer durch die vorerst wirksame Übereignung sein Eigentum verliert. Die Konstruktion einer solchen Pflicht zwischen bisherigem und neuem Eigentümer wäre sehr ungewöhnlich. Weiterhin wird an der Ansicht kritisiert, dass die durch die grobe Fahrlässigkeit begründeten „gewissen Verhaltenspflichten"[468] inhaltslos seien und die grobe Fahrlässigkeit keinen überzeugenden Anknüpfungspunkt für die Entstehung einer solchen Pflicht darstelle.[469]

An der Ansicht, die ein Verschulden über eine Fiktion begründet, wird kritisiert, dass sie das Tatbestandsmerkmal des Verschuldens „verunklart".[470] Dem

466 *Baur/Stürner*, SachenR, S. 113.

467 Im Ergebnis auch zustimmend: Staudinger-*Gursky*, § 989 BGB, Rn. 16–17.

468 *Baur/Stürner*, SachenR, S. 113.

469 *Wolf*, SachenR, S. 250, Fn. 11.

470 *Wolf*, SachenR, S. 250, Fn. 11.

kann entgegnet werden, dass Fiktionen im BGB keine Seltenheiten sind, sondern durchaus zu den gängigen Instrumenten gehören.

Für ein Verschulden gegen sich selbst könnte sprechen, dass ein derartiges Verschulden anerkannt ist. So handelt es sich bei dem Verschulden im Rahmen des § 254 Abs. 1 BGB um ein Verschulden gegen sich selbst.[471] Wie eben angesprochen gilt aber gleiches für die Fiktionen. Gegen ein Verschulden gegen sich selbst spricht allerdings, dass der Grund für die Haftung in § 990 BGB ist, dass der bösgläubige Besitzer weiß bzw. grob fahrlässig nicht weiß, dass er kein Recht zum Besitz hat und deswegen dem Eigentümer gegenüber ähnlich einem Geschäftsführer oder Verwahrer haftet.[472] Die Haftung des Geschäftsführers und auch die des Verwahrers machen aber aus, dass ein Verschulden gegen einen anderen, also den Geschäftsherren oder den Verwahrungsgeber, zur Haftung führt. Dieser Ähnlichkeit würde es widersprechen, wenn angenommen wird, dass bereits ein Verschulden gegen sich selbst ausreicht, um eine Haftung zu begründen. Weiterhin spricht gegen ein solches Verschulden, dass für einen Schadensersatzanspruch des Eigentümers gegen den unrechtmäßigen Besitzer entweder Bösgläubigkeit oder Rechtshängigkeit vorausgesetzt wird. Diese Tatbestandsmerkmale legen nahe, dass das Gesetz die Schadensersatzpflicht an ein Verschulden gegen den Eigentümer knüpft und ein bloßes Verschulden gegen sich selbst nicht ausreichen lassen will. Aus diesem Grund ist für ein Verschulden im Rahmen der §§ 989, 990 BGB die Verletzung einer Pflicht gegenüber dem Eigentümer erforderlich.[473]

Die Ansicht, die über eine Fiktion das Verschulden konstruiert, passt auch auf den Fall der Anfechtung wegen arglistiger Täuschung, weil nur durch sie rückwirkend der Kaufvertrag sowie die Übereignung vernichtet werden. Letztlich wird dem System der Anfechtung treu geblieben, wenn auch ein Verschulden des Anfechtungsgegners rückwirkend fingiert wird.

Nach der überwiegenden Meinung entfaltet das Eigentümer-Besitzer-Verhältnis seine Sperrwirkung auch, wenn ein bösgläubiger Besitzer Anspruchsgegner ist.[474] In dem Fall der arglistigen Täuschung wird man in der Regel über § 992 BGB zum Deliktsrecht kommen, weil der Täuschende § 263

471 RGZ 156, 193, 207; BGH NJW 1972, 36, 38; BGH NJW 1997, 2234, 2235.

472 *Wilhelm,* SachenR, Rn. 1233.

473 So auch *Wacke,* FS Hübner, 668, 672; MüKo-*Raff,* § 989 BGB, Rn. 10.

474 RGZ 163, 348, 352; BGH VersR 1952, 180; Staudinger-*Gursky,* Vorbem. zu §§ 987 ff. BGB, Rn. 65; Palandt-*Bassenge,* Vorbem. zu §§ 987 ff. BGB, Rn. 18; *Roth,* JuS 1997, 710; *Medicus/Petersen,* Bürgerliches Recht, Rn. 596; a.A.: *Wolf,* SachenR, S. 266; *Prütting,* SachenR, Rn. 542.

Abs. 1 StGB verwirklicht hat. Das Verschulden in § 823 Abs. 1 BGB ist aber ein Verschulden gegenüber einem anderen.[475] Die Übertragung der Ansicht, dass ein Verschulden gegen sich selbst erforderlich ist, führt also zu dem Ergebnis, dass im Rahmen der §§ 989, 990 BGB ein derartiges Verschulden nötig ist und bei § 823 Abs. 1 BGB ein Verschulden gegen einen anderen. Überzeugender ist aber, dass sowohl das Verschulden in der Haftung aus dem Eigentümer-Besitzer-Verhältnis als auch das im Deliktsrecht rückwirkend fingiert wird.

Es konnte also außerhalb der Norm des § 1978 Abs. 1 BGB ein rückwirkend fingiertes Verschulden festgestellt werden. Nun soll geklärt werden, ob die Haftung des Anfechtungsgegners mit der des Erben vergleichbar ist. Wie oben dargestellt, wird es sich im Rahmen des Schadensersatzanspruches um einen Anfechtungsgegner handeln, der die Anfechtbarkeit der Rechtsgeschäfte kannte und deswegen über § 142 Abs. 2 BGB bösgläubig hinsichtlich seines Besitzrechts ist. Bei dem Erben tritt die Schadensersatzpflicht über § 1978 Abs. 1 BGB auch ein, wenn er keine konkrete Kenntnis von den Forderungen der Nachlassgläubiger hat. Auf der einen Seite steht also ein bösgläubiger und unter Umständen sogar wegen einer arglistigen Täuschung deliktisch besitzender Anfechtungsgegner. Auf der anderen Seite ist ein Erbe, der möglicherweise keine konkrete Kenntnis von den Forderungen der Nachlassgläubiger hat. Die Haftung des Anfechtungsgegners wird nach der hier dargestellten Ansicht über ein rückwirkend fingiertes Verschulden begründet. Gleiches könnte auch für die Haftung des Erben gelten. Außerdem haften beide auch für leichte Fahrlässigkeit. Weiterhin kann festgehalten werden, dass dem arglistig Täuschenden auch bei leicht fahrlässiger Zerstörung einer Sache bewusst gewesen sein muss, dass der Geschädigte Schadensersatz verlangen kann, wenn ihm die Täuschung auffällt und er daraufhin die Anfechtung erklärt. Bei dem Erben wird die Situation häufig anders sein. Er ist im Wege der Universalsukzession gem. § 1922 Abs. 1 BGB Eigentümer geworden und muss grundsätzlich wegen seiner Handlungen keine Schadensersatzpflicht gegenüber anderen fürchten. Trotzdem lässt § 1978 Abs. 1 BGB diesen möglicherweise unwissenden Erben genauso haften wie den bösgläubigen Anfechtungsgegner.

Letztlich bestätigt auch der Vergleich mit der Haftung des Anfechtungsgegners den in den vorherigen Vergleichen gewonnenen Eindruck, dass § 1978 Abs. 1 BGB eine ungewöhnlich strenge Haftung des Erben vorsieht.

---

475 *Wolf*, SchuldR AT, S. 117.

b) Haftung des Stellvertreters

Hier sind zunächst zwei verschiedene Haftungsformen zu unterscheiden. Einmal die Haftung des Stellvertreters ohne Vertretungsmacht und die Haftung des Stellvertreters, der seine Vertretungsmacht missbraucht hat. Dabei ist wiederum zwischen der Außenhaftung und der Innenhaftung des Stellvertreters zu unterscheiden. Im Folgenden soll die Außenhaftung des Vertreters ohne Vertretungsmacht untersucht werden. Der *falsus procurator* haftet gegenüber dem Vertragspartner gem. § 179 Abs. 1 BGB, wenn der Vertretene den Vertrag nicht nach § 177 Abs. 1 BGB genehmigt. Diese Genehmigung lässt den Vertrag *ex tunc* wirksam werden, § 184 Abs. 1 BGB.[476] Diese Rückwirkung ist für den Vertreter ohne Vertretungsmacht günstig, weil er so einer Haftung aus § 179 Abs. 1 BGB entgeht. Genehmigt der Vertretene nicht, so erscheint die Haftung des § 179 Abs. 1 BGB vergleichsweise streng, weil sie verschuldensunabhängig ist.[477] Kennt der Vertreter den Mangel der Vertretungsmacht nicht, so kommt ihm jedoch zugute, dass er nach § 179 Abs. 2 BGB nur in Höhe des negativen Interesses haftet. Weiß der Vertragspartner vom Mangel der Vertretungsmacht, haftet der Vertreter nicht, § 179 Abs. 3 S. 1 BGB. Genehmigt der Vertretene das vom Vertreter vorgenommene Rechtsgeschäft, kommt eine Haftung im Innenverhältnis gegenüber dem Vertretenen wegen des Handelns ohne Vertretungsmacht nicht mehr in Betracht.

Die Stellung des Vertreters ist nur eingeschränkt mit der eines Erben vergleichbar, aber trotzdem soll im Folgenden versucht werden, nützliche Erkenntnisse über einen Vergleich der zugrundeliegenden Wertungen zu gewinnen. Handelt ein Vertreter ohne Vertretungsmacht, so kommt zunächst nur ein schwebend unwirksamer Vertrag zustande, der mit der Genehmigung des Vertretenen oder mit dem Ausbleiben des Widerrufs durch den Vertragspartner gem. § 178 S. 1 BGB wirksam wird. Die Genehmigung führt dazu, dass der Vertrag als von Anfang an wirksam betrachtet wird.[478] Im Rahmen der Stellvertretung wird der vom Vertreter ohne Vertretungsmacht geschlossene Vertrag also rückwirkend wirksam und ihn trifft keine Haftung aus § 179 Abs. 1 BGB. Der entscheidende Unterschied zu der Rückwirkung von Verwaltungspflichten ab Beginn einer Haftungsbeschränkung im Rahmen des § 1978 Abs. 3 BGB ist, dass die Rückwirkung nach §§ 177, 184 Abs. 1 BGB den Anspruch aus § 179 Abs. 1 BGB gegen den *falsus procurator* ausschließt. Die Rückwirkung kommt also zumindest auch

---

476 OLG Stuttgart NJW 1973, 629, 630.
477 BGH MittBayNot 1989, 78; BGH NJW-RR 2005, 268.
478 OLG Stuttgart NJW 1973, 629, 630.

dem Vertreter ohne Vertretungsmacht zugute, während die Rückwirkung für den Erben eine weitreichende Schadensersatzpflicht mit seinem Eigenvermögen auslöst. Es könnte eingewendet werden, dass bei der Genehmigung des schwebend unwirksamen Vertrages keine Gläubigerinteressen beeinträchtigt werden. Im Gegenteil sogar, denn die Genehmigung führt dazu, dass der Gläubiger den Vertragspartner bekommt, den er sich ausgesucht hat und das ist der Vertretene. Wird der Vertrag nicht genehmigt, so kommt kein Vertrag zustande und der Vertretene muss sich gem. § 179 Abs. 1 BGB an den Vertreter wenden. Damit trägt er das ihm ungewisse Insolvenzrisiko des Vertreters ohne Vertretungsmacht. Dass eine positive Rechtsfolge an die Genehmigung des Vertrages für den Vertreter ohne Vertretungsmacht geknüpft wird, kann also den Grund haben, dass keine Gläubigerinteressen gefährdet sind. Trotzdem wäre die Schlussfolgerung nicht richtig, dass im Rahmen der Haftung von §§ 177 ff. BGB eine mögliche Schutzbedürftigkeit des Vertreters keine Rolle spielt, weil sehr wohl auch die Interessen des Vertreters in § 179 Abs. 2 BGB berücksichtigt werden. Hat der Vertreter unwissend seine Vertretungsmacht überschritten, wird seine Schadensersatzpflicht auf das negative Interesse begrenzt. Er kommt also in den Genuss eines Haftungsprivilegs, während dem Erbe nach § 1978 Abs. 1 BGB auch bei einem nur leicht fahrlässigen Verstoß gegen eine Verwaltungspflicht nicht privilegiert haftet.

c) Haftung des Rückgewährschuldners

Ein Vergleich könnte auch zu der Haftung des Rückgewährschuldners gezogen werden, wenn dieser aufgrund eines gesetzlichen Rücktrittsrechts zurückgetreten ist. Nach § 346 Abs. 1 BGB haben die Vertragsparteien die empfangenen Leistungen *in natura* zurückzugewähren.[479] Wenn dies nicht möglich ist, ist grundsätzlich Wertersatz nach § 346 Abs. 2 BGB zu zahlen. Die Pflicht zum Wertersatz des Rückgewährschuldners wegen Verschlechterung oder Untergang der Sache entfällt aber, wenn dieser die eigenübliche Sorgfalt beachtet hat und aufgrund eines gesetzlichen Rücktrittsrechts zurückgetreten ist, § 346 Abs. 3 S. 1 Nr. 3 BGB. Dabei geht es darum, dass z.B. der Verkäufer der Sache nicht davon ausgehen kann, dass die Gefahr endgültig auf den Käufer übergegangen ist, wenn er nicht ordnungsgemäß geliefert hat.[480] Die Vorschrift privilegiert also insoweit den aufgrund eines gesetzlichen Rücktrittsgrundes Berechtigten.[481]

---

479 MüKo-*Gaier,* § 346 BGB, Rn. 17; Palandt-*Grüneberg,* § 346 BGB, Rn. 5; *Looschelders,* SchuldR AT, Rn. 813.

480 BT-Drucks. 14/6040, S. 196.

481 Erman-*Röthel,* § 346 BGB, Rn. 27.

Die Stellung des Rückgewährschuldners ist mit der des Erben im Rahmen des § 1978 Abs. 1 BGB in der Hinsicht vergleichbar, dass beide zunächst davon ausgehen, sie können mit der Sache oder mit den Sachen so verfahren, wie es ihnen beliebt, ohne dass sie Interessen Dritter verletzen.[482] Das Gesetz privilegiert den insofern „Gutgläubigen" an dieser Stelle. Im Rahmen des § 1978 Abs. 1 BGB kommt es hingegen zu einer strengeren Haftung des Erben.

Das Rückgewährschuldverhältnis entsteht nach wirksamer Erklärung des Rücktritts *ex nunc*.[483] Zu einer Rückwirkung von Pflichten kommt es also nicht.

d) *Haftung des Besitzers einer Sache ohne Recht zum Besitz*

§ 993 Abs. 1 a.E. BGB privilegiert den redlichen und unverklagten Besitzer.[484] Er soll nicht haften, wenn er nicht bösgläubig beim Besitzerwerb war und auch nicht verklagt war. Im Vergleich zum Erben kommt ihm trotz seiner schwächeren dinglichen Position ein stärkerer Schutz zu. Begründet wird dieses Haftungsprivileg damit, dass er so gehandelt hat, als wäre er Eigentümer und er deshalb grundsätzlich auch keinen Schadensersatz leisten oder Nutzungen herausgeben muss.[485]

Auch die Haftung des bösgläubigen Besitzers ist nur möglich, wenn er im Zeitpunkt des Besitzerwerbs grob fahrlässig verkannt oder erkannt hat, dass er nicht zum Besitz berechtigt ist.[486] Hinsichtlich der Verschlechterung oder der Unmöglichkeit der Herausgabe ist ein Verschulden des Besitzers i.S.d. § 276 Abs. 1 S. 1 BGB erforderlich.[487] Durch das zusätzliche Erfordernis der Rechtshängigkeit oder Bösgläubigkeit wird sogar der unrechtmäßige Besitzer besser gestellt als der Erbe.

Zu einer Rückwirkungsfiktion kommt es in der Regel im Eigentümer-Besitzer-Verhältnis nicht.[488]

e) *Haftung des Bereicherungsschuldners*

Interessante Erkenntnisse könnte auch der Vergleich der Haftung des Erben mit der Haftung des Bereicherungsschuldners ergeben. Der Bereicherungsschuldner hat grundsätzlich das Erlangte herauszugeben, § 818 Abs. 1 BGB. Ist dies dem

---

482 *Osthold*, ZEV 2015, 444, 447.

483 *Kaiser*, Rückabwicklung, S. 111.

484 Staudinger-*Gursky*, Vorbem. zu §§ 987 ff. BGB, Rn. 4; Mot. III, S. 394.

485 Staudinger-*Gursky*, Vorbem. zu §§ 987 ff. BGB, Rn. 4.

486 Prot. III, S. 339.

487 MüKo-*Baldus*, § 989 BGB, Rn. 10.

488 Vgl. zur Rückwirkung im Eigentümer-Besitzer-Verhältnis S. 86–93.

Schuldner objektiv oder subjektiv nicht mehr möglich, so hat er Wertersatz nach § 818 Abs. 2 BGB zu leisten.[489] Da es sich dabei um einen Wertersatzanspruch handelt, ist ein Verschulden nicht erforderlich.[490] Auf den ersten Blick erscheint deswegen die Haftung des Bereicherungsschuldners strenger, allerdings wird der Anspruch auf Herausgabe bzw. Wertersatz gem. § 818 Abs. 3 BGB auf das beschränkt, was bei dem Bereicherungsschuldner noch vorhanden ist. Der Anspruch ist ausgeschlossen, wenn er entreichert ist. § 818 Abs. 3 BGB dient dem Schutz des gutgläubigen Bereicherungsschuldners.[491] Etwas anderes gilt nur, wenn der Bereicherungsschuldner gem. §§ 819 ff. BGB verschärft haftet. Hier wird also wieder derjenige bessergestellt, der im Vertrauen auf den Rechtsgrund etwas erlangt hat und deswegen annehmen konnte, dass er keine Ansprüche Dritter zu befürchten hat. Insofern ist seine Lage vergleichbar mit dem Erben, der sich im Zeitpunkt seiner nachlassschädigenden Handlungen keiner Pflicht bewusst war. Während der Bereicherungsschuldner die ganze Zeit über materiell-rechtlich zur Herausgabe bzw. zum Wertersatz verpflichtet war, traf den Erben keine solche Pflicht. Erst mit der Fiktion der Rückwirkung kann eine Pflichtverletzung gegenüber den Nachlassgläubigern berücksichtigt werden und trotzdem haftet er ohne Haftungsprivileg.

3. Betrachtung des Handels- und Gesellschaftsrechts

Auch das Handels- und Gesellschaftsrecht soll auf Rückwirkungsfiktionen von Pflichten und Verschulden untersucht werden.

a) Haftung des Erwerbers bei Firmenfortführung

Nach § 25 Abs. 1 S. 1 HGB haftet derjenige, der ein Handelsgeschäft unter Lebenden erworben hat und unter der bisherigen Firma fortführt, für alle im Betriebe des Geschäfts begründeten Verbindlichkeiten des früheren Inhabers. Die Verbindlichkeiten gelten dabei als auf den Erwerber übergegangen, § 25 Abs. 1 S. 1 HGB. § 25 Abs. 1 S. 1 HGB führt zu einer unbeschränkten persönlichen Haftung des Erwerbers für die Verbindlichkeiten aus dem Handelsgeschäft des Veräußerers[492], wenn sich nichts anderes aus § 25 Abs. 2 HGB ergibt.

---

489 Palandt-*Sprau,* § 818 BGB, Rn. 18; Soergel-*Hadding,* § 818 BGB, Rn. 23; Staudinger-*Gursky,* § 818 BGB, Rn. 21.

490 Staudinger-*Gursky,* § 818 BGB, Rn. 24.

491 Palandt-*Sprau,* § 818 BGB, Rn. 26; Staudinger-*Gursky,* § 818 BGB, Rn. 33; Soergel-*Hadding,* § 818 BGB, Rn. 42.

492 Oetker-*Vossler,* § 27 HGB, Rn. 29; MüKo-*Thiessen,* § 25 HGB, Rn. 66.

Diese Haftung ist nicht vergleichbar mit der Haftung des Erben nach § 1978 Abs. 1 BGB. Zunächst bestanden die Verbindlichkeiten schon in der Person des früheren Erwerbers, sodass es schon zu keiner Rückwirkung kommt. Sie wären also eher mit den Erblasserschulden gem. § 1967 Abs. 2 BGB zu vergleichen. Außerdem sind die Interessenlagen verschieden. Der Erbe weiß zum Zeitpunkt der Handlung gar nicht, dass er für diese Pflichtverletzungen persönlich haften muss bzw. eine Haftung ist aus seiner Sicht in diesem Moment noch unklar. Dies ist bei dem Erwerber eines Handelsgeschäfts anders. Ihm wird in der Regel bewusst sein, welches Risiko er eingeht, wenn er ein Handelsgeschäft unter der bisherigen Firma fortführt.

b) Haftung des Gesellschafters, der in eine bestehende Gesellschaft eintritt

Ein Vergleich kann auch nicht zur Haftung des Gesellschafters, der in eine Gesellschaft eintritt, gezogen werden. § 130 HGB ist eine Folge des Akzessorietätsprinzips, das in § 128 HGB zum Ausdruck kommt.[493] § 130 HGB und § 173 HGB sollen sicherstellen, dass jeder Gesellschafter den Gläubigern gegenüber unabhängig vom Zeitpunkt des Eintritts haftet.[494] Die Verbindlichkeiten, für die der eintretende Gesellschafter haftet, bestanden ebenfalls bereits zu dem Zeitpunkt, als der neue Gesellschafter in die Gesellschaft eintrat. Zu einer Rückwirkung kommt es nicht.

4. Zwischenergebnis

Die Haftung des Erben hat für das Zivilrecht eine ungewöhnlich strenge Ausgestaltung erfahren. Es gibt vergleichbare Regelungen, die jedoch immer eine mildere Haftung vorsehen als die für den Erben in § 1978 Abs. 1 BGB. Im Rahmen der Haftung des Vorerben ist der Grund für diese Privilegierung die (vorübergehende) Eigentümerstellung des Vorerben. Dem gutgläubigen Besitzer ohne Recht zum Besitz und dem gutgläubigen Erbschaftsbesitzer werden zugutegehalten, dass sie annahmen, sie seien Eigentümer bzw. Erbe und dass sie aus diesem Grund mit der Sache bzw. den Sachen verfahren konnten, wie es ihnen beliebt.

Das BGB konstruiert eine Rückwirkung des Vertrages, den der Vertreter ohne Vertretungsmacht abgeschlossen hat, wenn der Vertretene ihn genehmigt, §§ 177, 184 Abs. 1 BGB. Wie dargestellt ist diese Rückwirkung aber positiv für

---

493 OLG Hamm NJW-RR 2002, 495, 496; Baumbach/Hopt-*Roth,* § 130 HGB, Rn. 1; *Ulmer,* ZIP 2001, 585, 598.

494 MüKo-*Schmidt,* § 173 HGB, Rn. 1.

den Vertreter ohne Vertretungsmacht, während sie für den Erben das Tor zu Eigenhaftung aufstößt.

Ein rückwirkend fingiertes Verschulden ist im BGB nicht die Regel. Es ist aber außerhalb der Regelung des § 1978 Abs. 1 BGB als Folge einer Anfechtung, die wegen Fehleridentität der abgeschlossenen Rechtsgeschäfte auch zur Unwirksamkeit der Übereignung führt, anzutreffen. Ein Vergleich mit der Haftung des bösgläubigen Anfechtungsgegners hat ergeben, dass die Verschuldensrückwirkung für den Erben, der keine Kenntnis von den konkreten Forderungen seiner Nachlassgläubiger hatte, zu einer sehr strengen Haftung führen würde. Die Haftungsverfassung des § 1978 Abs. 1 BGB bedeutet demnach für den Erben eine genauso strenge Haftung wie für den bösgläubigen Anfechtungsgegner. Im Handels- und Gesellschaftsrecht konnten keine Parallelen zur Haftung des Erben in § 1978 Abs. 1 BGB gezogen werden.

VI. Konstruktion des Verschuldens und Korrektur der Haftung im Rahmen des § 1978 Abs. 1 BGB

Im Wesentlichen geht es um zwei Fragen. Die erste Frage ist, wie bei § 1978 Abs. 1 BGB im systematischen Zusammenhang ein Verschulden konstruiert werden kann. Die zweite Frage bezieht sich auf die im vorangegangenen Teil gewonnenen Erkenntnisse, dass die Haftungsregelung in § 1978 Abs. 1 BGB ungewöhnlich streng ist, und lautet demnach: Kann die strenge Haftung abgemildert werden, wenn die Konstruktion eines Verschuldens gelingt? Wie die Formulierung der zweiten Frage bereits zeigt, hängen die beiden Fragen zusammen, sodass eine Beantwortung nur bedingt getrennt erfolgen kann.

1. Darstellung und Bewertung der Ansichten zur Regelung des § 1978 Abs. 1 BGB

Die Frage, ob die Haftung aus § 1978 Abs. 1 BGB wegen ihrer ungewöhnlichen Härte abgemildert werden kann, wurde im Schrifttum noch nicht diskutiert. Zur Frage, wie ein Verschulden konstruiert werden kann, wurden sehr vereinzelt Ansichten präsentiert.[495] Im Folgenden sollen zunächst die bestehenden Ansichten präsentiert werden, bevor eigene Überlegungen vorgestellt werden.

495 *v. Lübtow*, ErbR II, S. 1131; Soergel-*Stein*, § 1978 BGB, Rn. 5; *Osthold*, ZEV 2015, 444; auch in den Motiven zum BGB wurde diskutiert, ob die Ausgestaltung des § 1978 Abs. 1 BGB nicht anders hätte erfolgen können, Mot. V, S. 626.

a) *Anwendung des Sorgfaltsmaßstabs des § 277 BGB im Rahmen eines Verschuldens gegen sich selbst*

Stein ist der Ansicht, dass im Anwendungsbereich des § 1978 Abs. 1 BGB nicht der Sorgfaltsmaßstab des § 276 Abs. 1 S. 1 BGB ausschlaggebend ist, sondern der des § 277 BGB.[496] Begründet wird dies damit, dass ein rückwirkendes Verschulden nicht in Betracht kommen würde, sondern ein Verschulden gegen sich selbst, in dessen Rahmen nur die Beachtung der eigenüblichen Sorgfalt gem. § 277 BGB zu angemessenen Ergebnissen führen würde.[497] Der Vorteil dieser Ansicht ist, dass auf eine Rückwirkung verzichtet werden kann. Rückwirkungen sind im BGB – wie festgestellt – zwar keine Seltenheit, führen aber im Rahmen des § 1978 Abs. 1 BGB zu einer ungewöhnlich harten Haftung. Außerdem bedeutet die Anwendung von § 277 BGB für gewöhnlich eine mildere Haftung und würde besser zur Stellung des Erben als Eigentümer passen.

Gegen ein Verschulden gegen sich selbst kann allerdings angeführt werden, dass § 1978 Abs. 1 BGB den Erben wie einen zur Verwaltung Beauftragten gegenüber den Nachlassgläubigern behandeln will. Nach dem Wortlaut des § 1978 Abs. 1 BGB entsteht diese Verwaltungspflicht ab dem Zeitpunkt der Annahme rückwirkend. Auch aus den Motiven zum BGB geht hervor, dass ein Auftragsverhältnis fingiert werden soll, um ein Verschulden des Erben begründen zu können.[498] Die Schadensersatzpflicht tritt also wegen der schuldhaften Verletzung einer Pflicht gegenüber den Nachlassgläubigern ein. Würde das Verschulden in § 1978 Abs. 1 BGB ein Verschulden gegen sich selbst sein, so bräuchte es die Verweisung auf das Auftragsrecht nicht, um ein Verschulden zu begründen. Die Annahme eines Verschuldens gegen sich selbst ist also schon wegen des Wortlauts der Regelung problematisch. Weiterhin kann an der Anwendung des § 277 BGB kritisiert werden, dass an anderen Stellen im BGB darauf hingewiesen wird, dass nur für eigenübliche Sorgfalt gehaftet wird.[499] Dies entspricht der Konzeption des § 276 Abs. 1 S. 1 BGB. Bei § 1978 Abs. 1 BGB fehlt ein solcher Hinweis. Außerdem soll die Verantwortlichkeit des Erben „vollständig" der des Beauftragten entsprechen.[500] Im Auftragsrecht ist der Haftungsmaßstab des

496 Soergel-*Stein,* § 1978 BGB, Rn. 5.
497 Soergel-*Stein,* § 1978 BGB, Rn. 5.
498 Mot. V, S. 627.
499 So in den §§ 346 Abs. 3 S. 1 Nr. 1, 347 Abs. 1 S. 2, 690, 708, 1359, 1664 Abs. 1, 2131 BGB.
500 Mot. V, S. 628.

§ 276 Abs. 1 S. 1 BGB anzuwenden[501], sodass zumindest nach den Motiven kein Raum für die Anwendung des § 277 BGB besteht.

Nach ganz h.M. wird eine Anwendung des § 277 BGB im Rahmen des § 1978 Abs. 1 BGB abgelehnt und auf den Verschuldensmaßstab in § 276 Abs. 1 S. 1 BGB zurückgegriffen.[502]

b) „Verwaltungspflicht" des Erben von Anfang an

Eine andere Ansicht begründet ein Verschulden darüber, dass den Erben spätestens ab dem Zeitpunkt der Annahme eine „Verwaltungspflicht" trifft, wenn er später noch von einer Haftungsbeschränkungsmöglichkeit Gebrauch machen möchte.[503] Diese Verwaltungspflicht ist aber nicht die Folge eines rückwirkend fingierten Auftragsverhältnisses, sondern sie soll bestehen, weil der Erbe damit rechnen müsse, dass Nachlassverbindlichkeiten bestehen. Der Vorteil dieser Ansicht ist ebenfalls, dass es zu keiner aufwendigen Rückwirkung von einem Auftragsverhältnis und einem Verschulden kommt. Weiterhin spricht für sie, dass den Nachlassgläubigern im BGB ein hoher Schutz eingeräumt wird[504] und eventuell hätte der Erbe damit rechnen müssen, dass Nachlassverbindlichkeiten bestehen. Die Motive zum BGB gehen davon aus, dass der Nachlass für den Erben „in gewissem Sinne [ein] fremdes Gut" ist.[505] Demnach soll sich der Erbe, solange er nicht alle Nachlassverbindlichkeiten beglichen hat, nicht als vollständiger Eigentümer der Nachlassgegenstände fühlen, sondern zumindest in Gedanken eine Separation der Nachlassgegenstände von seinem sonstigen Vermögen vornehmen. Die Motive zum BGB begründen damit die Verwaltungspflicht des Erben und die Rechtsfolgen beim Verstoß gegen sie in § 1978 BGB. Dem könnte auch im Sinne dieser Ansicht entnommen werden, dass die gedankliche Separation zu einer „Verwaltungspflicht" vom Zeitpunkt des Erbfalls bzw. spätestens vom Zeitpunkt der Annahme führt. Das überzeugt jedoch nicht. Zum einen erwähnen die Motive zum BGB nicht, dass eine derartige anfängliche „Verwaltungspflicht" begründet werden könnte und zum anderen kann eine solche Verwaltungspflicht auch gar nicht zu der Annahme eines Verschuldens

---

501 MüKo-*Seiler*, § 662 BGB, Rn. 51; Palandt-*Sprau*, § 662 BGB. Rn. 11.

502 MüKo-*Küpper*, § 1978 BGB, Rn. 3; Staudinger-*Dobler*, § 1978 BGB, Rn. 12; RGRK-*Johannsen*, § 1978 BGB, Rn. 4; Burandt/Rojahn-*Joachim*, § 1978 BGB, Rn. 10; *v. Lübtow*, ErbR II, S. 1131; *Muscheler*, ErbR II, Rn. 3576.

503 *v. Lübtow*, ErbR II, S. 1131; so wohl auch RGRK-*Johannsen*, § 1978 BGB, Rn. 4.

504 So auch Mot. V, S. 626.

505 Mot. V, S. 626.

im Rahmen des § 1978 Abs. 1 BGB führen, weil hier die Anordnung des Nachlassinsolvenzverfahrens oder die Eröffnung des Nachlassinsolvenzverfahrens anspruchsbegründende Tatbestandsmerkmale sind und ab diesem Zeitpunkt erst ein Auftragsverhältnis begründet wird, aus dem sich eine „echte" Verwaltungspflicht ergibt.

Weiterhin wird an dieser Ansicht kritisiert, dass die vom Gesetz im Wege der Universalsukzession gem. § 1922 Abs. 1 BGB angeordnete Konfusion bzw. Konsolidation unterlaufen werden würde, wenn eine Verwaltungspflicht nur deswegen besteht, weil der Erbe eventuell später eine Haftungsbeschränkung nutzen möchte, zumal die Nachlassgläubiger die Nachlassverwaltung gem. § 1981 Abs. 2 S. 2 BGB und das Nachlassinsolvenzverfahren nach § 319 InsO auch noch nach zwei Jahren beantragen können und der Erbe sein Antragsrecht unbegrenzt nutzen kann.[506]

An einer derartigen „Verwaltungspflicht" wäre auch problematisch, dass sie nicht auf rechtlichen Tatsachen (wie das tatsächliche Erheben einer Haftungsbeschränkung) beruht, sondern allein auf den Willen des Erben, später womöglich noch auf eine Haftungsbeschränkung des BGB zurückgreifen zu wollen.

Ein weiteres Argument gegen eine bereits anfänglich bestehende Verwaltungspflicht leitet *Osthold* aus § 346 Abs. 3 S. 1 Nr. 3 BGB ab.[507] Nach dieser Regelung kann sich der Rückgewährschuldner auf die Beachtung der eigenüblichen Sorgfalt berufen, wenn er von einem gesetzlichen Rücktrittsrecht Gebrauch gemacht hat. Bei einem vertraglichen Rücktrittsrecht sieht der Gesetzgeber keinen Grund für mildere Sorgfaltsanforderungen, sodass sich nicht auf die Beachtung der eigenüblichen Sorgfalt berufen werden kann. Daraus schließt *Osthold*, dass der Gesetzgeber das Bestehen einer gesetzlichen Regelung in der Regel für nicht ausreichend ansieht, um an den Schuldner erhöhte Sorgfaltsanforderungen zu stellen.[508] Ähnliches kann im Eigentümer-Besitzer-Verhältnis festgestellt werden. Hier reicht es nicht aus, eine Schadensersatzpflicht zu begründen, wenn ein redlicher und unverklagter Besitzer ohne Recht zum Besitz die herauszugebende Sache zerstört hat. Der unberechtigte Besitzer muss zusätzlich bösgläubig oder verklagt gewesen sein, damit der Eigentümer sich an ihm schadlos halten kann. Dies stützt in gewisser Weise das von *Osthold* aufgestellte Argument, denn auch im Eigentümer-Besitzer-Verhältnis reicht die bloße gesetzliche Zuweisung des Eigentums an den

506 *Osthold,* ZEV 2015, 444, 449; Staudinger-*Dobler,* § 1981 BGB, Rn. 10; RGRK-*Johannsen,* § 1981 BGB, Rn. 1; *Firsching/Graf,* NachlassR, Rn. 4.857.

507 *Osthold,* ZEV 2015, 444, 449.

508 *Osthold,* ZEV 2015, 444, 449.

Anspruchsteller nicht aus, um vom unberechtigten Besitzer Schadensersatz verlangen zu können, sondern es muss unter anderem die Kenntnis bzw. grobfahrlässige Unkenntnis vom fehlenden Recht zum Besitz oder von der Rechtshängigkeit hinzutreten. Die Härte der in § 1978 Abs. 1 S. 1 BGB geregelten Haftung liegt gerade darin, dass sie den meisten Erben unbekannt sein wird und auch nicht mit ihrer Vorstellung von ihrer mit dem Erbfall erlangten Stellung als Eigentümer des Nachlasses vereinbar ist. Aus diesem Grund wird von dem Erben keine Kenntnis über den Umstand verlangt werden können, dass eine derartige Pflicht spätestens ab dem Zeitpunkt der Erbschaftsannahme über ihn schwebt.

Eine derartige „Verwaltungspflicht" ist also abzulehnen.

c) *Angleichung zur Haftung des Erbschaftsbesitzers gegenüber dem wirklichen Erben*

In den Motiven zum BGB wird diskutiert, ob die Haftung des Erben nicht an die des Erbschaftsbesitzers[509] angepasst werden sollte. Eine Angleichung der Haftung des Erben hinsichtlich der des gutgläubigen Erbschaftsbesitzers wird abgelehnt, weil der Erbe den Nachlassgläubigern gegenüber nicht genügend „beschränkt" wäre.[510] Der Erbe könnte sich bei einer Angleichung der Haftung auf seine eigene Entreicherung berufen, wenn er so behandelt werden würde wie der gutgläubige Erbschaftsbesitzer. Dies wollte man vermeiden, weil ansonsten die Interessen der Nachlassgläubiger, die stärker geschützt werden sollten, zu sehr beeinträchtigt wären.

Die Angleichung der Erbenhaftung an die des bösgläubigen Erbschaftsbesitzers wird in den Motiven als „wenig passend" bezeichnet.[511] Problematisch wäre schon der Bezugspunkt der Bösgläubigkeit. Der Erbschaftsbesitzer ist bösgläubig, wenn er Kenntnis bzw. grob fahrlässige Unkenntnis von seiner fehlenden Erbenstellung hat.[512] Dieser Bezugspunkt kann selbstverständlich nicht für den Erben gelten. Es müsste wohl auf die Kenntnis oder grob fahrlässige Unkenntnis des Umstandes abgestellt werden, dass er durch seine Handlungen gegebenenfalls spätere Verwaltungspflichten gegenüber den Nachlassgläubigern zu verletzen droht. Wegen der Rechtsunkenntnis des Durchschnittserben scheidet in den meisten Fällen eine Kenntnis dieser Verwaltungspflicht gegenüber den Nachlassgläubigern aus und auch eine grob fahrlässige Unkenntnis bei der im

509 Vgl. zur Haftung des Erbschaftsbesitzers gegenüber dem wirklichen Erben, S. 83–85.
510 Mot. V, S. 626.
511 Mot. V, S. 626.
512 Vgl. S. 104.

Rahmen des § 276 Abs. 1 S. 1 BGB erforderlichen Erkennbarkeit der Gefahr vor ihrer Verwirklichung[513]. Es wird meistens wohl eine Bösgläubigkeit zu verneinen sein, sodass ein Schadensersatzanspruch gegen den Erben nicht bestehen würde. Das wiederum würde dazu führen, dass die Interessen der Nachlassgläubiger zu sehr beeinträchtigt werden.

Die Frage nach dem Bezugspunkt für die Bösgläubigkeit geht auch mit der Frage einher, zu welchem Zeitpunkt eine derartige Bösgläubigkeit vorliegen muss. Konsequenterweise müsste diese im Zeitpunkt der nachlassmindernden Handlung vorgelegen haben. Selbst, wenn eine Bösgläubigkeit in diesen Fällen konstruiert werden kann, stellt sich das nächste Problem beim Verschulden. Der Erbe als materieller Rechtsinhaber durfte im Zeitpunkt der Handlungen nachlassmindernde Maßnahmen vornehmen. Im Ergebnis bedeutet dies, dass auch in diesen Fällen ein rückwirkend fingiertes Verschulden benötigt wird.

Letztlich würde eine analoge Anwendung der §§ 2018 ff. BGB auch schon gar nicht in Betracht kommen, weil die Überlegungen in den Motiven und die Regelung des § 1978 Abs. 1 BGB zeigen, dass es an der planwidrigen Regelungslücke fehlt.

Die Motive zum BGB haben eine derartige Angleichung also aus gutem Grund als „wenig passend“[514] abgelehnt, denn sie hätte weitere Folgeprobleme nach sich gezogen, wäre zu konstruiert gewesen und hätte der Schutzbedürftigkeit der Nachlassgläubiger nicht Rechnung tragen können.

2. Eigener Vorschlag zur Konstruktion des Verschuldens im Rahmen des § 1978 Abs. 1 BGB

Für die von *Stein* und *von Lübtow* vertretenen Ansichten spricht, dass keine Rückwirkungen nötig wären, um eine Schadensersatzpflicht des Erben zu begründen. Diese beiden Ansichten konnten jedoch nicht überzeugen, sodass nun der Frage nachgegangen werden muss, wie ein rückwirkendes Verschulden kraft Fiktion konstruiert werden kann.

Betrachtet man die Literatur, so fällt auf, dass durchaus erwähnt wird, dass eine Verwaltungspflicht rückwirkend fingiert wird, aber nicht, wie ein rückwirkend fingiertes Verschulden zu konstruieren ist.[515] Auch die Motive zum BGB

513 MüKo-*Grundmann*, § 276 BGB, Rn. 68.

514 Mot. V, S. 626.

515 So zum Beispiel: *Lange*, ErbR, S. 794; *Muscheler*, ErbR, Rn. 3573; *Ders.*, Haftungsordnung, S. 209; *Lettmann*, RNotZ 2002, 538, 543; *Ebenroth*, ErbR, Rn. 1136; *Dauner-Lieb*, Sondervermögen, S. 94; *Heilemann*, Nachlaß-Erbenschulden, S. 102; anders dagegen: *Osthold*, ZEV 2015, 444, 448.

sprechen davon, dass ein Auftragsverhältnis fingiert wird, bleiben aber einer Antwort hinsichtlich des Verschuldens schuldig.[516] Daraus könnte geschlossen werden, dass das Verschulden im Rahmen des § 1978 Abs. 1 BGB unproblematisch zu konstruieren ist und es sich bei dem hier dargestellten Problem lediglich um ein Scheinproblem handelt. Diesen Schluss zu ziehen wäre aber falsch, denn um eine Fahrlässigkeit im Sinne des § 276 Abs. 1 BGB bejahen zu können, braucht es die „Erkennbarkeit der Gefahr vor deren Verwirklichung".[517] Mit „Gefahr" ist in den Fällen des § 1978 Abs. 1 BGB die drohende Verletzung der rückwirkend fingierten Verwaltungspflicht durch eine nachlassmindernde Handlung gemeint.

Die Ausgangssituation des Problems ist, dass der damalige Gesetzgeber gedacht hat, dass der Erbe trotz Universalsukzession gem. § 1922 Abs. 1 BGB den Nachlass wie ein „fremdes Gut"[518] behandeln würde. Den allermeisten Erben wird zwar bewusst sein, dass sie durch den Erbfall materielle Rechtsinhaber der Nachlassgegenstände werden, aber dem Durchschnittserben wird nicht bekannt sein, dass durch das Erheben einer Haftungsbeschränkungsmöglichkeit mittels Fiktion für die Vergangenheit Pflichten gegenüber den Nachlassgläubigern zur ordnungsgemäßen Verwaltung begründet werden.[519] Außerdem werden dem juristischen Laien rückwirkende Fiktionen im Allgemeinen nicht bekannt sein, weil sie aufgrund ihrer Wirkung in die Vergangenheit außerhalb der juristischen Welt nicht existieren.[520]

Problematisch ist also, wie von einer Erkennbarkeit ausgegangen werden kann, wenn im konkreten Zeitpunkt der Verletzung der Verwaltungspflicht keine derartige Pflicht bestand, sondern diese erst rückwirkend nach der nachlassmindernden Handlung fingiert wird. Diese Frage hat sich auch der BGH gestellt, aber die Beantwortung im Ergebnis leider offengelassen.[521] Weiterhin ist die Klärung der Frage von einigem Interesse, weil ansonsten eine Schadensersatzpflicht des Erben über §§ 1978 Abs. 1 S. 1, 662, 280 Abs. 1 BGB mangels Verschuldens nicht bestehen würde. Um ein reines Scheinproblem kann es sich bei der Konstruktion eines rückwirkend fingierten Verschuldens nicht handeln.

Würde die Rückwirkung im Rahmen des § 1978 Abs. 1 BGB konsequent angewendet werden, so wird für einen Schadensersatzanspruch aus §§ 662, 280

---

516 Mot. V, S. 627.
517 MüKo-*Grundmann,* § 276 BGB, Rn. 68.
518 Mot. V, S. 626.
519 *Dauner-Lieb,* Sondervermögen, S. 146.
520 Vgl. dazu *Wolf, BGB* AT, S. 473.
521 BGH NJW-RR 1989, 1226, 1227.

Abs. 1 BGB zunächst ein Auftragsverhältnis benötigt. Dies wird rückwirkend fingiert, § 1978 Abs. 1 BGB. Erforderlich ist danach die Verletzung einer Pflicht. Diese Pflichtverletzung ergibt sich daraus, dass der Erbe die rückwirkend fingierte Verwaltungspflicht verletzt hat. Als nächstes müsste der Erbe die Verletzung der Verwaltungspflicht auch zu vertreten haben. Grundsätzlich hat der Schuldner gem. § 276 Abs. 1 BGB Vorsatz und Fahrlässigkeit zu vertreten. Nun hat der Erbe aber in der Regel keine Kenntnis von der rückwirkend fingierten Verwaltungspflicht kraft Fiktion gehabt, sodass über seine Fahrlässigkeit ein Verschulden begründet werden könnte. Wie oben bereits erwähnt, müsste es für den Erben erkennbar gewesen sein, dass durch die nachlassmindernde Handlung die Verletzung der Verwaltungspflicht gegenüber den Nachlassgläubigern droht, um eine Fahrlässigkeit des Erben bejahen zu können.

Zur Beantwortung der Frage, wie ein rückwirkend fingiertes Verschulden konstruiert werden kann, hilft es weiter, die Haftung des bösgläubigen Anfechtungsgegners zu betrachten. Nach der in dieser Arbeit vorgestellten Ansicht handelt es sich im Rahmen des Schadensersatzanspruchs gegen den Anfechtungsgegner gem. §§ 989, 990 BGB um ein fingiertes Verschulden.[522] Im Rahmen der §§ 989, 990 BGB liegt ein Verschulden vor, wenn der Untergang, der Verlust oder die Verschlechterung auf „einer schuldhaften Verletzung der ihm implizit auferlegten Pflicht beruht, die Sache nach Art eines ordentlichen Hausvaters zu verwahren und zu verwalten".[523] Verschulden liegt also vor, wenn eine Pflicht gegenüber dem Eigentümer verletzt wird.[524] Wegen der *ex-tunc*-Wirkung der Anfechtung gem. § 142 Abs. 1 BGB wird diese Pflicht ebenfalls rückwirkend fingiert. Diese Pflicht muss der bösgläubige Anfechtungsgegner fahrlässig oder vorsätzlich verletzt haben, § 276 Abs. 1 S. 1 BGB. Liegt kein Vorsatz vor, so muss den unberechtigten Besitzer zumindest Fahrlässigkeit treffen. Dafür ist wiederum erforderlich, dass die drohende Verletzung der Pflicht gegenüber dem Eigentümer vor dem schädigenden Ereignis erkennbar war.[525] Wurde wegen einer arglistigen Täuschung angefochten, so wird allerdings auch dem gewöhnlichen arglistig Täuschenden nicht ohne weiteres bewusst sein, dass es nach der Erklärung der Anfechtung zu einer Rückwirkung einer Pflicht gegenüber dem Eigentümer kommt, die er durch seine Handlung verletzt hat. Man könnte zu dem Resultat kommen, dass im Rahmen der Haftung des bösgläubigen

---

522 Vgl. S. 109–112.

523 Staudinger-*Gursky*, § 989 BGB, Rn. 16.

524 *Wacke*, FS Hübner, 668, 672; MüKo-*Raff*, § 989 BGB, Rn. 10.

525 MüKo-*Grundmann*, § 276 BGB, Rn. 68.

Anfechtungsgegners nach den §§ 989, 990 BGB ähnliche Schwierigkeiten in der Begründung eines rückwirkend fingierten Verschuldens bestehen wie im Rahmen des § 1978 Abs. 1 BGB. Dieses Resultat würde aber die Regelung des § 142 Abs. 2 BGB übersehen, die neben ihrer Bedeutung im Drei-Personen-Verhältnis[526] anordnet, dass der Anfechtungsgegner so behandelt wird, als hätte er die Nichtigkeit des angefochtenen Rechtsgeschäfts gekannt oder kennen müssen, wenn er die Tatsachen kannte oder kennen musste, die die Anfechtbarkeit begründeten.[527] Das bedeutet, dass der bösgläubige Anfechtungsgegner die Pflicht zwischen ihm als unberechtigten Besitzer und dem Eigentümer hätte kennen müssen, sodass die Erkennbarkeit der Gefahr bejaht werden kann, damit die Fahrlässigkeit und schließlich auch das Verschulden. Ein anderes Ergebnis wäre auch nur schwer zu rechtfertigen, da der arglistig Täuschende in der Regel wissen wird, dass seine Täuschung nicht folgenlos bleibt.

Eine ähnliche Regelung ist im Bereich der Erbenhaftung nicht zu finden. Wie bereits erwähnt, wird der Großteil der Erben keine Kenntnis von einer eventuell später rückwirkend fingierten Verwaltungspflicht haben, aber dem Großteil wird bewusst sein, dass nahezu jeder Erblasser einige Gläubiger hat. Nimmt der Erbe eine nachlassmindernde Handlung vor, so wird der Durchschnittserbe wissen, dass dies die Interessen der Nachlassgläubiger berührt, weil das Gesamtvermögen des Erben schrumpft. Die Interessen der Nachlassgläubiger verletzt der Erbe schon im Zeitpunkt der Handlung, sodass keine Rückwirkung nötig ist. Bis zu dem Erheben einer Haftungsbeschränkung haftet der Erbe zunächst unbeschränkt, also auch mit seinem Eigenvermögen. Das Interesse der Nachlassgläubiger an einem ungeschmälerten Nachlass besteht aber trotzdem, denn für sie ist vor dem Erheben einer Haftungsbeschränkungsmöglichkeit auf den Nachlass die Summe aus Eigenvermögen und Nachlassvermögen relevant. Umso höher diese Summe ist, desto wahrscheinlicher ist es, dass die Nachlassgläubiger in der vollen Höhe ihrer Forderung befriedigt werden können. §§ 1978 Abs. 1 S. 1, 662, 280 Abs. 1 BGB knüpft die Haftung des Erben aber an die Verletzung des rückwirkend entstandenen Auftragsverhältnisses und diese ist auch der Anknüpfungspunkt für das Vertretenmüssen.[528] Die Verletzung der Interessen der Gläubiger, die vom Erbfall an bestehen, ist also im Rahmen des Schadensersatzanspruchs aus §§ 1978 Abs. 1 S. 1, 662, 280 Abs. 1 BGB grundsätzlich

526 Dazu Soergel-*Hefermehl*, § 142 BGB, Rn. 14; Erman-*Arnold*, § 142 BGB, Rn. 8; MüKo-*Busche*, § 143 BGB, Rn. 21; Staudinger-*Roth*, § 142 BGB, Rn. 2.

527 BGH NJW-RR 1987, 1456, 1457; Staudinger-*Roth*, § 142 BGB, Rn. 41.

528 Palandt-*Grüneberg*, § 276 BGB, Rn. 8; MüKo-*Grundmann*, § 276 BGB, Rn. 4, 52; Jauernig-*Stadler*, § 276 BGB, Rn. 13.

unerheblich. Möglicherweise kann aber der Rechtsgedanke des § 142 Abs. 2 BGB auf § 1978 Abs. 1 BGB übertragen werden.

Vereinfacht ausgedrückt sagt § 142 Abs. 2 BGB auch in Zwei-Personen-Verhältnissen aus, dass die Kenntnis oder das Kennenmüssen einer Person über gewisse Umstände dazu führt, dass sie sich so behandeln lassen muss, als hätte sie eine Rechtsfolge gekannt oder hätte sie kennen müssen. Wird dieser Gedanke auf § 1978 Abs. 1 BGB übertragen, so kann bereits die Kenntnis bzw. das Kennenmüssen des Umstandes, dass durch nachlassmindernde Handlungen die Interessen der Nachlassgläubiger verletzt werden, als maßgeblich angesehen werden, um den Erben so zu behandeln, als hätte er erkannt bzw. hätte erkennen müssen, dass nach dem Erheben einer Haftungsbeschränkungsmöglichkeit eine Verwaltungspflicht gegenüber den Nachlassgläubigern rückwirkend kraft Fiktion entsteht. Nach dem Erheben einer Haftungsbeschränkungsmöglichkeit auf den Nachlass verändert sich das grundsätzlich vor diesem Zeitpunkt bestehende Interesse der Nachlassgläubiger an der Summe von Eigenvermögen des Erben und Nachlass. Die Haftung des Erben wird auf den Nachlass beschränkt. Für die Nachlassgläubiger ist deswegen nur noch der Nachlass relevant, weil sie auf das Eigenvermögen des Erben (zumindest vorerst) nicht mehr zugreifen können. Dieses Interesse am Nachlass schützt das BGB dadurch, dass gem. § 1978 Abs. 1 S. 1 BGB rückwirkend Verwaltungspflichten fingiert werden, bei deren Verletzung der Erbe wiederum mit seinem Eigenvermögen haftet[529]. Die Anwendung des Rechtsgedankens des § 142 Abs. 2 BGB würde also dazu führen, dass innerhalb des Schadensersatzanspruches aus §§ 1978 Abs. 1 S. 1, 662, 280 Abs. 1 BGB eine Fahrlässigkeit des Erben bejaht werden kann, weil die Rückwirkung der Verwaltungspflicht erkennbar war.

Für diese Lösungsmöglichkeit spricht, dass das Gesetz sowohl bei der Erbenhaftung als auch bei der Anfechtung Rückwirkungen anwendet und sich so der Rechtsgedanke des § 142 Abs. 2 BGB auch auf die Regelung des § 1978 Abs. 1 BGB übertragen lässt. Es spricht für diese Lösung auch, dass sich mit ihrer Hilfe ein rückwirkend fingiertes Verschulden im Rahmen des § 1978 Abs. 1 S. 1 BGB konstruieren lässt und so die Interessen der Nachlassgläubiger geschützt werden, weil ansonsten mangels Verschuldens ein Schadensersatzanspruch gegen den Erben verneint werden muss. Außerdem hält sich dieser Lösungsansatz an die Systematik des Gesetzes, wenn das rückwirkend fingierte Verschulden in § 1978 Abs. 1 BGB auf gleiche Weise begründet wird wie das im Rahmen der Haftung des bösgläubigen Anfechtungsgegners gem. §§ 989, 990 BGB.

529 MüKo-*Küpper*, § 1978 BGB, Rn. 2.

An der Anwendung des Rechtsgedankens des § 142 Abs. 2 BGB kann kritisiert werden, dass diese Lösung, übertragen auf das Verhältnis zwischen Erbe und Nachlassgläubiger, sehr konstruiert ist. Allerdings ist der ganze Verweis des § 1978 Abs. 1 S. 1 BGB auf das Auftragsrecht wenig gelungen und ebenfalls konstruiert, weil die Stellung des Erben als materieller Rechtsinhaber kaum mit der eines Beauftragten vereinbar ist. Hat das zu lösende Problem seinen Ursprung in der vom Gesetzgeber gewählten Konstruktion, so kann nicht erwartet werden, dass die Problemlösung ohne jegliche Konstruktion auskommt.

Kritisieren könnte man auch, dass die Anwendung des Rechtsgedankens des § 142 Abs. 2 BGB dazu führt, dass das, was für den Erben erkennbar ist bzw. erkennbar sein sollte, ausgedehnt wird und somit die Verschuldenshaftung des Erben ausufert. Allerdings überzeugt auch dieses Gegenargument nicht, weil die Erkennbarkeit der drohenden Gefahr nur einen Teil des Fahrlässigkeitsvorwurfs ausmacht und deswegen die Fahrlässigkeit des Erben zum Beispiel immer noch mangels Vermeidbarkeit des schädigenden Ereignisses[530] entfallen kann.

Die Anfechtung hat zur Folge, dass ein Rechtsgeschäft bzw. mehrere Rechtsgeschäfte *ex tunc* erlöschen. § 1978 Abs. 1 BGB führt dazu, dass eine Rechtspflicht, die Verwaltungspflicht, rückwirkend fingiert wird. Man könnte nun gegen die Übertragung des Rechtsgedankens einwenden, dass sie wegen der umgekehrten Wirkung im Vergleich zur Anfechtung nicht möglich ist. Jedoch kann auch dieses Gegenargument nicht überzeugen, weil § 142 Abs. 2 BGB anordnet, dass der Betroffene so gestellt wird, als wenn er die Nichtigkeit kannte bzw. hätte kennen müssen. Bei der Übertragung auf § 1978 Abs. 1 BGB wird der Erbe ebenfalls so gestellt, als würde er einen Umstand – die mögliche rückwirkend fingierte Verwaltungspflicht – kennen oder kennen müssen. Es kann keinen Unterschied machen, ob der Umstand im Erlöschen eines Rechtsgeschäfts oder in der Begründung einer Rechtspflicht liegt.

Zusammengefasst kann man also sagen, dass die Konstruktion des rückwirkend fingierten Verschuldens in der Erbenhaftung gem. § 1978 Abs. 1 S. 1 BGB über den Rechtsgedanken des § 142 Abs. 2 BGB möglich ist. Der Vorteil an dieser Ansicht ist, dass sie berücksichtigt, dass der Erbe materieller Rechtsinhaber ist und deswegen bis zum Erheben einer Haftungsbeschränkungsmöglichkeit voll befugt ist, Verpflichtungen und Verfügungen über Nachlassgegenstände zu treffen, aber trotzdem schon vom Erbfall an die Interessen der Nachlassgläubiger zu wahren hat, zumindest, wenn er eine Eigenhaftung vermeiden möchte.

---

530 Palandt-*Grüneberg*, § 276 BGB, Rn. 21; MüKo-*Grundmann*, § 276 BGB, Rn. 77.

3. Eigene Überlegungen und Vorschlag zur Korrektur des Haftungsmaßstabs

Nachdem ein Versuch der Konstruktion des rückwirkend fingierten Verschuldens im Rahmen der Erbenhaftung gem. § 1978 Abs. 1 BGB vorgestellt wurde, soll nun auf die zweite Frage, ob der harte Haftungsmaßstab abgemildert werden kann, eingegangen werden. Die Grundlage für die Frage, ob der Haftungsmaßstab gemildert werden kann, bilden die Erkenntnisse, die durch den Vergleich mit den anderen Haftungsverfassungen im Zivilrecht gewonnen werden konnten.

Es hat sich herausgestellt, dass die Haftung in § 1978 Abs. 1 BGB den Erben ungewöhnlich hart trifft. Die Betrachtung der Haftung des Vorerben gegenüber dem Nacherben hat gezeigt, dass im Verhältnis Vorerbe und Nacherbe die nur vorübergehende Stellung des Vorerben als Eigentümer der Grund für die Beschränkung des Verschuldens auf die eigenübliche Sorgfalt gem. § 277 BGB war. Der Vergleich der Haftung des Erben in § 1978 Abs. 1 BGB mit der Haftung des bösgläubigen Anfechtungsgegners aus §§ 989, 990 BGB konnte wichtige Erkenntnisse liefern. Sowohl den arglistig Täuschenden als auch den Erben in § 1978 Abs. 1 BGB treffen die gleiche Härte der Haftung. Diese Gleichstellung ist aber verwunderlich, da der Erbe nicht sofort den gesamten Nachlass mit all seinen Aktiva und Passiva überblicken kann, aber trotzdem Verwaltungsmaßnahmen anfallen, die, wenn sie aufgeschoben werden, den Nachlass mindern würden. Diese ähnliche haftungsrechtliche Behandlung trotz Ungleichheit der Ausgangslage soll Anlass geben, den Versuch zu unternehmen, den Haftungsmaßstab des § 1978 Abs. 1 BGB abzumildern. Dabei soll in diesem Abschnitt zunächst eine Lösung *de lege lata* präsentiert werden. Im Anschluss daran soll jedoch auch ein Reformvorschlag unterbreitet werden, der eine Korrektur des Problems durch eine Gesetzesänderung ermöglicht.

a) *Beispielsfall*

Damit diese Ausführungen nicht abstrakt bleiben, soll hier ein Beispielsfall an den Anfang des Korrekturversuchs gestellt werden. Zunächst wird dieser unvoreingenommen von den unter E. V. gesammelten Erkenntnissen gelöst. Gelingt es, die Regelung des § 1978 Abs. 1 BGB abzumildern, soll der Beispielsfall erneut unter Beachtung des Korrekturvorschlages aufgegriffen werden.

Der Erblasser X verstirbt im Oktober 2016. Mit wirksamem Testament hat X seinen einzigen Sohn S als Alleinerben eingesetzt, der die Erbschaft auch wenig später annahm. Das Nachlassvermögen besteht neben Bargeldbeständen und Bankguthaben aus einer Armbanduhr und einem Gemälde. Die Armbanduhr hat einen Wert in Höhe von 4.000 EUR. Der Wert des Gemäldes wird auf 3.000 EUR beziffert.

Der Erblasser X hatte eine Wohnung angemietet. Um das Nachlassvermögen nicht durch die monatlichen Mieten noch weiter zu belasten, kündigt S die Wohnung zum nächstmöglichen Zeitpunkt. Die Haushaltsauflösung nimmt S selbst vor. Beim Transportieren der Gegenstände kommt es zu einem Schaden an dem Gemälde, der durch eine unzureichende Ladesicherung von S verursacht wurde. S führt diesen Schaden darauf zurück, dass er kein professioneller Spediteur sei. In der Vergangenheit hat S bei Umzügen seine Ladung in gleicher Weise gesichert. Beim Ausladen der Gegenstände des Erblassers X geht S so vor, dass er den Transporter vor seiner Wohnung parkt und die Sachen auslädt. Dabei lässt er die Türen des Wagens offenstehen und schließt nicht ab, sodass einem Dieb ermöglicht wurde, die Armbanduhr zu stehlen, die gut sichtbar im Innenraum lag.

Nach und nach melden sich immer mehr Nachlassgläubiger bei S. Aus diesem Grund entschließt sich dieser dazu, die Nachlassverwaltung zum Schutz seines Eigenvermögens zu beantragen, die vom Nachlassgericht auch angeordnet wurde.

Fraglich ist, ob den Nachlassgläubigern Schadensersatzansprüche aus den §§ 280 Abs. 1 S. 1, 662, 1978 Abs. 1 S. 1 BGB in Höhe des Wertes der gestohlenen Armbanduhr und wegen des beschädigten Gemäldes gegen S zustehen.

Zunächst ist für § 1978 Abs. 1 S. 1 BGB – in Abgrenzung zu § 1978 Abs. 1 S. 2 BGB – erforderlich, dass S die Erbschaft angenommen hat. S hat die Erbschaft angenommen. Außerdem muss S seine Haftung auf den Nachlass beschränkt haben. Die Haftungsbeschränkung ist gem. § 1975 BGB mit der Anordnung der Nachlassverwaltung durch das Nachlassgericht gem. § 1981 Abs. 1 BGB eingetreten. Damit ist der Anwendungsbereich des § 1978 Abs. 1 S. 1 BGB eröffnet und der Erbe haftet für die bisherige Verwaltung des Nachlasses wie ein Beauftragter.

Es müssten weiterhin die Voraussetzungen der §§ 280 Abs. 1 S. 1, 662 BGB erfüllt sein. Zunächst bedarf es dafür eines Auftragsverhältnisses. Dieses Auftragsverhältnis wird rückwirkend fingiert, § 1978 Abs. 1 S. 1 BGB. S müsste weiterhin die Pflicht zur Verwaltung gegenüber den Nachlassgläubigern verletzt haben. Unter ordnungsgemäßer Verwaltung im Sinne des § 1978 Abs. 1 BGB werden die gesamten tatsächlichen und rechtlichen Verfügungen über den Nachlass verstanden, die der Erhaltung des Nachlasses dienen.[531] S hat mit der unzureichenden Transportsicherung des Gemäldes nicht im Rahmen einer ordnungsgemäßen Verwaltung gehandelt, sodass er in dieser Hinsicht die

531 Mot. V, S. 627.

Verwaltungspflicht gegenüber den Nachlassgläubigern verletzt hat. Zur Verwaltung gehört, dass die einzelnen Nachlassgegenstände ordnungsgemäß verwahrt werden. Dies umfasst auch, Diebstählen durch eine ordnungsgemäße Sicherung vorzubeugen. Dadurch, dass S den Transporter nicht abgeschlossen hat, kam er dieser Pflicht nicht nach. Somit hat S die Verwaltungspflicht gegenüber den Nachlassgläubigern sowohl hinsichtlich der unzureichenden Ladesicherung als auch durch die ungenügende Verwahrung der Armbanduhr verletzt.

S müsste diese Pflichtverletzungen auch zu vertreten haben. Der Schuldner hat gem. § 276 Abs. 1 S. 1 BGB Vorsatz und Fahrlässigkeit zu vertreten. Eine Anwendung von § 277 BGB kommt nicht in Frage.[532]

Problematisch ist an dieser Stelle, dass S im Zeitpunkt der unzureichenden Ladesicherung bzw. des Nichtabschließens des Transporters materieller Rechtsinhaber war und er deswegen mit den betroffenen Gegenständen, die in seinem Eigentum stehen, gem. § 903 S. 1 BGB nach seinem Willen verfahren konnte. Dies ändert sich, nachdem die Nachlassverwaltung angeordnet wurde. Ab diesem Zeitpunkt verliert S seine Verpflichtungs- und Verfügungsbefugnis bzgl. der Nachlassgegenstände, § 1984 Abs. 1 S. 1 BGB. Wie bereits dargestellt, wird diese Wirkung von der Anordnung der Nachlassverwaltung durch die rückwirkende Fiktion eines Auftragsverhältnisses ergänzt.

S weiß als Durchschnittserbe allerdings nicht, dass beim Erheben einer Haftungsbeschränkungsmöglichkeit rückwirkend Verwaltungspflichten entstehen. Für Vorsatz im Sinne des § 276 Abs. 1 S. 1 BGB ist aber gerade das Wissen und Wollen des Pflichtverletzungserfolgs nötig.[533] Dazu ist notwendig, dass der Schuldner Kenntnis von der Pflicht hat. Das gleiche Problem besteht auch bei der Fahrlässigkeit, denn für sie ist die „Erkennbarkeit der Gefahr vor deren Verwirklichung" erforderlich.[534] Im Rahmen des § 1978 Abs. 1 BGB ist die Gefahr die drohende Verletzung der rückwirkend fingierten Verwaltungspflicht durch nachlassmindernde Handlungen.

Mit dem unter E. VI. 2. vorgestellten Konstruktionsversuch[535] kann ein rückwirkend fingiertes Verschulden über den Rechtsgedanken des § 142 Abs. 1 BGB begründet werden. Der Durchschnittserbe wird wissen, dass jeder Erblasser zumindest einige Gläubiger hat. Die Interessen der Nachlassgläubiger an einem ungeschmälerten Nachlass hat S im Zeitpunkt der unzureichenden

532 Vgl. S. 119–120.

533 Palandt-*Grüneberg*, § 276 BGB, Rn. 14.

534 MüKo-*Grundmann*, § 276 BGB, Rn. 68.

535 Vgl. S. 123–128.

Ladesicherung bzw. des Nichtabschließens des Transporters verletzt. Dies soll nach der in dieser Arbeit vertretenen Ansicht ausreichen, um S so zu behandeln, als hätte er gewusst bzw. als hätte er wissen müssen, dass beim Erheben einer Haftungsbeschränkung kraft rückwirkender Fiktion Verwaltungspflichten entstehen.

Vorsatz, also das Wissen und Wollen der Pflichtverletzung[536], kann dem S in beiden Fällen nicht unterstellt werden. Bezüglich der unzureichenden Ladesicherung trifft S wohl nur leichte Fahrlässigkeit (§ 276 Abs. 2 BGB). Fraglich ist aber, ob S den Diebstahl der Armbanduhr grob fahrlässig verursacht hat. Grob fahrlässig handelt, wer im besonders schweren Maße die im Verkehr erforderliche Sorgfalt verletzt.[537] Die Armbanduhr lag gut sichtbar im Innenraum des Transporters, dessen Türen offenstanden. Aus diesem Grund muss man von einem grob fahrlässigen Verhalten des S sprechen. Mithin hat S die Pflichtverletzungen zu vertreten.

Durch die Pflichtverletzungen des S ist den Nachlassgläubigern auch ein Schaden entstanden. Der erste Schadensposten besteht in Höhe des objektiven Wertes der gestohlenen Armbanduhr. Der Differenzbetrag zwischen dem Gemälde im unversehrten Zustand und dem Gemälde mit Beschädigung stellt die zweite Vermögenseinbuße dar.

Somit stehen den Nachlassgläubigern Schadensersatzansprüche aus den §§ 280 Abs. 1 S. 1, 662, 1978 Abs. 1 S. 1 BGB wegen der gestohlenen Armbanduhr und wegen des beschädigten Gemäldes gegen S zu. Die Ansprüche werden wegen der Nachlasszugehörigkeit gem. § 1978 Abs. 2 BGB vom Nachlassverwalter im Interesse aller Nachlassgläubiger geltend gemacht.[538]

b) Analoge Anwendung des § 1629a BGB

Möglicherweise kann der im Beispielsfall verdeutlichte Haftungsmaßstab im Rahmen der Erbenhaftung gem. § 1978 Abs. 1 BGB durch eine analoge Anwendung des § 1629a BGB korrigiert werden. Die Regelung des § 1629a BGB wurde vom Gesetzgeber aufgrund des BVerfG-Beschlusses vom 13.05.1986[539] eingeführt. In der dem BVerfG zugrundeliegenden Verfassungsbeschwerde wandten sich die Beschwerdeführerinnen gegen eine BGH-Entscheidung[540], in der die

536 BGH NJW-RR 2012, 404.
537 Palandt-*Grüneberg*, § 276 BGB, Rn. 14.
538 Palandt-*Weidlich*, § 1978 BGB, Rn. 4.
539 BVerfG DNotZ 1986, 629.
540 BGH NJW 1985, 136.

Haftung der zwei zum damaligen Zeitpunkt noch minderjährigen Beschwerdeführerinnen als Erbinnen eines Handelsgeschäfts aus einem von ihrer Mutter abgegebenen Schuldanerkenntnis in der Höhe von 850.000 DM bejaht wurde. Das BVerfG sah das allgemeine Persönlichkeitsrecht der damals Minderjährigen aus Art. 2 Abs. 1 i.V.m. Art. 1 Abs. 1 GG verletzt, weil durch die hohe Verschuldung wenig Raum für die Gestaltung des volljährigen Lebens bliebe.[541] Der Gesetzgeber musste also eine neue Regelung schaffen und entschied sich dafür, mit § 1629a BGB eine Haftungsbeschränkung einzuführen.

§ 1629a BGB ermöglicht es dem volljährig Gewordenen, seine Haftung auf das Vermögen, welches er beim Eintritt in die Volljährigkeit besaß, zu beschränken.[542]

Möglicherweise kann durch eine analoge Anwendung des § 1629a BGB auf nicht nur gerade volljährig Gewordene eine gegenständlich beschränkte Haftung auf den Nachlass erwirkt werden. Dies ist aber aus mehreren Gründen abzulehnen. Die Vorschrift des § 1629a BGB dient dem Schutz der Minderjährigen[543], sodass fraglich ist, ob überhaupt eine vergleichbare Interessenlage zwischen den nach § 1978 Abs. 1 BGB haftenden Erben und den volljährig Gewordenen besteht. Hinsichtlich des im BGB an vielen Stellen stark ausgeprägten Minderjährigenschutzes und der oft damit einhergehenden Unterordnung von Gläubigerinteressen wird man eine vergleichbare Interessenlage ablehnen müssen, weil eine derartige Unterordnung der Gläubigerinteressen im Falle eines bereits bei Erbfall volljährigen Erben nicht geboten ist. Es würde also komplett den Willen des Gesetzgebers unterlaufen, wenn durch eine derartige Analogie die Möglichkeit einer weiteren Haftungsbeschränkung geschaffen wird, obwohl der Gesetzgeber diese nur in den Fällen des § 1975 BGB vorgesehen hat.

Weiterhin ist eine analoge Anwendung auch nicht geboten, weil der volljährige Erbe die Möglichkeit hat, eigenständig die Erbschaft auszuschlagen, wenn er eine Überschuldung fürchtet. Der Minderjährige wird bei der Annahme der Erbschaft durch seine gesetzlichen Vertreter gem. §§ 1626, 1629 BGB vertreten. Die Annahme der Erbschaft bedarf im Gegensatz zur Ausschlagung (§ 1643 Abs. 2 S. 1 BGB) keiner familiengerichtlichen Genehmigung, sodass die gesetzlichen Vertreter des Minderjährigen auch eine überschuldete Erbschaft annehmen können und er deswegen geschützt werden muss, um nicht zu sehr in seinem späteren Leben durch die finanzielle Belastung eingeschränkt zu werden.

---

541 BVerfG DNotZ 1986, 629, 632.

542 Staudinger-*Coester*, § 1629a BGB, Rn. 2; Palandt-*Götz*, § 1629a BGB, Rn. 4; Erman-*Michalski/Döll*, § 1629a BGB, Rn. 4.

543 BT-Drucks. 13/5624, S. 7–8; Palandt-*Götz*, § 1629a BGB, Rn. 1; MüKo-*Huber*, § 1629a BGB, Rn. 1.

Letztlich ist eine analoge Anwendung auch nicht angebracht, weil der volljährig Gewordene über den Verweis in § 1629a Abs. 1 S. 2 BGB auch den Altgläubigern zur Verwaltung gem. § 1978 Abs. 1 BGB verpflichtet ist und für eine Verletzung dieser Pflicht haftet. Bei einem möglichen Schadensersatzanspruch aus §§ 1629a Abs. 1 S. 2, 1990, 1991, 1978 Abs. 1, 662, 280 Abs. 1 BGB stellen sich aber die gleichen Probleme hinsichtlich des harten Haftungsmaßstabs, die mit der rückwirkenden Fiktion des Verschuldens einhergehen. Der Verweis in § 1629a Abs. 1 S. 2 BGB kommt den Altgläubigern des volljährig Gewordenen zugute und ist ein Ausgleich für die Beeinträchtigung ihrer Interessen durch die Haftungsbeschränkung in § 1629a Abs. 1 S. 1 BGB. Es kann also nicht sein, dass die ausgleichenden Rechtsfolgen des § 1629a Abs. 1 S. 2 BGB durch eine analoge Anwendung der Vorschrift des § 1629a Abs. 1 S. 1 BGB abgemildert werden, wenn durch diese Vorschrift überhaupt erst der Bedarf für die ausgleichende Regelung des § 1629a Abs. 1 S. 2 BGB entstanden ist.

Eine Analogie zu § 1629a Abs. 1 S. 1 BGB kann also wegen der vielen systematischen sowie teleologischen Bedenken nicht vorgenommen werden.

c) Analoge Anwendung des § 690 BGB

Die dem Erben in § 1978 Abs. 1 BGB auferlegte Verwaltung meint „in erster Linie Verwahrung und Konservierung des Nachlasses unter Abschottung von Einwirkungen aus der Eigensphäre des Erben".[544] Trotzdem hat sich der damalige Gesetzgeber dafür entschieden, ein Auftragsverhältnis rückwirkend zu fingieren[545], obwohl die Verwaltungspflicht der Obhutspflicht des Verwahrers sehr ähnelt, weil auch ihn die Pflicht zur Verwahrung trifft, aber auch die Pflicht zur Erhaltung der Sache[546].

Diese Ähnlichkeit gibt den Anlass zur Überlegung, ob durch eine analoge Anwendung des § 690 BGB die Haftungsverfassung des § 1978 Abs. 1 BGB abgemildert werden kann.

Fraglich ist, ob die nötige planwidrige Regelungslücke bei vergleichbarer Interessenlage[547] und damit die Basis für die Analogie besteht. Im Hinblick auf den

---

544 *Dauner-Lieb,* Sondervermögen, S. 98.

545 Mot. V, S. 627.

546 BGH NJW 1951, 957; OLG NJW-RR 2005, 1334, 1335; Staudinger-*Reuter,* § 688 BGB, Rn. 6; Palandt-*Sprau,* § 688 BGB, Rn. 4; Soergel-*Schur,* Vorbem zu §§ 688 ff. BGB, Rn. 1; HK-*Schulte,* § 688 BGB, Rn. 2.

547 Vgl. *Larenz,* Methodenlehre, S. 381; *Engisch,* Einführung in das juristische Denken, S. 134–156 zu den Voraussetzungen für eine Analogie.

in § 1978 Abs. 1 BGB enthaltenen Verweis auf das Auftragsrecht und damit auch auf einen möglichen Schadensersatzanspruch aus §§ 1978 Abs. 1 S. 1, 280 Abs. 1, 662 BGB mit dem Verschuldensmaßstab der §§ 276, 278 BGB, könnte zu dem Ergebnis gekommen werden, dass eine planwidrige Regelungslücke nicht vorliegt. Dieses Ergebnis würde allerdings verkennen, dass die Motive zum BGB das rückwirkend fingierte Verschulden, welches zweifelsfrei für den Schuldner „gefährlicher" ist, nicht einmal erwähnen. Zwar wird diskutiert, ob das Verhältnis zwischen Erbe und Nachlassgläubiger nicht dem Verhältnis zwischen Erbe und Erbschaftsbesitzer angepasst werden könnte[548], aber auch in diesen Ausführungen wird nicht auf die Folgen der Annahme eines rückwirkend fingierten Verschuldens eingegangen, sondern nur darauf, wie sich „gesetzliche Verpflichtungen"[549] des Erben gegenüber den Nachlassgläubigern gestalten lassen könnten. Die Härte der getroffenen Regelung in § 1978 Abs. 1 BGB erschöpft sich aber im rückwirkend fingierten Verschulden, zu dem die Motive zum BGB schweigen. Von diesem Standpunkt aus kann durchaus zur Annahme gekommen werden, dass die harten haftungsrechtlichen Folgen für den Erben, die wegen der rückwirkenden Fiktion des Auftragsverhältnisses entstehen, nicht ausreichend beachtet wurden und deshalb eine planwidrige Regelungslücke besteht.

Weiterhin muss die Ausgangslage des § 690 BGB mit der des Erben in § 1978 Abs. 1 BGB vergleichbar sein. § 690 BGB privilegiert denjenigen, der die Verwahrung unentgeltlich übernommen hat. Im Gegensatz zu der Verwaltungstätigkeit eines Nachlasspflegers, Nachlassverwalters oder Nachlassinsolvenzverwalters erhält der Erbe keinen Vergütungsanspruch[550], sondern nur einen Aufwendungsersatzanspruch aus § 1978 Abs. 3 BGB[551]. Sowohl der Erbe im Rahmen des § 1978 Abs. 1 BGB als auch der in § 690 BGB privilegierte Verwahrer handeln also unentgeltlich. Wie eingangs bereits ausgeführt, schuldet der Erbe „in erster Linie Verwaltung und Konservierung des Nachlasses"[552] und damit grundsätzlich nichts anderes, als der Verwahrer nach § 688 BGB schuldet.

Damit sind grundsätzlich die Voraussetzungen für eine Analogie geschaffen. Im Folgenden soll nun genauer darauf eingegangen werden, ob eine Analogie zu § 690 BGB möglich ist oder ob grammatikalische, teleologische oder systematische Bedenken gegen eine derartige Analogie bestehen.

---

548 Mot. V, S. 626; vgl. S. 122–123.

549 Mot. V, S. 626.

550 BGH NJW 1993, 1851, 1853; Soergel-*Stein,* § 1978 BGB, Rn. 9; Erman-*Schlüter,* § 1978 BGB, Rn. 6.

551 Vgl. S. 88–90.

552 *Dauner-Lieb,* Sondervermögen, S. 98.

Offensichtlich ist, dass der Wortlaut des § 1978 Abs. 1 S. 1 BGB gegen eine solche Analogie spricht. § 1978 Abs. 1 S. 1 BGB sieht vor, dass die Vorschriften des Auftragsrechts auf den Erben anwendbar sind, wenn er nach Annahme der Erbschaft nachlassmindernde Handlungen vornimmt bzw. nachlassschützende Handlungen unterlässt. Jedoch sollte der Wortlaut der Norm nicht überbewertet werden, weil der Verweis auf das Auftragsrecht aus mehreren Gründen nicht passt. Das liegt zum einen daran, dass der Erbe durch den Verweis auf das Auftragsrecht ungewöhnlich scharf haftet[553], und zum anderen daran, dass die Verwaltung durch den Erben in der Regel nicht fremdnützig erfolgt[554], wie aber in den Motiven zum BGB angenommen[555].

Der Kern des Problems liegt also darin, dass der damalige Gesetzgeber von der falschen Vorstellung geleitet wurde, dass der Erbe den Nachlass nur im Bewusstsein seiner Verpflichtung gegenüber den Nachlassgläubigern verwaltet und aus diesem Grund wie ein Beauftragter zu stellen ist. Die Rechtsfolgen, die das BGB für den Beauftragten bereithält, passen nur bedingt, weil bei ihm die Fremdnützigkeit von Nachlassverwaltungsaufgaben nicht im Vordergrund steht. Sowohl der Beauftragte als auch der Verwahrer handeln für jemand anderen und beide sind sich dieses Umstandes bewusst.[556] Die Analogie zu § 690 BGB würde nichts daran ändern, dass die Verwaltung des Nachlasses durch den Erben nur wenig von Fremdnützigkeit geprägt ist. Jedoch könnte durch eine derartige Analogie das Haftungsregime des § 1978 Abs. 1 S. 1 BGB in das systematische Gesamtgefüge eingerückt werden und so die ungewöhnlich harte Haftung des Erben abgemildert werden. Es konnte nämlich festgestellt werden, dass die Haftung des Erben für leichte Fahrlässigkeit ungewöhnlich streng ist. Der Erbe haftet für jede Fahrlässigkeit, obwohl er im Bewusstsein seiner Rechtsinhaberschaft meist keine Fremdinteressen beachtet, sondern nur die übliche Sorgfalt, die er in eigenen Angelegenheiten anzuwenden pflegt. Durch die analoge Anwendung des § 690 BGB würde der Erbe für leichte Fahrlässigkeit nicht haften, wenn die von ihm angewandte Sorgfalt den üblichen eigenen Maßstäben entspricht.

An dieser Stelle zeigt sich auch, dass die vergleichende Betrachtung der Haftung des Vorerben in systematischer Sicht wertvolle Erkenntnisse liefern konnte. Dem Vorerben kommt gegenüber dem Nacherben ein Haftungsprivileg zu, weil er materieller Rechtsinhaber des Nachlasses ist.[557] Der Erbe ist ebenfalls

553 *Muscheler,* ErbR II, Rn. 3573; *Osthold,* ZEV 2015, 444, 447.
554 *Dauner-Lieb,* Sondervermögen, S. 65–66.
555 Mot. V, S. 626.
556 *Larenz,* SchuldR II/1, S. 408, 454.
557 Vgl. S. 99–104.

materieller Rechtsinhaber, haftet aber nicht nach dem Haftungsmaßstab der §§ 276, 277 BGB. Für eine Analogie spricht auch, dass der Erbe, der unter Umständen noch keine Kenntnis von den Passiva der Erbschaft hat, genauso streng haftet wie ein bösgläubiger Anfechtungsgegner im Eigentümer-Besitzer-Verhältnis.[558]

Gegen eine derartige Analogie kann eingewendet werden, dass der Erbe zwar zur „Verwahrung und Konservierung des Nachlasses“[559] verpflichtet ist, aber nicht zu der Verwahrung und Konservierung der konkreten Nachlassgegenstände. Die Hauptleistungspflicht in einem Verwahrungsvertrag ist, die Sache aufzubewahren und sie zu gegebener Zeit zurückzugeben.[560] Der Verwahrer schuldet also den Erhalt der Sache. Der Erbe hat hingegen den Nachlass im Wert zu erhalten und nicht in dessen konkreter Zusammensetzung. Ein genereller Verweis auf das Verwahrungsrecht würde also nicht passen. Auf die Haftung des Erben sollen auch nicht die §§ 688 ff. BGB analog angewandt werden, sondern nur das Haftungsprivileg des § 690 BGB. Verweise in das Vertragsrecht des BGB oder die analoge Anwendung solcher Normen werden allerdings nie völlig reibungslos auf das Verhältnis zwischen Erbe und Nachlassgläubiger passen.

Problematisch ist aber, dass nur die Verwahrung beweglicher Sachen gem. § 688 BGB möglich ist. Da der Nachlass aber oft auch aus unbeweglichen Sachen wie zum Beispiel Grundstücken bestehen wird, kann dem Erben an dieser Stelle nicht das Haftungsprivileg zugutekommen. Es könnte nun erwidert werden, dass der Haftungsmaßstab des § 1978 Abs. 1 S. 1 BGB zumindest zum Teil korrigiert wird, wenn das Haftungsprivileg des § 690 BGB angewendet wird. Der Erbe würde sich auf die Anwendung der eigenüblichen Sorgfalt berufen können, wenn es um den Untergang oder die Verschlechterung einer beweglichen Nachlasssache geht. Bei unbeweglichen Sachen haftet der Erbe dann weiter nach dem strengeren Haftungsmaßstab des Auftragsrechts. Dieses Ergebnis ist aber aus systematischen Gründen problematisch, weil es zu einem Auseinanderfallen der Haftung für bewegliche und unbewegliche Sachen führt. Zwar wird im Zusammenhang mit sogenannten Home-sitting-Verträgen eine analoge Anwendung der §§ 688 ff. BGB diskutiert[561], jedoch geht es dabei nicht um eine analoge Anwendung des § 690 BGB, da Home-sitting-Verträge für gewöhnlich

558 Vgl. S. 106–112.

559 *Dauner-Lieb,* Sondervermögen, S. 98.

560 Staudinger-*Reuter,* § 688 BGB, Rn. 6; Palandt-*Sprau,* § 688 BGB, Rn. 4; MüKo-*Henssler,* § 688 BGB, Rn. 10; Soergel-*Schur,* § 688 BGB, Rn. 1.

561 *Schünemann,* NJW 2003, 1689, 1690.

entgeltlicher Natur sind und das Haftungsprivileg somit nicht mehr in Betracht kommt. Eine (doppelt) analoge Anwendung des § 690 BGB im Rahmen des § 1978 Abs. 1 S. 1 BGB auch auf Grundstücke kommt also wegen des eindeutigen Wortlauts des § 688 BGB nicht in Betracht.

Fraglich bleibt also, ob eine analoge Anwendung des § 690 BGB nur für bewegliche Sachen möglich ist oder ob wegen des Auseinanderfallens der Haftung für bewegliche und unbewegliche Sachen im Rahmen des § 1978 Abs. 1 S. 1 BGB eine Analogie gänzlich verneint werden sollte. Für den Erben ist diese Besserstellung in der Haftung natürlich von Vorteil, sodass die Erbeninteressen für eine solche Analogie sprechen würden. Den Interessen der Nachlassgläubiger entspricht es, eine derartige Analogie abzulehnen und den Erben nach § 1978 Abs. 1 S. 1 BGB ohne Haftungsprivileg haften zu lassen.

Letztlich wird man eine derartige Analogie ablehnen müssen. Zum einen wäre der unterschiedliche Haftungsmaßstab für bewegliche und unbewegliche Sachen innerhalb einer Norm der Systematik des BGB fremd und zum anderen sind die Interessen des Erben wegen seiner materiellen Rechtsinhaberschaft nicht fremdnützig, sodass er sich auch nicht auf das Haftungsprivileg des § 690 BGB berufen kann, das gerade die Uneigennützigkeit honoriert.[562] Zwar wäre eine Analogie zu § 690 BGB ein geeignetes Mittel, den Haftungsmaßstab zu entschärfen, jedoch sind solche Erwägungen vom Ergebnis her gedacht und eignen sich daher nur sehr bedingt als Argument für eine Analogiebegründung.

d) Analoge Anwendung der §§ 2131, 277 BGB

Möglicherweise lässt sich der Haftungsmaßstab durch eine Analogie zu den §§ 2131, 277 BGB abmildern. Für diese Analogie muss im Unterschied zu den §§ 690, 277 BGB ein anderes Kriterium für das Haftungsprivileg als die Uneigennützigkeit ausschlaggebend gewesen sein. Dieses andere Kriterium muss wiederum auch der Regelung des § 1978 Abs. 1 S. 1 BGB zugrunde liegen. Eine planwidrige Regelungslücke besteht.[563]

aa) Vergleichbare Interessenlage

Es ist entscheidend, ob § 1978 Abs. 1 S. 1 BGB und § 2131 BGB einen gemeinsamen Rechtsgedanken bei vergleichbarer Interessenlage teilen und § 1978 Abs. 1 S. 1 BGB trotzdem eine andere, härtere Rechtfolge anordnet.

---

562 MüKo-*Henssler,* § 690 BGB, Rn. 1; Soergel-*Schur,* § 690 BGB, Rn. 1; *Larenz,* SchuldR II/1, S. 457.

563 Vgl. S. 134–135.

Die Untersuchung der Haftung des Vorerben gegenüber dem Nacherben hat ergeben, dass der Grund für das Haftungsprivileg in § 2131 BGB zum einen im mutmaßlichen Willen des Erblassers und zum anderen in der Eigentümerstellung des Vorerben besteht.[564] Der Erbe im Rahmen des § 1978 Abs. 1 S. 1 BGB – unabhängig davon, ob er Vorerbe oder Alleinerbe ist – ist im Wege der Universalsukzession gem. § 1922 Abs. 1 BGB Eigentümer der Gegenstände geworden, die im Eigentum des Erblassers standen. Diese Eigentümerstellung führt aber nur im Haftungsverhältnis zwischen Vorerben und Nacherben zu einem Haftungsprivileg, nicht aber im Verhältnis zwischen dem Erben und den Nachlassgläubigern.

Zunächst muss also geklärt werden, ob das Verhältnis zwischen dem Erben und den Nachlassgläubigern anders zu bewerten ist als das zwischen Vorerbe und Nacherbe. Es hat sich gezeigt, dass die Nachlassgläubiger meistens schuldrechtlich an einzelnen Nachlassgegenständen berechtigt sind, während der Nacherbe ein Anwartschaftsrecht an den Nachlassgegenständen hat und damit dinglich berechtigt ist.[565] Wegen dieses Umstands könnte angenommen werden, dass die Nachlassgläubiger eine höhere Schutzwürdigkeit genießen als der Nacherbe, dem mit Eintritt des Nacherbfalls gem. § 2139 BGB die Erbschaft zufällt. Andererseits werden die meistens nur schuldrechtlich berechtigten Nachlassgläubiger besser gestellt als der dinglich am Nachlass berechtigte Nacherbe, was wiederum die Härte des Haftungsmaßstabs des § 1978 Abs. 1 S. 1 BGB verdeutlicht.[566]

Würde angenommen werden, dass die Nachlassgläubiger wegen des Fehlens von Verfügungsbeschränkungen des Erben schutzlos wären, so könnte man zu dem Ergebnis kommen, dass die schärfere Haftung gegenüber den Nachlassgläubigern im Vergleich zum Nacherben, der durch die Verfügungsbeschränkungen der §§ 2113 ff. BGB geschützt wird, gerechtfertigt ist. Dies würde allerdings verkennen, dass die Nachlassgläubiger nicht schutzlos sind. Sie können gem. § 1994 Abs. 1 S. 1 BGB verlangen, dass der Erbe ein Inventar errichtet oder dass ein Nachlassverwaltungsverfahren gem. § 1981 Abs. 2 S. 1 BGB angeordnet wird bzw. nach § 317 Abs. 1 InsO ein Nachlassinsolvenzverfahren eröffnet wird. Das Missverhältnis zwischen der Haftung des Vorerben gegenüber dem Nacherben und die Haftung des Erben gegenüber den Nachlassgläubigern wird besonders auffällig, wenn der nach § 1978 Abs. 1 S. 1 BGB haftende Erbe selbst ein Vorerbe

564 Prot. V, S. 96; vgl. S. 99–104.
565 Vgl. S. 102.
566 *Osthold,* ZEV 2015, 444, 448.

ist. Hinsichtlich der Verwaltung des Nachlasses hat er zwei Haftungsmaßstäbe zu berücksichtigen. Im Innenverhältnis kommt ihm das Haftungsprivileg des § 2131 BGB zugute, während er im Außenverhältnis zu den Nachlassgläubigern streng nach § 276 Abs. 1 S. 1 BGB für Vorsatz und jede Form von Fahrlässigkeit haftet. Eine Analogie zu den §§ 2131, 277 BGB würde dieses Missverhältnis beseitigen.

Aus den Motiven zum BGB geht hervor, dass die Regelung des § 1978 Abs. 1 BGB den Nachlassgläubigern dienen soll, weil ihnen zunächst der Nachlass gebührt.[567] Auch der BGH konstatiert, dass es der Sinn der Vorschrift ist, den Nachlassgläubigern einen möglichst ungeschmälerten Nachlass zukommen zu lassen.[568] Eine Analogie zu den §§ 2131, 277 BGB würde diesen Zweck nicht unverhältnismäßig stark gefährden oder gar ganz vereiteln, weil der Erbe weiterhin zumindest für grob fahrlässige und vorsätzliche Nachlassminderungen haften würde. Der Erbe wird als Eigentümer des Nachlasses meistens nur die eigenübliche Sorgfalt walten lassen, weil er gerade den Nachlass und sein Eigenvermögen als ein einheitliches Vermögen ansehen wird. Das liegt maßgeblich an der in § 1922 Abs. 1 BGB angeordneten Universalsukzession, die zu einer Verschmelzung beider Vermögen führt. Die Motive zum BGB berücksichtigen diesen Grundsatz nicht ausreichend, wenn sie davon ausgehen, dass sich der Nachlass für den Erben wie ein „fremdes Gut" darstellt.[569] Die Verschmelzung wird durch die Anordnung einer Haftungsbeschränkung gem. § 1975 BGB rückgängig gemacht. Das ändert jedoch nichts daran, dass im Zeitpunkt des schädigenden Ereignisses die allermeisten Erben den Nachlass als ihr eigenes Gut ansehen. Wenn der damalige Gesetzgeber von einer tendenziell falschen Ausgangslage ausging und dadurch eine harte Rechtsfolge gewählt hat, dann muss dies den Anlass dazu geben, die gewählte Rechtsfolge daraufhin zu untersuchen, ob andere Interessen übersehen wurden. Hier könnten das die Interessen des Erben sein.

Der damalige Gesetzgeber hat die Regelung des § 1978 Abs. 1 S. 1 BGB zum Schutze der Nachlassgläubiger geschaffen, dabei aber übersehen, dass die Interessen des Erben maßgeblich beeinträchtigt werden und die Haftung des Erben auch nicht der Systematik ähnlicher Haftungsverhältnisse entspricht. Die Übertragung des Haftungsprivilegs des § 2131 BGB würde in einem den Nachlassgläubigern zumutbaren Maß die Rechtsfolge des § 1978 Abs. 1 S. 1 BGB

567 Mot. V, S. 626.
568 BGH NJW 2014, 391, 392.
569 Mot. V, S. 626.

entschärfen und damit die Interessen des Erben berücksichtigen. Der Erbe muss in diesem Fall beweisen, dass sein Sorgfaltsmaßstab von dem objektiven Sorgfaltsmaßstab zu seinen Gunsten abweicht.[570] Dieser Beweis unterliegt strengen Anforderungen.[571] Auch daran zeigt sich, dass eine Analogie zu den §§ 2131, 277 BGB die Nachlassgläubiger nicht unbillig in ihren Interessen beeinträchtigt.

Es sprechen also gute Gründe dafür, die §§ 2131, 277 BGB auf die Regelung des § 1978 Abs. 1 S. 1 BGB anzuwenden. Es lässt sich nicht begründen, warum der damalige Gesetzgeber sich im Haftungsverhältnis zwischen dem Vorerben gegenüber dem Nacherben für ein Haftungsprivileg entschieden hat und im Verhältnis zwischen Erbe und Nachlassgläubiger eine deutlich härtere Regelung getroffen hat. Dies lässt den Haftungsmaßstab als „schief"[572] erscheinen und ist nicht interessengerecht. Eine Analogie zu den §§ 2131, 277 BGB kann die Härte der Reglung entschärfen und führt so zu einer interessengerechten Lösung für den Erben und wahrt gleichzeitig auch die Interessen der Nachlassgläubiger.

bb) Analogiefähigkeit der §§ 2131, 277 BGB

Bevor eine derartige Analogie abschließend bejaht werden kann, muss geklärt werden, ob die in den §§ 2131, 277 BGB getroffene Regelung analogiefähig ist. Die Analogiefähigkeit könnte unter dem Aspekt problematisch sein, dass das BGB nur in einigen Fällen auf den Haftungsmaßstab des § 277 BGB verweist und es sich deswegen nur um eine Ausnahme handeln könnte, die nicht analogiefähig ist.[573]

Es könnte sein, dass wegen des Grundsatzes *singularia non sunt extenda* eine Analogie zu den §§ 2131, 277 BGB nicht möglich ist. An diesem Grundsatz wird Kritik geäußert, denn eine Vorschrift ist eine Ausnahmevorschrift, wenn sie nicht analog angewandt werden kann.[574] Es muss also eine dieser Voraussetzungen erfüllt sein, um die jeweils andere Voraussetzung bejahen zu können. Dieser Grundsatz erweist sich also als nicht sehr aufschlussreich.[575]

---

570 Staudinger-*Avenarius,* § 2131 BGB, Rn. 2; Burandt/Rojahn-*Lang,* § 2131 BGB, Rn. 4.

571 BGH NJW 2013, 3572, 3573, allerdings zu § 708 BGB, der aber ebenfalls auf § 277 BGB verweist.

572 *Osthold,* ZEV 2015, 444, 448.

573 *Larenz,* Methodenlehre, S. 356.

574 *Engisch,* Einführung in das juristische Denken, S. 148; *Larenz,* Methodenlehre, S. 355–356; *Sandmann,* Die Haftung von Arbeitnehmern, Geschäftsführern und leitenden Angestellten, S. 31.

575 *Sandmann,* Die Haftung von Arbeitnehmern, Geschäftsführern und leitenden Angestellten, S. 31.

Betrachtet man die Literatur zu § 277 BGB, so fällt auf, dass § 277 BGB insgesamt als eine unpassende Regelung eingeordnet wird. Die Vorschrift sei eine Ausnahme, deren Ausnahmecharakter auf den historischen Ursprung gestützt wird.[576] Andere halten die Vorschrift für dogmatisch absonderlich und sprechen ihr daher jede Bedeutung ab.[577] Weiterhin wird an der Vorschrift kritisiert, dass sie nicht praktikabel sei.[578] Allerdings hält *Hoffmann* den Haftungsmaßstab des § 277 BGB im Erb- und Familienrecht für durchaus berechtigt.[579] Diese Aussage stützt die in dieser Arbeit gemachten Ausführungen zum Nutzen einer Analogie zu den §§ 2131, 277 BGB im Rahmen der Erbenhaftung nach § 1978 Abs. 1 S. 1 BGB. Einige Autoren prophezeiten schon 1967 das nahende Ende des § 277 BGB.[580] Jedoch macht der Gesetzgeber keine Anstalten, den Haftungsmaßstab des § 277 BGB zu verwerfen, da er doch gerade 2001 mit der Vorschrift des § 346 Abs. 3 S. 1 Nr. 3 BGB eine Regelung geschaffen hat, die auf den Haftungsmaßstab des § 277 BGB zurückgreift. Die teilweise als „antiquiert"[581] bezeichnete Norm wird also auch noch in der neueren Gesetzgebung berücksichtigt. Nicht nur aus diesem Grund handelt es sich bei der Regelung des § 277 BGB nicht um ein Relikt aus dem römischen Recht, denn auch die Protokolle zum BGB zeichnen ein anderes Bild, in denen es heißt, dass sich die Haftung für eigenübliche Sorgfalt „bewährt habe und keinen Anlass zur Beanstandung gegeben habe".[582] Die *diligentia quam in suis* kann also nicht als bloße Ausnahme und Überbleibsel aus dem römischen Recht eingestuft werden, da sie auch noch vom modernen Gesetzgeber eingesetzt wird.

In den Fällen der Haftung des Arbeitnehmers wurde eine analoge Anwendung der §§ 690, 708, 277 BGB ebenfalls diskutiert. Hier wird von *Krause* diese Analogie aus dem Grund abgelehnt, dass das Rechtsverhältnis zwischen Arbeitnehmer und -geber zu unterschiedlich zu den in den Fällen der §§ 690, 708 BGB geregelten Rechtsverhältnisse sei und nicht aus dem Grund, dass die Regelungen aufgrund ihres Ausnahmecharakters nicht analogiefähig wären.[583] Es soll daraus

576 *Hoffmann*, NJW 1967, 1207, 1208; *Deutsch*, JuS 1967, 496, 497; *Steindorff*, JZ 1959, 1, 4.

577 *Rother*, Schadensrecht, S. 196.

578 MüKo-*Hanau*, 3. Auflage 1994, § 277 BGB, Rn. 24; *Larenz*, SchuldR AT, S. 270; *Rother*, Schadensrecht, S. 196.

579 *Hoffmann*, NJW 1967, 1207, 1209.

580 *Hoffmann*, NJW 1967, 1207, 1209; *Roth*, Schadensrecht, S. 196.

581 Palandt-*Grüneberg*, § 277 BGB, Rn. 2.

582 Prot. II, S. 420; *Sandmann*, Die Haftung von Arbeitnehmern, Geschäftsführern und leitenden Angestellten, S. 32.

583 Otto/Schwarze/Krause-*Krause*, Arbeitnehmerhaftung, S. 74; bejahend dagegen: *Sandmann*, Die Haftung von Arbeitnehmern, Geschäftsführern und leitenden Angestellten, S. 590.

nicht der Schluss gezogen werden, dass Normen, die auf den Haftungsmaßstab des § 277 BGB verweisen, grundsätzlich Ausnahmevorschriften sind und damit nicht analogiefähig sind, nur weil sich in diesem Anwendungsbereich gegen eine analoge Anwendung der §§ 690, 708 BGB auf die Arbeitnehmerhaftung ausgesprochen wurde.

Eine generelle Analogieunfähigkeit der §§ 2131, 277 BGB konnte nicht festgestellt werden. Die vor allem in den 1960er Jahren geäußerte Kritik an § 277 BGB hat sich nicht durchgesetzt.

cc) *Übertragbarkeit der analogen Anwendung der §§ 2131, 277 BGB auch auf § 1978 Abs. 1 S. 2 BGB*

Letztlich muss noch geklärt werden, ob das Haftungsprivileg der §§ 2131, 277 BGB auch auf § 1978 Abs. 1 S. 2 BGB angewendet werden kann. Dies ist der Fall, wenn die Ausgangssituation des Erben, der vor der Annahme der Erbschaft bereits nachlassverwaltende Tätigkeiten vornimmt, mit der des Erben, der erst nach der Annahme der Erbschaft tätig wird, vergleichbar ist. Der Erbe ist gem. § 1922 Abs. 1 BGB in die Rechte und Pflichten des Erblassers eingetreten und damit auch Inhaber der Eigentumsrechte geworden. Hinsichtlich der Stellung als materieller Rechtsinhaber ist unbedeutend, dass der Erbe die Erbschaft noch nicht angenommen hat. Der Nachlass geht aufgrund der Universalsukzession gem. § 1922 Abs. 1 BGB und nicht aufgrund der Annahme der Erbschaft auf den Erben über. Die Ausschlagung bietet dem Erben nur die Möglichkeit, den Anfall der Erbschaft zu beseitigen.[584] Der Unterschied ist, dass er sich vor der Erbschaftsannahme passiv verhalten kann und nur bei Handlungen eine Haftung fürchten muss.[585] In diesem Punkt liegt aber die entscheidende Abweichung. Der Erbe, der die Erbschaft noch nicht angenommen hat, muss keine Verwaltungsmaßnahmen treffen, während der Erbe, der die Erbschaft angenommen hat, Verwaltungsmaßnahmen treffen muss, um nicht zu haften, wenn sein Unterlassen zu einer Nachlassminderung führte.[586] Der Erbe, der sich passiv verhalten kann, ist also weniger schutzwürdig als derjenige, der verpflichtet ist, den Nachlass zu verwalten.

Der Erbe ist, wenn er die Erbschaft, nachdem er Maßnahmen zur Verwaltung des Nachlasses getroffen hat, ausschlägt, gegenüber dem endgültigen Erben nach § 1959 Abs. 1 BGB schadensersatzpflichtig.[587] Die Übertragung des Haftungsprivilegs der §§ 2131, 277 BGB auf § 1978 Abs. 1 S. 2 BGB würde also zur Folge

584 MüKo-*Leipold,* § 1943 BGB, Rn. 1.
585 Mot. V, S. 626–627; Planck-*Flad,* § 1978 BGB, S. 174.
586 Mot. V, S. 627.
587 OLG MDR 1970, 1012, 1013; MüKo-*Leipold,* § 1959 BGB, Rn. 4.

haben, dass hinsichtlich der Haftung für dieselbe Handlung vor Erbschaftsannahme zwei unterschiedliche Maßstäbe angesetzt werden und die Frage, nach welchem der Erbe haftet, davon abhängt, ob er die Erbschaft ausschlägt oder nicht. Aus diesem Grund ist eine Analogie zu den §§ 2131, 277 BGB im Rahmen des § 1978 Abs. 1 S. 2 BGB abzulehnen.

dd) Veranschaulichung des Korrekturvorschlags an einem Beispielsfall

Diese abstrakten Ausführungen sollen nun anhand der Lösung des Beispielsfalls, dessen Sachverhalt unter E. VI. 3. a)[588] zu finden ist, veranschaulicht werden. Der Alleinerbe S haftet nach der nicht korrigierten Lösung auch für jede Art der Fahrlässigkeit. Das bedeutet, dass er sowohl für die leicht fahrlässig verursachte Beschädigung des Gemäldes als auch für den grob fahrlässig verursachten Diebstahl wegen §§ 280 Abs. 1 S. 1, 662, 1978 Abs. 1 S. 1 BGB den Nachlassgläubigern gegenüber haftet.

Durch das Übertragen des Haftungsprivilegs des Vorerben aus §§ 2131, 277 BGB auf § 1978 Abs. 1 S. 1 BGB muss nun gefragt werden, ob S die Sorgfalt angewendet hat, die er in eigenen Angelegenheiten anzuwenden pflegt. Dem Sachverhalt ist zu entnehmen, dass S bereits bei anderen Umzügen seine Ladung in gleicher unzureichender Weise gesichert hat. Die Unachtsamkeit bewegt sich also im Rahmen der eigenüblichen Sorgfalt, was dazu führt, dass ein Schadensersatzanspruch der Nachlassgläubiger aus §§ 280 Abs. 1 S. 1, 662, 1978 Abs. 1 S. 1 BGB wegen der Beschädigung des Gemäldes nicht besteht.

Anders liegt der Fall bzgl. des Diebstahls. Selbst wenn es der eigenüblichen Sorgfalt des S entspricht, seine Wagen mit offenen Türen zu parken, kann er sich nicht auf das Haftungsprivileg aus §§ 2131, 277 BGB analog berufen, weil es sich dabei um eine grob fahrlässige Pflichtverletzung gegenüber den Nachlassgläubigern handelt. Gem. § 277 BGB ist der Schuldner nicht von der Haftung wegen grober Fahrlässigkeit befreit.

ee) Zwischenergebnis

Eine Korrektur des Haftungsmaßstabs in § 1978 Abs. 1 S. 1 BGB kann also über eine Analogie zu den §§ 2131, 277 BGB erfolgen. Diese Analogie führt dazu, dass die Haftung des Erben nach § 1978 Abs. 1 S. 1 BGB in das systematische Gesamtgefüge der Haftungsverfassungen des BGB eingerückt wird und dabei die Interessen des Erben berücksichtigt, ohne die Interessen der Nachlassgläubiger unverhältnismäßig stark zu beeinträchtigen.

---

588 Vgl. S. 129–130.

F. Eigener Vorschlag zur Reform des § 1978 BGB

Bei den Ausführungen im vorangegangenen Teil handelt es sich um Lösungsmöglichkeiten *de lege lata.* Im Folgenden soll ein Vorschlag zur Reform des § 1978 BGB präsentiert werden, um die entwickelten Ansätze im ersten Teil sinnvoll mit einer Lösung *de lege ferenda* abzurunden.

I. Reformüberlegungen hinsichtlich der Konstruktion des rückwirkend fingierten Verschuldens

Die in dieser Arbeit entwickelte Konstruktion des rückwirkend fingierten Verschuldens über den Rechtsgedanken des § 142 Abs. 2 BGB ermöglicht eine der Systematik des BGB entsprechende Lösung *de lege lata.* Eine denkbare Lösung *de lege ferenda* wäre, eine Regelung in den Allgemeinen Teil des BGB aufzunehmen, die einen Grundsatz für die Konstruktion eines rückwirkend fingierten Verschuldens aufstellt. Dies ist aber abzulehnen. Zum einen können solche Regelungen hinsichtlich ihrer Rechtsfolge unübersichtlich sein, weil sie wegen der Klammerfunktion des Allgemeinen Teils für den Besonderen Teil gelten und deswegen eventuell Haftungsverhältnisse betreffen, die der Gesetzgeber beim Aufstellen des Grundsatzes nicht im Blick hatte und auch nicht bzw. anders regeln wollte. Zum anderen ist nicht klar, wie eine feste Regel für das rückwirkend fingierte Verschulden allgemeingültig für das BGB formuliert werden soll. Das Verschulden im Sinne des § 276 Abs. 1 S. 1 BGB kann nur unter Betrachtung des Einzelfalls bejaht oder verneint werden. Gleiches gilt auch für dessen Konstruktion. Gerade die Regelung des § 1978 Abs. 1 BGB zeigt, dass die Konstruktion eines Verschuldens maßgeblich von den Einzelheiten des zugrundeliegenden Haftungsverhältnisses abhängt und eben nicht ausnahmslos einem festen Schema folgt. Aus diesem Grund ist es in problematischen Fällen sinnvoll und richtig, den Rechtsgedanken hinter vergleichbaren Regelungen zu ermitteln und dann unter Bezugnahme der spezifischen Einzelheiten des Haftungsverhältnisses diesen zu übertragen oder abzulehnen. Ein genereller Grundsatz, sofern er denn überhaupt möglich ist, würde also der Flexibilität des Rechts schaden und ist deswegen abzulehnen.

II. Reformvorschlag hinsichtlich des Haftungsmaßstabs in § 1978 Abs. 1 S. 1 BGB

Die nun folgenden Ausführungen widmen sich einer Lösung *de lege ferenda,* um den Haftungsmaßstab des § 1978 Abs. 1 S. 1 BGB abzumildern. Die vorgeschlagene analoge Anwendung der §§ 2131, 277 BGB auf § 1978 Abs. 1 S. 1 BGB stellt eine Lösung *de lege lata* dar und ermöglicht eine sofortige Korrektur des harten Haftungsmaßstabs in § 1978 Abs. 1 S. 1 BGB. Es ist aber langfristig wünschenswert, dass der Gesetzgeber tätig wird und dadurch die Korrektur über die §§ 2131, 277 BGB analog überflüssig wird. Den Ausgangspunkt für diesen Reformvorschlag bildet also die in dieser Arbeit vorgestellte Ansicht, die das Haftungsprivileg des Vorerben durch eine analoge Anwendung der §§ 2131, 277 BGB auf die Regelung des § 1978 Abs. 1 S. 1 BGB überträgt. Gerade die Erkenntnis, dass der Erbe genauso streng wie ein bösgläubiger Anfechtungsgegner haftet, hat gezeigt, dass die Rechtsfolge des § 1978 Abs. 1 S. 1 BGB zu einer unangemessenen Härte für den Erben führt.

Eine Lösung *de lege ferenda* wäre es, ein Haftungsprivileg für den Erben gesetzlich zu verankern. Dieses Haftungsprivileg sollte sich aber nur auf den Erben beziehen, der zwischen Annahme der Erbschaft und Erheben einer Haftungsbeschränkungsmöglichkeit nachlassmindernde Handlungen getroffen hat. Der Erbe, der bereits vor der Annahme solche Handlungen vornimmt, verdient den Schutz eines gesetzlichen Haftungsprivilegs nicht, weil er nicht verpflichtet war, den Nachlass zu verwalten.[589] Anders ist die Sachlage bei dem Erben nach § 1978 Abs. 1 S. 1 BGB, der verpflichtet ist, Verwaltungsmaßnahmen zu treffen. Im Ergebnis kommt es also auf die Erwägungen an, die schon im Rahmen der Analogiebegründung herausgearbeitet wurden.[590] Die Einführung eines gesetzlichen Haftungsprivilegs würde im Hinblick auf die Regelung des § 2131 BGB im Verhältnis zwischen Vorerben und Nacherben, das der damalige Gesetzgeber wegen der Eigentümerstellung des Vorerben in das BGB aufnahm[591], konsequent sein, denn gerade die Eigentümerstellung des Erben und seine dennoch strenge Haftung gegenüber den Nachlassgläubigern führen dazu, dass die Regelung des § 1978 Abs. 1 S. 1 BGB nicht in das Gesamtgefüge der Haftungsverfassungen des BGB passt.

Die unangemessen harte Haftung des Erben könnte korrigiert werden, indem § 1978 Abs. 1 BGB um einen Satz erweitert wird, der lautet:

589 Vgl. S. 143–144.
590 Vgl. S. 138–143.
591 Prot. V, S. 96.

Abweichend von der Verantwortlichkeit eines Beauftragten hat der Erbe den Nachlassgläubigern in Ansehung der Verwaltung nach der Annahme der Erbschaft nur für diejenige Sorgfalt einzustehen, welche er in eigenen Angelegenheiten anzuwenden pflegt.

Der Wortlaut ist wegen der vergleichbaren Interessenlage deutlich § 2131 BGB nachempfunden und ermöglicht über den Verweis auf § 277 BGB[592], dass der Haftungsmaßstab des § 1978 Abs. 1 S. 1 BGB in das Gesamtgefüge der Haftungsverfassungen des BGB eingerückt wird. Weil dieses Haftungsprivileg nur für § 1978 Abs. 1 S. 1 BGB gelten soll, sollte dieser Satz in der reformierten Fassung die Stellung des § 1978 Abs. 1 S. 2 BGB bekommen.

An diesem Reformvorschlag könnte kritisiert werden, dass zunächst in § 1978 Abs. 1 S. 1 BGB hinsichtlich der Verantwortlichkeit auf das Auftragsrecht verwiesen und dann im nachfolgenden Satz eine Abweichung angeordnet wird. Diesem Problem könnte man dadurch begegnen, dass auch der § 1978 Abs. 1 S. 1 BGB geändert wird und in der reformierten Fassung lautet: Ist die Nachlassverwaltung angeordnet oder das Nachlassinsolvenzverfahren eröffnet, so ist der Erbe den Nachlassgläubigern für die bisherige Verwaltung des Nachlasses so verantwortlich, wie wenn er von der Annahme der Erbschaft an die Verwaltung für sie als Beauftragter *mit der Einschränkung des § 1978 Abs. 1 S. 2 BGB* zu führen gehabt hätte. Durch diese Änderung könnte ein Widerspruch zwischen § 1978 Abs. 1 S. 1 BGB und dem neu eingefügten § 1978 Abs. 1 S. 2 BGB vermieden werden.

Es kann also festgehalten werden, dass die unzumutbare Härte der Regelung des § 1978 Abs. 1 S. 1 BGB mit einer vergleichsweise geringen und nicht aufwendigen Gesetzesänderung abgemildert werden kann.

592 Zu den Bedenken, dass § 277 BGB eine überholte Regelung sei, vgl. S. 141–143.

G. Die Regelungen der Schweiz zur Erbenhaftung

Gerade, wenn unterschiedliche Interessen wie im Bereich der Erbenhaftung in Einklang gebracht werden müssen, kann es nützlich sein, die Regelungen verschiedener Länder miteinander zu vergleichen. Bewerten oder gewichten die Rechtsordnungen eines Landes die Interessen der Beteiligten anders, können nützliche Erkenntnisse aus einem Vergleich mit den deutschen Vorschriften gezogen werden. Deswegen sollen nun im Folgenden die Regelungen der Schweiz zur Erbenhaftung untersucht werden. Das Erbrecht ist im dritten Teil des Schweizerischen Zivilgesetzbuchs (ZGB) in den Art. 457–634 ZGB geregelt.

I. Grundsätze des schweizerischen Erbrechts

Entscheidend für die Ausgestaltung des Erbrechts ist, ob die jeweilige Rechtsordnung dem Grundsatz der Universalsukzession folgt. Der Gesetzgeber der Schweiz hat sich mit Art. 560 Abs. 1 ZGB für diesen Grundsatz entschieden.[593] Die Gesamtrechtsnachfolge des Erben in die Rechte und Pflichten des Erblassers erfolgt nach Art. 560 Abs. 1 ZGB durch den Erwerb kraft Gesetzes, sodass der Erbe keine Willensäußerung tätigen muss, um die Erbschaft zu erwerben. Das schweizerische Erbrecht wird also von den Grundsätzen der Universalsukzession und des Vonselbsterwerbs getragen.[594] Von dem Vonselbsterwerb werden einige Ausnahmen gemacht. So bestimmt Art. 566 Abs. 2 ZGB, dass bei amtlich festgestellter oder offenkundiger Zahlungsunfähigkeit des Erblassers die Ausschlagung vermutet wird. Für den Erben hat dies zur Folge, dass er die Annahme der Erbschaft ausdrücklich erklären muss, falls er die Erbschaft trotzdem antreten möchte.[595] Weiterhin kommt es zu keinem Vonselbsterwerb im Anwendungsbereich der Art. 574, 575 ZGB.[596]

---

593 BK, Materialien zum ZGB II, Rn. 1120–1123; BK-*Tuor/Picenoni,* Vorbem. zu Art. 560 ff. ZGB, Rn. 2; BSK-*Schwander,* Art. 560 ZGB, Rn. 2; *Druey,* ErbR, § 4 Rn. 5; ZK-*Escher,* Vorbem zu Art. 560 ff. ZGB, Rn. 1; *Wolf,* ZSR 125 (2006) II, 211, 219.

594 BGE 101 II 222, 226.

595 *Wolf/Genna,* SPR IV/1, S. 35.

596 BSK-*Schwander,* Art. 560 ZGB, Rn. 6; *Wolf/Genna,* SPR IV/1, S. 35; ZK-*Escher,* Vorbem. zu Art. 560 ff. ZGB, Rn. 6.

Wer durch die Universalsukzession in die Rechte und Pflichten des Erblassers eintritt, bestimmt sich nach der gesetzlichen oder gewillkürten Berufung zum Erben. Die gesetzliche Berufung zum Erben ist in den Art. 457–466 ZGB geregelt und die gewillkürte Berufung in den Art. 498–515 ZGB.

II. Aktiva und Passiva des Nachlasses

Nach Art. 560 Abs. 1 ZGB geht mit dem Tode des Erblassers die Erbschaft als Ganzes auf den Erben über. Das bedeutet für den Erben auf der einen Seite, dass die Aktiva des Nachlasses auf ihn übergehen, aber auf der anderen Seite, dass ihn auch die Passiva des Nachlasses treffen.

1. Aktivbestandteile des Nachlasses

Zu den Aktiva des Nachlasses zählen nicht nur die Eigentumsrechte, sondern auch die Forderungsrechte und die beschränkt dinglichen Rechte, Art. 560 Abs. 2 ZGB. Darüber hinaus erlangt der Erbe wegen Art. 560 Abs. 2 ZGB auch die Besitzstellung des Erblassers. Die Aufzählung dieser Rechte ist aber nicht abschließend.[597] Nicht in Art. 560 Abs. 2 ZGB erwähnte Rechte, die aber trotzdem vererbbar sind, sind zum Beispiel bedingte und befristete Ansprüche, Immaterialgüterrechte, Anwartschaften, Wahlrechte sowie vertragliche Auskunfts- und Informationsansprüche, wenn sie nicht höchstpersönliche Rechtsgeschäfte des Erblassers betreffen.[598] Genugtuungsansprüche, also Schmerzensgeldansprüche[599], können ebenfalls vererblich sein, sofern sie vom Berechtigten „irgendwie geltend gemacht“ wurden.[600]

Die in Art. 560 Abs. 2 ZGB erwähnten Ausnahmen sind zum Beispiel gesetzliche Vorkaufsrechte (Art. 681 Abs. 3 ZGB), Nutznießungen (Art. 749 Abs. 1 ZGB) und das Wohnrecht (Art. 776 Abs. 2 ZGB).[601]

2. Passivbestandteile des Nachlasses

Die Verbindlichkeiten des Nachlasses gehen aufgrund der Universalsukzession auf den Erben über, Art. 560 Abs. 2 ZGB. Es wird zwischen Erbschafts-, Erbgangs- und Erbenschulden unterschieden.

---

597 BGE 112 II 300, 305; BK-*Tuor/Picenoni,* Art. 560 ZGB, Rn. 4.

598 BGE 133 III 664, 667; BSK-*Schwander,* Art. 560 ZGB, Rn. 8; BK-*Tuor/Picenoni,* Art. 560 ZGB, Rn. 4.

599 *Huguenin,* ObligationenR, Rn. 1900.

600 BGE 81 II 385, 390; *Druey,* ErbR, § 13 Rn. 23.

601 BSK-*Schwander,* Art. 560 ZGB, Rn. 8.

a) *Erbschaftsschulden*

Die Erbschaftsschulden sind die Schulden des Erblassers.[602] Diese Verbindlichkeiten gehen auch auf den Erben über, wenn sie erst nach dem Tod des Erblassers fällig werden.[603] Zu den Passivbestandteilen, die wegen ihrer Höchstpersönlichkeit nicht auf den Erben übergehen, zählen: Verpflichtungen aus Arbeitsverträgen (Art. 338 Abs. 1 ZGB), Pflicht zur Zahlung einer nachehelichen Unterhaltsrente (Art. 130 Abs. 1 ZGB) sowie Unterhaltspflichten aus familienrechtlichen Verhältnissen.[604] Für die Erbschaftsschulden haften die Erben gem. Art. 603 Abs. 1 ZGB solidarisch, also gemeinsam. Diese Solidarhaftung richtet sich nach den Art. 143 ff. OR.[605] Die Erbschaftsgläubiger können gem. Art. 144 Abs. 1 OR von jedem Miterben die volle Höhe ihrer Forderungen verlangen.

b) *Erbgangsschulden*

Unter den Begriff der Erbgangsschulden fallen Schulden, die nach dem Tode des Erblassers zulasten der Erbengemeinschaft entstanden sind.[606] Zu diesen Schulden zählen demnach unter anderem: Begräbniskosten, Auslagen für die Abwicklung des Erbgangs, Verpflichtungen gegenüber den Hausgenossen des Erblassers (Art. 606 ZGB) und gegenüber der Frau, die mit einem Kind während des Erbgangs schwanger ist (Art. 605 Abs. 2 ZGB), sowie Vermächtnisse.[607] Auch für die Erbgangsschulden wird die solidarische Haftung der Erben bejaht.[608] Dies ist nicht selbstverständlich, weil Art. 603 Abs. 1 ZGB nur von den Schulden des Erblassers, also von den Erbschaftsschulden, spricht. Vom Bundesgericht wurde entschieden, dass für die Verbindlichkeiten der Erbengemeinschaft, die im Zusammenhang mit der Fortführung eines Betriebes des Erblassers eingegangen wurden, die Erben solidarisch haften.[609] Der Anspruch der Hausgenossen

---

602 *Druey*, ErbR, § 13 Rn. 52; BSK-*Schwander*, Art. 560 ZGB, Rn. 8; ZK-*Escher*, Art. 560 ZGB, Rn. 14.

603 *Druey*, ErbR, § 13 Rn. 58; ZK-*Escher*, Art. 560 ZGB, Rn. 15.

604 BSK-*Schaufelberger/Keller Lüscher*, Art. 603 ZGB, Rn. 7; *Druey*, ErbR, § 13 Rn. 60.

605 CHK-*Graham-Siegenthaler*, Art. 603 ZGB, Rn. 2; BK-*Tuor/Picenoni*, Art. 603 ZGB, Rn. 3.

606 BGE 93 II 11, 13.

607 BK-*Tuor/Picenoni*, Art. 560 ZGB, Rn. 7; *Tuor/Schnyder/Schmid/Rumo-Jungo, ZGB*, § 81 Rn. 13; *Druey*, ErbR, § 13 Rn. 54; *Wolf/Genna*, SPR IV/1, S. 455.

608 BSK-*Schaufelberger/Keller Lüscher*, Art. 603 ZGB, Rn. 8; *Tuor/Schnyder/Schmid/Rumo-Jungo, ZGB*, § 81 Rn. 13.

609 BGE 93 II 11, 14.

gem. Art. 606 ZGB richtet sich jedoch nur gegen den Nachlass.[610] Die Kosten für das Inventar können wiederum vom Erben verlangt werden, wenn er die Errichtung eines Inventars verlangt hat und der Nachlass nicht ausreicht, um diese Kosten zu decken, Art. 584 Abs. 2 ZGB.

c) Erbenschulden

Die Erbenschulden sind Verbindlichkeiten, die der Erbe eingegangen ist.[611] Durch die Vermischung von Erblasser- und Erbenvermögen kommt es für die Gläubiger des Erben zur angenehmen Situation, dass sich die Haftungsmasse erhöht, wenn der Nachlass nicht überschuldet ist.[612]

III. Haftung des Erben

Unter diesem Abschnitt wird die Haftung des Erben für Erbschafts- und Erbgangsschulden dargestellt. Die Haftung des Erben für Erbenschulden erfolgt nicht in seiner Funktion als Rechtsnachfolger des Erblassers, sondern beruht auf Verbindlichkeiten, die unabhängig vom Nachlass entstanden sind.

1. Allgemeines

Für die Erbschaftsschulden haften die Erben persönlich und solidarisch, Art. 560 Abs. 2, 603 Abs. 1 ZGB.[613] Auch nach der Teilung bleibt diese Haftung grundsätzlich bestehen, Art. 639 Abs. 1 ZGB. Die Erbschaftsgläubiger können also auf den Nachlass und das Eigenvermögen des Erben zugreifen.[614] Für die Erbgangsschulden ist die Haftung nicht einheitlich geregelt.[615] Wie bereits erwähnt, haftet der Erbe teilweise nur mit dem Nachlass und teilweise auch mit seinem Eigenvermögen.

2. Möglichkeiten der Haftungsbeschränkung

Im Folgenden werden die Rechtsinstitute dargestellt, die dem Erben ermöglichen, seine unbeschränkte persönliche Haftung auf den Nachlass zu beschränken.

---

610 BSK-*Schaufelberger/Keller Lüscher,* Art. 606 ZGB, Rn. 1; BK-*Tuor/Picenoni,* Art. 606 ZGB, Rn. 8; *Druey,* ErbR, § 13 Rn. 54.
611 *Druey,* ErbR, § 13 Rn. 68.
612 *Druey,* ErbR, § 13 Rn. 56.
613 BK-*Tuor/Picenoni,* Art. 560 ZGB, Rn. 5; *Tuor/Schnyder/Schmid/Rumo-Jungo, ZGB,* § 61 Rn. 7.
614 BK-*Tuor/Picenoni,* Art. 560 ZGB, Rn. 5.
615 *Druey,* ErbR, § 13 Rn. 54.

a) Öffentliches Inventar

Das öffentliche Inventar ist in den Art. 580–592 ZGB geregelt. Durch die Errichtung eines öffentlichen Inventars kann die unbeschränkte Haftung des Erben eingeschränkt und sogar ausgeschlossen werden. Es dient der Informationsgewinnung über die Aktiva und Passiva des Nachlasses.[616]

aa) Verfahren der Errichtung des öffentlichen Inventars

Nach Art. 580 ZGB kann jeder Erbe, der noch die Befugnis hat, die Erbschaft auszuschlagen, die Errichtung eines öffentlichen Inventars verlangen. Es bietet dem Erben also eine Alternative zur Ausschlagung.[617] Die Berechtigung zur Ausschlagung richtet sich nach den Art. 566 ff. ZGB. Das auf die Inventarerstellung gerichtete Begehren muss binnen eines Monats bei der zuständigen Behörde erhoben werden (Art. 580 Abs. 2 ZGB), während die Frist zur Ausschlagung der Erbschaft gem. Art. 567 Abs. 1 ZGB drei Monate beträgt. Zu beachten ist in diesem Zusammenhang auch die Vorschrift des Art. 571 ZGB. Nach Art. 571 Abs. 1 ZGB verwirkt der Erbe das Recht auf die Ausschlagung der Erbschaft, wenn er die Ausschlagung nicht innerhalb der Frist erklärt. Dies gilt natürlich auch, wenn er die Annahme ausdrücklich erklärt.[618] Darüber hinaus kann die Ausschlagungsbefugnis auch durch eine konkludente Annahme verwirkt werden. Dies ist dann der Fall, wenn sich in die Angelegenheiten der Erbschaft eingemischt wurde oder Handlungen vorgenommen wurden, die über die bloße Verwaltung der Erbschaft hinausgehen, Art. 571 Abs. 2 ZGB. Ob eine solche konkludente Annahme vorliegt, muss objektiv bestimmt werden.[619]

Gibt es mehrere Erben, so reicht es nach Art. 580 Abs. 3 ZGB aus, wenn von einem Erbe der Antrag gestellt wird. Das daraufhin errichtete Inventar umfasst aber trotzdem den ganzen Nachlass, ohne Rücksicht auf die einzelnen Anteile der Miterben zu nehmen.[620]

---

616 *Piotet,* SPR IV/2, S. 796; CHK-*Abt,* Art. 580 ZGB, Rn. 4; BK-*Tuor/Picenoni,* Art. 580 ZGB, Rn. 2; *Tuor/Schnyder/Schmid/Rumo-Jungo, ZGB,* § 77 Rn. 1; *Weibel,* Das Ende der Solidarhaftung der Erben, S. 88.

617 BK, Materialien zum ZGB II, Rn. 1147.

618 BK, Materialien zum ZGB II, Rn. 1135; BK-*Tuor/Picenoni,* Art. 571 ZGB, Rn. 4; BSK-*Schwander,* Art. 571 ZGB, Rn. 3.

619 BGE 54 II 416, 422; BGE 70 II 199, 205; *Rusch,* Erbrechtliche Gestaltungsrechte, S. 29; a.A.: ZK-*Escher,* Art. 571 ZGB, Rn. 12, der den subjektiven Willen des Erben für maßgeblich hält.

620 *Tuor/Schnyder/Schmid/Rumo-Jungo, ZGB,* § 77 Rn. 2.

Die zuständige Behörde für die Errichtung des Inventars wird durch das kantonale Recht bestimmt, Art. 581 Abs. 1 ZGB. Es muss gem. Art. 581 Abs. 1 ZGB ein mit Schätzungen versehenes Verzeichnis der Vermögenswerte und Schulden der Erbschaft enthalten. Weiterhin muss die zuständige Behörde einen Rechnungsruf mittels öffentlicher Auskündigung tätigen, Art. 582 Abs. 1 ZGB. Die Gläubiger und Schuldner des Erblassers werden dadurch aufgefordert ihre Forderungen bzw. Schulden anzumelden.

Während das Inventar errichtet wird, dürfen nur notwendige Verwaltungshandlungen vorgenommen werden (Art. 585 Abs. 1 ZGB) und keine Schulden des Nachlasses betrieben (zwangsvollstreckt) werden (Art. 586 Abs. 1 ZGB). Die Errichtung des Inventars endet gem. Art. 584 Abs. 1 ZGB mit dem Ablauf der Auskündigungsfrist, die nach Art. 582 Abs. 3 ZGB mindestens einen Monat beträgt.

Nach dem Ablauf dieser Frist haben die Beteiligten wenigstens einen Monat Zeit, Einsicht zu nehmen, Art. 584 Abs. 1 ZGB. Zu den Beteiligten zählen die Erben, Vermächtnisnehmer sowie die Gläubiger und Schuldner des Erblassers.[621] Die Gläubiger und Schuldner des Erben zählen nicht zu den Beteiligten im Sinne des Art. 584 Abs. 1 ZGB.[622] Anschließend wird jeder Erbe innerhalb eines Monats dazu aufgefordert, sich zu entscheiden, ob er die Erbschaft ausschlägt, vorbehaltlos oder unter öffentlichem Inventar annimmt oder die amtliche Liquidation verlangt, Art. 587 Abs. 1, 588 Abs. 1 ZGB. Dies gilt auch für den Erben, der nicht die Erstellung eines Inventars verlangt hat.[623] Von dem Erfordernis der einmonatigen Frist kann die Behörde gem. Art. 587 Abs. 2 ZGB abweichen.

bb) Wirkung des öffentlichen Inventars

Für den Erben ergibt sich nach der Einsicht in das Inventar ein klares Bild über die Aktiv- und Passivbestandteile der Erbschaft, sodass er eine für ihn günstige Entscheidung treffen kann. Dieser praktische Vorteil wird um den rechtlichen Vorteil für den Erben ergänzt, dass seine Haftung für Erbschaftsschulden beschränkt wird, wenn er die Annahme unter öffentlichem Inventar erklärt, Art. 589 ZGB. Dabei muss zwischen drei Arten von Forderungen unterschieden

---

621 BK-*Tuor/Picenoni*, Art. 584 ZGB, Rn. 4; CHK-*Abt*, Art. 584 ZGB, Rn. 3; ZK-*Escher*, Art. 584 ZGB, Rn. 9.

622 BK-*Tuor/Picenoni*, Art. 584 ZGB, Rn. 4; CHK-*Abt*, Art. 584 ZGB, Rn. 3; ZK-*Escher*, Art. 584 ZGB, Rn. 9.

623 *Tuor/Schnyder/Schmid/Rumo-Jungo, ZGB*, Rn. 8.

werden: Für Verbindlichkeiten, die in das Inventar aufgenommen wurden, haftet der Erbe persönlich und unbeschränkt, Art. 589 Abs. 3 ZGB.[624] Haben es Gläubiger versäumt, Forderungen in das Inventar aufnehmen zu lassen, haftet der Erbe gem. Art. 590 Abs. 1 ZGB weder mit seinem Eigenvermögen noch mit dem Nachlass. Wiederum etwas anderes gilt, wenn Verbindlichkeiten ohne Schuld des Gläubigers nicht in das Inventar aufgenommen wurden oder die Gläubiger es schuldlos unterlassen haben, Forderungen anzumelden, Art. 590 Abs. 2 ZGB. Der Erbe haftet für derartige Schulden nur mit der Höhe der Bereicherung aus der Erbschaft. Es handelt sich also um eine auf den Nachlass beschränkte Haftung des Erben (*cum viribus hereditatis*).[625]

b) Amtliche Liquidation

Die amtliche Liquidation des Nachlasses ist in den Art. 593–597 ZGB geregelt. Ihr Ziel ist es, zu verhindern, dass sich Nachlass- und Erbeneigenvermögen vermischen.[626] Ein Interesse an der amtlichen Liquidation haben deswegen zum einen der Erbe, um der finanziellen Belastung durch eine überschuldete Erbschaft zu entgeht, und zum anderen die Erbschafts-, Erbgangsgläubiger und die Vermächtnisnehmer, weil die Erbengläubiger vorerst nicht auf das Nachlassvermögen zugreifen können.[627] Vom Vorteil ist dies, wenn der Erblasser genug Vermögen hinterlassen hat, aber der Erbe nicht solvent ist.[628]

aa) Verfahren der amtlichen Liquidation

Nach Art. 593 Abs. 1 ZGB ist der Erbe befugt, die amtliche Liquidation zu verlangen, anstatt die Erbschaft auszuschlagen oder unter öffentlichem Inventar anzunehmen. Die amtliche Liquidation kann nicht mehr beantragt werden, wenn ein Miterbe bereits die Annahme der Erbschaft erklärt hat, Art. 593 Abs. 2 ZGB. Auch die Gläubiger des Erblassers sind gem. Art. 594 Abs. 1 ZGB antragsbefugt, wenn die begründete Besorgnis der Gläubiger glaubhaft gemacht wird, dass

---

624 BK, Materialien zum ZGB II, Rn. 1154; BSK-*Wissmann/Vogt/Leu,* Art. 589 ZGB, Rn. 3; CHK-*Abt,* Art. 589 ZGB, Rn. 5; *Tuor/Schnyder/Schmid/Rumo-Jungo, ZGB,* § 77 Rn. 10; *Piotet,* SPR IV/2, S. 797; *Rusch,* Erbrechtliche Gestaltungsrechte, S. 8–9.

625 *Tuor/Schnyder/Schmid/Rumo-Jungo, ZGB,* § 77 Rn. 12

626 CHK-*Abt,* Art. 593 ZGB, Rn. 1; BSK-*Karrer/Vogt/Lau,* Vorbem. zu Art. 593–597 ZGB, Rn. 3; *Tuor/Schnyder/Schmid/Rumo-Jungo, ZGB,* § 78 Rn. 1.

627 *Piotet,* SPR IV/2, S. 817.

628 *Piotet,* SPR IV/2, S. 817.

ihre Forderungen nicht beglichen werden können.[629] Dafür ist nötig, dass die Erbschaftsgläubiger die Befriedigung oder Sicherstellung von allen bekannten Erben verlangt haben.[630] Dabei muss diese Besorgnis nicht auf eine Überschuldung des Nachlasses oder eine Zahlungsunfähigkeit des Erben zurückzuführen sein, sondern es genügt, dass der Erbe oder die Erben nicht dem Verlangen der Gläubiger nachgekommen sind.[631] Die Erbengläubiger sind nicht berechtigt, die amtliche Liquidation des Nachlasses zu beantragen.[632]

Für die Erben (Art. 593 Abs. 1 ZGB i.V.m. Art. 567 Abs. 1 ZGB) und die Erbschaftsgläubiger (Art. 594 Abs. 1 ZGB) beträgt die Frist drei Monate, um den Antrag auf amtliche Liquidation zu stellen.[633]

Die Liquidation der Erbschaft wird von einem oder mehreren Erbschaftsverwaltern durchgeführt, Art. 595 Abs. 1 ZGB. Während dieser Zeit hat der Erbe die Verwaltungs- und Verfügungsmacht über die Erbschaft nicht inne.[634] Tätigt er trotzdem die Erbschaft betreffende Geschäfte, sind diese unwirksam.[635] Zum Ausgleich wird den Erben gem. § 595 Abs. 3 ZGB ein Beschwerderecht eingeräumt. Auch im Rahmen der amtlichen Liquidation wird nach Art. 595 Abs. 2 ZGB ein Inventar erstellt und ein Rechnungsruf erfolgt. Dies ermöglicht, zu klären, ob der Nachlass überschuldet ist. Falls eine Überschuldung festgestellt wird, wird eine konkursamtliche Liquidation vorgenommen.[636] Die Maßnahmen, die der Erbschaftsverwalter zum Zwecke der Liquidation zu treffen hat, sind in Art. 596 Abs. 1 und 2 ZGB geregelt. Dazu zählt die Erfüllung von Verbindlichkeiten, aber auch die Versilberung des Nachlassvermögens, um die Gläubiger des Erblassers befriedigen zu können. Wurden alle Verbindlichkeiten beglichen, ist der Überschuss dem Erben oder den Erben herauszugeben.[637]

---

629 CHK-*Abt,* Art. 594 ZGB, Rn. 2; BK-*Tuor/Picenoni,* Art. 594 ZGB, Rn. 10; BSK-*Karrer/Vogt/Leu,* Art. 594 ZGB, Rn. 5; ZK-*Escher,* Art. 594 ZGB, Rn. 6.

630 CHK-*Abt,* Art. 594 ZGB, Rn. 3; BSK-*Karrer/Vogt/Leu,* Art. 594 ZGB, Rn. 6.

631 BK-*Tuor/Picenoni,* Art. 594 ZGB, Rn. 11; BSK-*Karrer/Vogt/Leu,* Art. 594 ZGB, Rn. 5, 7.

632 BSK-*Karrer/Vogt/Leu,* Art. 594 ZGB, Rn. 2.

633 *Tuor/Schnyder/Schmid/Rumo-Jungo, ZGB,* § 78 Rn. 8.

634 BK-*Tuor/Picenoni,* Art. 595 ZGB, Rn. 3; BSK-*Karrer/Vogt/Leu,* Art. 596 ZGB, Rn. 3; *Tuor/Schnyder/Schmid/Rumo-Jungo, ZGB,* § 78 Rn. 10; BK, Materialien zum ZGB II, Rn. 1168.

635 BK-*Tuor/Picenoni,* Art. 595 ZGB, Rn. 3; ZK-*Escher,* Art. 595 ZGB, Rn. 5.

636 *Piotet,* SPR IV/2, S. 826.

637 BGE 67 III 177, 187.

bb) Wirkung der amtlichen Liquidation

Die amtliche Liquidation bewirkt, dass der Erbe nur noch beschränkt mit dem Nachlassvermögen haftet, Art. 593 Abs. 3 ZGB. Diese Beschränkung gilt auch, wenn die Gläubiger nach Art. 594 Abs. 1 ZGB den Antrag gestellt haben.[638]

Aus den Art. 593 ff. ZGB geht nicht hervor, was mit Forderungen passiert, die erst nach Abschluss des Verfahrens erhoben werden. Es könnte argumentiert werden, dass es bei solchen Verbindlichkeiten genauso wie beim öffentlichen Inventar darauf ankommt, ob der Gläubiger sie schuldhaft nicht in das Inventar aufnehmen lassen hat. Hat er es verschuldet versäumt, so haftet der Erbe nicht mit dem Überschuss. Trifft den Gläubiger jedoch keine Schuld, so ist er aus dem Überschuss zu befriedigen. Die überwiegende Auffassung in der Literatur lehnt diese Unterscheidung jedoch ab und lässt den Erben – unabhängig davon, ob den Gläubiger ein Verschulden trifft – mit dem nach der amtlichen Liquidation verbliebenden Nachlassvermögen haften.[639]

c) Konkursamtliche Liquidation

Die konkursamtliche Liquidation unterscheidet sich von der amtlichen Liquidation nur dadurch, dass der Nachlass überschuldet ist.[640] Überschuldet ist der Nachlass, wenn die Passivbestandteile die Aktivbestandteile des Nachlasses übersteigen.[641] Nach Art. 193 Abs. 1 SchKG hat die zuständige Behörde die Konkurseröffnung zu erwirken, wenn alle Erben die Erbschaft ausgeschlagen haben bzw. die Ausschlagung vermutet wird (Nr. 1) oder wenn sich innerhalb der amtlichen Liquidation herausstellt, dass der Nachlass überschuldet ist (Nr. 2).

d) Weitere Möglichkeit zum Schutz des Erben

Die eben dargestellten Haftungsbeschränkungsmöglichkeiten erlauben es dem Erben seine Haftung auf den Nachlass zu beschränken. Das ZGB schützt den Erben aber auch dadurch, dass es bei festgestellter oder offenkundiger Zahlungsunfähigkeit des Erblassers im Zeitpunkt seines Todes die Ausschlagung des

---

638 ZK-*Escher*, Art. 594 ZGB, Rn. 16; BSK-*Karrer/Vogt/Leu*, Art. 594 ZGB, Rn. 11; *Piotet*, SPR IV/2, S. 830; *Wegmann*, Beschränkungen der subjektiven Rechte des Erben, S. 98; a.A.: *Trott*, ZSR 32 (1913), 365, 394.

639 BK-*Tuor/Picenoni*, Art. 594 ZGB, Rn. 8; *Tuor/Schnyder/Schmid/Rumo-Jungo, ZGB*, § 78 Rn. 12; ZK-*Escher*, Art. 594 ZGB, Rn. 16; *Piotet*, SPR IV/2, S. 830; *Druey*, ErbR, § 15 Rn. 86.

640 *Tuor/Schnyder/Schmid/Rumo-Jungo, ZGB*, § 78 Rn. 9; *Piotet*, SPR IV/2, S. 818–819; *Lorandi*, AJP 2012, 1378, 1390.

641 BSK-*Schwander*, Art. 566 ZGB, Rn. 6.

Erben nach Art. 566 Abs. 2 ZGB vermutet. Das Schweigen des Erben gilt also als Ausschlagung.[642] Mit Zahlungsunfähigkeit des Erblassers ist nach überwiegender Meinung nicht nur vorübergehende Zahlungsunfähigkeit gemeint, sondern die Überschuldung des Nachlasses.[643] Diese Überschuldung ist festgestellt, wenn Verlustscheine ausgestellt wurden, also wenn Pfändungen erfolglos verliefen[644], oder es zu einer Konkurseröffnung kam.[645]

Offenkundigkeit besteht, wenn der Erbe und auch andere Personen aus dem Umkreis des Erblassers Kenntnis von der Zahlungsunfähigkeit hatten.[646] Von einer derartigen Kenntnis wird ausgegangen, wenn der Erblasser Fürsorgeleistungen bezog oder andere äußere Indizien für eine Überschuldung des Nachlasses sprechen.[647] Die nach dem Tod eingetretene Überschuldung des Nachlasses reicht nicht aus, um in den Anwendungsbereich des Art. 566 Abs. 2 ZGB zu gelangen. Sie muss – wie klar aus dem Wortlaut hervorgeht – im Zeitpunkt des Todes des Erblassers vorgelegen haben.[648] Dem Erben ist trotz der Regelung des Art. 566 Abs. 2 ZGB zu raten, die Erbschaft gem. Art. 566 Abs. 1 ZGB innerhalb der Frist auszuschlagen bzw. das Inventar nach Art. 580 ff. ZGB zu beantragen, weil es strittig sein kann, ob die Überschuldung des Nachlasses amtlich festgestellt wurde oder offenkundig ist.[649]

3. Haftung des Erben gegenüber dem Vermächtnisnehmer

Die Haftung des Erben gegenüber dem Vermächtnisnehmer wird in Art. 485 Abs. 2 ZGB geregelt. Art. 485 Abs. 2 ZGB wird relevant, wenn der Erbe zwischen Eröffnung des Erbgangs und Aushändigung des Vermächtnisses Verschlechterungen herbeigeführt hat. Mit Eröffnung des Erbgangs ist gem. Art. 537 Abs. 1 ZGB der Tod des Erblassers gemeint und der Begriff der Verschlechterung umfasst rechtliche und faktische Beeinträchtigungen.[650] Er haftet wie ein

642 *Rusch*, Erbrechtliche Gestaltungsrechte, S. 10.

643 *Piotet*, SPR IV/2, S. 590; *Druey*, ErbR, § 15 Rn. 26; *Rusch*, Erbrechtliche Gestaltungrechte, S. 64; BSK-*Schwander*, Art. 566 ZGB, Rn. 6; a.A.: ZK-*Escher*, Art. 566 ZGB, Rn. 16; BK-*Tuor/Picenoni*, Art. 566 ZGB, Rn. 10.

644 BK-*Tuor/Picenoni*, Art. 566 ZGB, Rn. 10.

645 BSK-*Schwander*, Art. 566 ZGB, Rn. 7.

646 *Piotet*, SPR IV/2, S. 591; ZK-*Escher*, Art. 566 ZGB, Rn. 17; a.A.: BSK-*Schwander*, Art. 566 ZGB, Rn. 7.

647 BSK-*Schwander*, Art. 566 ZGB, Rn. 7.

648 BGE 88 II 299, 310; *Druey*, ErbR, § 15 Rn. 26.

649 BSK-*Schwander*, Art. 566 ZGB, Rn. 9; CHK-*Göksu*, Art. 566 ZGB, Rn. 9.

650 ZK-*Escher*, Art. 485 ZGB, Rn. 5; BSK-*Huwiler*, Art. 485 ZGB, Rn. 21; CHK-*Hrubesch-Millauer*, Art. 485 ZGB, Rn. 4.

Geschäftsführer ohne Auftrag (Art. 419–424 OR). Dies gilt aber erst ab dem Zeitpunkt, in dem der Erbe Kenntnis von dem Vermächtnis erlangt hat.[651] Nach Art. 420 Abs. 1 OR haftet der Geschäftsführer ohne Auftrag für Verschlechterungen für jede Fahrlässigkeit. Im Gegenzug sind dem Erben aber auch notwendige, nützliche und angemessene Verwendungen, die im Interesse des Bedachten erfolgten, zu ersetzen, Art. 422 Abs. 1 OR.[652] Für eigennützige Verwendungen kommt eine Ersatzpflicht des Bedachten aus Art. 423 Abs. 2 OR in Betracht.[653]

4. Haftung des Erben während der Aufnahme des Inventars

In Art. 585 Abs. 1 ZGB wird die Haftung des Erben während der Aufnahme des Inventars geregelt. Art. 585 Abs. 1 ZGB bestimmt, dass während der Inventarerstellung nur die notwendigen Verwaltungshandlungen vorgenommen werden dürfen. Mindert der Erbe durch anderweitige Maßnahmen den Nachlass, so soll sich aus der Norm ergeben, dass der Erbe nach den Grundsätzen des Auftragsrechts (Art. 394–406 OR) haftet.[654]

5. Rückwirkende Haftung des Erben für Verwaltungsmaßnahmen vor Anordnung der amtlichen Liquidation?

Für die Erbschaftsgläubiger ist natürlich interessant, ob der Erbe auch für Verwaltungsmaßnahmen vor der amtlichen Liquidation haftet. Solche Ansprüche könnten das Nachlassvermögen erhöhen und damit auch die Chancen, dass alle Forderungsinhaber befriedigt werden können.

Eine derartige Regelung ist im schweizerischen Erbrecht jedoch nicht zu finden. Der Erbe ist wegen Art. 560 ZGB materieller Rechtsinhaber des Nachlasses und als solcher auch befugt, Verwaltungsmaßnahmen zu treffen, die sich in finanzieller Hinsicht negativ auf die Erbschaft auswirken.[655] Auf der einen Seite stehen also die Interessen der Erbschaftsgläubiger gerichtet auf eine möglichst umfassende Haftung des Erben für die Zeit zwischen Erbfall und Anordnung der amtlichen Liquidation. Dieses Interesse besteht erst recht, wenn diese Gläubiger

---

651 BSK-*Huwiler,* Art. 485 ZGB, Rn. 20; *Gübeli,* Gläubigerschutz im ErbR, S. 63–64.

652 *Tuor/Schnyder/Schmid/Rumo-Jungo, ZGB,* § 76 Rn. 22; CHK-*Hrubesch-Millauer,* Art. 485 ZGB, Rn. 5.

653 CHK-*Hrubesch-Millauer,* Art. 485 ZGB, Rn. 5.

654 BSK-*Wissmann/Vogt/Leu,* Art. 585 ZGB, Rn. 3; BK-*Tuor/Picenoni,* Art. 585 ZGB, Rn. 9; CHK-*Abt,* Art. 585 ZGB, Rn. 3.

655 *Piotet,* SPR IV/2, S. 605; BSK-*Schwander,* Art. 560 ZGB, Rn. 2; CHK-*Göksu,* Art. 560 ZGB, Rn. 5.

wegen der Besorgnis, dass ihre Forderungen nicht bezahlt werden können, die amtliche Liquidation nach Art. 594 Abs. 1 ZGB verlangt haben. Sie fürchten also, dass der Nachlass bereits im Zeitpunkt des Todes des Erblassers gering war. Wird der Nachlass weiter durch eine nicht ordnungsgemäße Verwaltung des Erben gemindert, so haben die Erbschaftsgläubiger erst recht ein Interesse daran, den Erben zur Haftung zu ziehen.

Diametral zu den Gläubigerinteressen will der Erbe auf der anderen Seite auf keinen Fall für derartige Schlechtverwaltungsmaßnahmen haften. Das Fehlen einer Haftungsnorm deutet daraufhin, dass der damalige Gesetzgeber sich für einen ausgeprägten Erbenschutz zum Nachteil des Gläubigerschutzes entschieden hat. In ähnlichen Verhältnissen wird zum Teil eine Surrogation angenommen. So hat das Schweizerische Bundesgericht für eine Erbschaft vor Erbenteilung und vor Ausschlagung entschieden, dass an die Stelle des veräußerten Vermögenswertes der Ersatzwert tritt. Gleiches gilt, wenn der Alleinerbe die Erbschaft noch nach Art. 566 Abs. 1 ZGB ausschlagen kann.[656] Auch in der Literatur wird die Surrogation als sinnvolles Mittel angesehen, um Wertverschiebungen im Nachlass vorzubeugen.[657] An einer derartigen Lösung ist nur problematisch, dass sie Vermögensverluste, die durch eine schlechte Verwaltung ausgelöst wurden, nicht ausgleichen kann, weil kein Ersatzwert an ihre Stelle tritt.

a) Analogie zu Art. 485 Abs. 2 ZGB

In diesem Zusammenhang ist der Vorschlag von *Gübeli* interessant. Die Ausgangslage für seine Überlegungen ist, dass es nicht sein könne, dass der Erbe vor der amtlichen Liquidation über den Nachlass verfügt, aber im Falle einer Schlechtverwaltung keine Haftung gegenüber den Nachlassgläubigern fürchten muss.[658] Es liegt auf der Hand, dass diese Situation ein hohes Missbrauchspotenzial zulasten der Nachlassgläubiger birgt.[659] Wenn der Erbe auf der einen Seite in alle Rechtspositionen des Erblassers eintritt, muss er auf der anderen Seite auch Sorgfaltspflichten beachten.[660]

Gübeli schlägt vor, Art. 485 Abs. 2 ZGB analog auf das Verhältnis zwischen dem Erben und den Erbschaftsgläubigern anzuwenden.[661] Art. 485 Abs. 2 ZGB

---

656 BGE 116 II 259, 261–262.

657 *Piotet,* SPR IV/2, S. 612–614; *Druey,* ErbR, § 13 Rn. 3; *Eitel,* Anwartschaft des Nacherben, S. 156–157.

658 *Gübeli,* Gläubigerschutz im ErbR, S. 59.

659 *Gübeli,* Gläubigerschutz im ErbR, S. 61.

660 *Gübeli,* Gläubigerschutz im ErbR, S. 62.

661 *Gübeli,* Gläubigerschutz im ErbR, S. 64.

regelt die Haftung des Erben gegenüber dem Vermächtnisnehmer. Gleiches soll über die Analogie zu Art. 485 Abs. 2 ZGB für den Erben gegenüber dem Nachlassgläubiger gelten. Für eine Haftung aus Art. 485 Abs. 2 ZGB ist erforderlich, dass der Erbe Kenntnis von den Forderungen der Gläubiger hat bzw. Kenntnis hätte erlangen können.[662] Argumentiert wird damit, dass im deutschen Recht mit § 1978 Abs. 1 BGB eine ähnliche Regelung existiert und mit der bestehenden „Wesensnähe" des Verhältnisses zwischen dem Erben und den Erbschaftsgläubigern zum Anwendungsbereich des Art. 485 Abs. 2 BGB.[663] Diese Ansicht konnte sich jedoch – soweit ersichtlich – nicht bzw. noch nicht durchsetzen.

b) *Eigene Stellungnahme*

Die Verwaltungshaftung des Erben bewegt sich im Spannungsfeld zwischen dem Erbenschutz und dem Gläubigerschutz. Auf der einen Seite soll der Erbe nicht die Möglichkeit haben, den Nachlass zulasten der Gläubiger durch Handlungen zu reduzieren. Auf der anderen Seite soll der Erbe aber seine Haftung auf den Nachlass beschränken können. Diese Haftungsbeschränkung soll aber nicht dadurch unterlaufen werden, dass dem Erben eine weitreichende Verwaltungspflicht auferlegt wird.

Gegen eine derartige Analogie spricht, dass das ZGB das Prinzip der Universalsukzession in Art. 560 ZGB aufstellt und damit – zulasten der Gläubiger – eine Vermischung von Nachlass- und Eigenvermögen akzeptiert. Wie Art. 485 Abs. 2 ZGB jedoch zeigt, gilt dieses Prinzip nicht ohne Ausnahmen. Der Bedachte, der gegen den Erben eine Forderung auf das Vermächtnis hat und damit ebenfalls ein Gläubiger ist[664], wird durch Art. 485 Abs. 2 ZGB geschützt. Dem damaligen Gesetzgeber war also durchaus bekannt, dass es wegen der unbeschränkten Stellung des Erben zu Vermögenseinbußen am Nachlass kommen kann. Wenn also eine solche Regelung, die derartige Vermögensminderungen ausgleicht, nur im Verhältnis zwischen dem Erben und dem Bedachten und nicht im Verhältnis zwischen dem Erben und den Nachlassgläubigern besteht, könnte das bedeuten, dass der Art. 485 Abs. 2 ZGB keine analogiefähige Regel enthält. In diesem Zusammenhang ist auch die Vorschrift des Art. 585 ZGB zu beachten. Diese Regelung verstärkt den Eindruck, dass der Gesetzgeber sich dem Problem bewusst war, dass nachlassmindernde Handlungen des Erben nach Erbfall und vor Anordnung der amtlichen Liquidation zulasten der Erbschaftsgläubiger

662 *Gübeli,* Gläubigerschutz im ErbR, S. 64.
663 *Gübeli,* Gläubigerschutz im ErbR, S. 68.
664 CHK-*Hrubesch-Millauer,* Art. 484 ZGB, Rn. 2; BSK-*Huwiler,* Art. 484 ZGB, Rn. 1.

gehen. Allerdings findet sich in den Materialien zum ZGB kein Hinweis darauf, dass sich der Gesetzgeber bewusst gegen eine derartige Regelung entschieden hat.[665]

Nicht bestreiten lassen sich aber auch die Gemeinsamkeiten zwischen diesen Verhältnissen. Sowohl die Erbschaftsgläubiger als auch die mit Vermächtnis Bedachten haben ein Forderungsrecht gegen den Erben. Der Vermächtnisnehmer wird also nicht dinglich am Nachlass berechtigt, sondern erhält nur einen schuldrechtlichen Anspruch.[666] Die Erbschaftsgläubiger werden während der Erstellung des Inventars geschützt, nicht aber für die Zeit vor der Anordnung der amtlichen Liquidation.

Allerdings haben die Regelungsbereiche der Art. 485 und 585 ZGB eine Gemeinsamkeit, die sie deutlich von einer möglichen Verantwortlichkeit für nachlassmindernde Maßnahmen vor Anordnung der amtlichen Liquidation unterscheidet: Die Haftung während der Inventarerstellung und die Haftung vor Auslieferung des Vermächtnisses an den Bedachten kommen ohne Rückwirkungen aus. Anders ist die Situation bei der hier in Frage stehenden Haftung für nachlassmindernde Handlungen zwischen Erbfall und der amtlichen Liquidation. Die amtliche Liquidation entfaltet sich rückwirkend.[667] Das bedeutet, dass die analoge Anwendung des Art. 485 Abs. 2 ZGB ebenfalls zu einer Rückwirkung der Verantwortlichkeit führen würde, die weder in Art. 485 Abs. 2 ZGB noch in Art. 585 Abs. 1 ZGB vorgesehen ist. Diese Rückwirkung führt aber zu einer härteren Haftung, als sie eigentlich im Rahmen der Art. 485 Abs. 2 und 585 Abs. 1 ZGB vorgesehen ist.

Hinsichtlich des Wortlauts ist dem Art. 585 Abs. 1 ZGB wohl auch nicht zu entnehmen, dass eine Haftung des Erben für nachlassmindernde Verwaltungshandlungen, die vor Aufnahme des Inventars stattgefunden haben, vorgesehen ist. Wäre dies jedoch der Fall, könnte eine Vergleichbarkeit angenommen werden. In der Literatur wird allerdings nur vertreten, dass der Zeitraum zwischen dem Begehren nach Anordnung des öffentlichen Inventars bis zur Entscheidung der Erben nach Art. 588 ZGB maßgeblich ist.[668]

Dem könnte nun entgegnet werden, dass der Erbe nur nach § 485 Abs. 2 ZGB analog haftet, wenn er Kenntnis von den Forderungen der Gläubiger gehabt

665 Vgl. dazu auch S. 158.

666 *Wolf/Genna,* SPR IV/1, S. 238; CHK-*Hrubesch-Millauer,* Art. 484 ZGB, Rn. 2; BSK-*Huwiler,* Art. 484 ZGB, Rn. 1; *Weibel,* Das Ende der Solidarhaftung der Erben, S. 120.

667 BK-*Tuor/Picenoni,* Vorbem. zu Art. §§ 560 ff. ZGB, Rn. 8.

668 BSK-*Wissmann/Vogt/Leu,* Art. 585 ZGB, Rn. 1; ZK-*Escher,* Art. 585 ZGB, Rn. 1; BK-*Tuor/Picenoni,* Art. 585 ZGB, Rn. 1; *Piotet,* SPR IV/2, S. 808.

hat bzw. hätte haben müssen[669] und seine Haftung insofern schon abgemildert ist. Dieses Argument kann aber nicht überzeugen, weil ihm meistens bewusst sein wird, dass der Erblasser zumindest einige Gläubiger gehabt haben muss. Der Regelfall wäre also die Haftung nach Art. 485 Abs. 2 ZGB analog, wenn der Ansicht von *Gübeli* gefolgt werden würde.

Letztlich ist die Analogie zu Art. 485 Abs. 2 ZGB abzulehnen, weil zum einen keine planwidrige Regelungslücke bestehen könnte, weil der Gesetzgeber ähnliche Fälle geregelt hat, und zum anderen wegen der Rückwirkung, die mit der Anordnung der amtlichen Liquidation verbunden ist, nur sehr bedingt eine Vergleichbarkeit zu Art. 485 Abs. 2 ZGB und zu Art. 585 Abs. 1 ZGB anzunehmen ist.

Das Verneinen der Analogie bedeutet aber nicht, dass kein Handlungsbedarf an dieser Stelle gesehen wird, sondern durchaus eine Neubewertung der Rechtslage notwendig erscheint. Auch *Gübeli* hält es für wünschenswert, dass der Gesetzgeber sich dieser Problematik annimmt und eine Regelung schafft, die sowohl den Erben- als auch den Gläubigerschutz im Blick hat.[670]

669 *Gübeli,* Gläubigerschutz im ErbR, S. 64.
670 *Gübeli,* Gläubigerschutz im ErbR, S. 64.

H. Rechtsvergleichende Betrachtung

Die hier vorzunehmende rechtvergleichende Betrachtung soll sich auf die Frage konzentrieren, ob in der deutschen oder in der schweizerischen Rechtsordnung der Erbenschutz ausgeprägter ist. Die gewonnenen Erkenntnisse sollen dazu dienen, die Regelung des § 1978 Abs. 1 S. 1 BGB losgelöst vom Gesamtgefüge des deutschen Rechts zu betrachten. Das Ziel ist also, durch eine rechtsvergleichende Betrachtung mit der Schweiz herauszuarbeiten, ob die Verwaltungshaftung des Erben gem. § 1978 Abs. 1 S. 1 BGB das notwendige Mindestmaß an Gläubigerschutz garantiert oder ob die in dieser Arbeit vorgeschlagene analoge Anwendung der §§ 2131, 277 BGB auf § 1978 Abs. 1 S. 1 BGB eine in Abwägung des Gläubigerschutzes mit dem Erbenschutz interessengerechtere Lösung darstellt.

Sollte zu dem Ergebnis gekommen werden, dass die Haftung des Erben gegenüber den Nachlassgläubigern im deutschen Erbrecht eine im Vergleich sehr weitgehende Ausgestaltung erfahren hat, kann dies ein weiteres Argument für die Analogie zu den §§ 2131, 277 BGB im Rahmen des § 1978 Abs. 1 S. 1 BGB darstellen. Es geht an dieser Stelle jedoch nicht nur darum, Erkenntnisse für die Einordnung von § 1978 Abs. 1 S. 1 BGB zu gewinnen, sondern darüber hinaus sollen auch die Regelungen der Erbenhaftung allgemein miteinander verglichen werden, um die Vorzüge der jeweiligen Rechtsordnung herausarbeiten zu können.

Für diese rechtsvergleichende Betrachtung wurden die Regelungen der Schweiz ausgewählt, weil das schweizerische Erbrecht von den gleichen Grundprinzipien getragen wird wie das deutsche Erbrecht, nämlich von der Universalsukzession und dem Vonselbsterwerb. Diese beiden Prinzipien bewirken, dass der Erbe mit dem Erbfall die Erbschaft mit ihren Aktiva sowie Passiva kraft Gesetzes erwirbt. Aus diesem Grund haftet der Erbe zunächst sowohl nach der deutschen als auch nach der schweizerischen Rechtsordnung unbeschränkt, hat aber in beiden Rechtsordnungen auch die Möglichkeit, seine Haftung auf den Nachlass zu beschränken. Diese Ähnlichkeit und damit auch Vergleichbarkeit ermöglicht es, herauszuarbeiten, ob der Erbenschutz in der Schweiz oder in Deutschland ausgeprägter ist.

Die folgende Darstellung wird chronologisch aufgebaut. Das bedeutet, dass die Regelungen des deutschen und schweizerischen Erbrechts vom Erbfall an auf ihre Bedeutung für den Schutz des Erben untersucht werden.

I. Regelungen zur Annahme und Ausschlagung der Erbschaft

Wegen des Vonselbsterwerbs ist sowohl im deutschen als auch schweizerischen Erbrecht eine Annahmeerklärung nicht erforderlich, um die Erbschaft zu erwerben.[671]

1. Ausschlagungsvermutung des Art. 566 Abs. 2 ZGB

Interessant ist die Vorschrift des Art. 566 Abs. 2 ZGB. Nach Art. 566 Abs. 2 ZGB wird die Ausschlagung des Erben vermutet, wenn die Zahlungsunfähigkeit des Erblassers im Zeitpunkt seines Todes amtlich festgestellt oder offenkundig war. Nach überwiegender Ansicht in der Literatur ist mit Zahlungsunfähigkeit die Überschuldung des Nachlasses gemeint.[672] Art. 566 Abs. 2 ZGB stellt also eine Ausnahme von dem Grundsatz des Vonselbsterwerbs dar.[673] Für den Erben ist Art. 566 Abs. 2 ZGB eine nützliche Regelung, weil er die Erbschaft eben nicht von selbst erwirbt, sondern die Annahme erklären muss.[674] Ein Interesse an einer überschuldeten Erbschaft wird der Erbe in der Regel nicht haben, sodass diese Vorschrift dem Erbenschutz dient, weil nicht die Gefahr besteht, dass er wegen Ablaufs der Frist zur Ausschlagung den Nachlassgläubigern gegenüber haftet.

Das deutsche Erbrecht enthält keine vergleichbare Regelung. Der Erbe einer überschuldeten Erbschaft erwirbt diese zunächst gem. § 1922 Abs. 1 BGB kraft Gesetzes, hat aber die Möglichkeit, die Ausschlagung innerhalb der Frist von sechs Monaten zu erklären, §§ 1942 Abs. 1, 1944 Abs. 1 BGB.

2. Ausschlagungsfrist

Ein weiterer Unterschied zum deutschen Recht ist, dass der Erbe nach der schweizerischen Rechtsordnung die Erbschaftsausschlagung gem. Art. 567 Abs. 1 ZGB innerhalb von drei Monaten erklären kann. Das deutsche Erbrecht gewährt dem Erben nur eine Frist von sechs Wochen, § 1944 Abs. 1 BGB. Umso länger diese

---

671 Für das deutsche Recht: Palandt-*Weidlich,* § 1922 BGB, Rn. 6; MüKo-*Leipold,* § 1943 BGB, Rn. 1; für das schweizerische Recht: BK, Materialien zum ZGB II, Rn. 1120; BSK-*Schwander,* Art. 560 ZGB, Rn. 5; ZK-*Escher,* Vorbem. zu Art. 560 ff. ZGB, Rn. 6; *Piotet,* SPR IV/2, S. 594; *Wolf,* ZSR 125 (2006) II, 211, 219.

672 *Piotet,* SPR IV/2, S. 590; *Druey,* ErbR, § 15 Rn. 25; *Rusch,* Erbrechtliche Gestaltungrechte, S. 64; BSK-*Schwander,* Art. 566 ZGB, Rn. 6; *Tuor/Schnyder/Schmid/Rumo-Jungo, ZGB,* § 76 Rn. 5; a.A.: ZK-*Escher,* Art. 566 ZGB, Rn. 16; BK-*Tuor/Picenoni,* Art. 566 ZGB, Rn. 9.

673 BK, Materialien zum ZGB II, Rn. 1122.

674 *Piotet,* SPR IV/2, S. 592.

Frist ist, desto genauer kann sich der Erbe über die Aktiva und Passiva des Nachlasses erkundigen. Die Nachlassgläubiger wollen den Erben dagegen möglichst schnell in Anspruch nehmen, sodass eine kürzere Frist in ihrem Interesse liegt. Die schweizerischen Regelungen bewirken an dieser Stelle also einen stärkeren Erbenschutz.

3. Verwirkung der Ausschlagungsbefugnis

Im deutschen Erbrecht bestimmt § 1943 BGB, dass der Erbe seine Befugnis zur Ausschlagung verliert, wenn er die Erbschaft angenommen hat oder die Frist zur Ausschlagung abgelaufen ist. Gleiches regelt Art. 571 Abs. 1 ZGB für den Fall des Ablaufs der Ausschlagungsfrist. Obwohl es das ZGB nicht ausdrücklich erwähnt, hat die Erklärung der Annahme – wie im deutschen Recht – zur Folge, dass der Erbe seine Befugnis zur Ausschlagung verliert.[675]

Interessanter ist die Regelung des Art. 571 Abs. 2 ZGB. Art. 571 Abs. 2 ZGB beinhaltet einige Formen der konkludenten Erbschaftsannahme.[676] Art. 571 Abs. 2 ZGB umfasst Handlungen, die nicht zur Verwaltung des Nachlasses getroffen wurden.[677] Darüber hinaus verliert der Erbe auch das Ausschlagungsrecht, wenn er Erbschaftssachen verheimlicht oder sich aneignet. Dass derartiges Verhalten des Erben als konkludente Annahmeerklärung ausgelegt wird, ist für die Nachlassgläubiger günstig, aber auch interessengerecht, weil Art. 571 Abs. 2 ZGB als Ausgleich dafür fungiert, dass dem Erben gestattet ist, Verwaltungsmaßnahmen zu treffen. Er soll lediglich keine darüber hinausgehenden Handlungen vornehmen, solange er sich noch nicht endgültig über die Annahme bzw. Ausschlagung der Erbschaft erklärt hat.

Eine vergleichbare Regelung ist im deutschen Erbrecht nicht zu finden. Jedoch gibt es auch hier die konkludente Annahme der Erbschaft.[678] Genauso wie im schweizerischen Recht ist aber bei der Auslegung des Verhaltens des Erben zu beachten, dass dem vorläufigen Erben die Verwaltung des Nachlasses zusteht und daher Fürsorgehandlungen keine konkludente Annahme begründen können.[679]

---

675 BK, Materialien zum ZGB II, Rn. 1135; BK-*Tuor/Picenoni,* Art. 571 ZGB, Rn. 4; BSK-*Schwander,* Art. 571 ZGB, Rn. 3; CHK-*Göksu,* Art. 571 ZGB, Rn. 1; ZK-*Escher,* Art. 571 ZGB, Rn. 1.

676 BSK-*Schwander,* Art. 571 ZGB, Rn. 4.

677 BGE 54 II 416, 422.

678 Palandt-*Weidlich,* § 1943 BGB, Rn. 2;

679 OLG Zelle OLGZ 1965, 30, 31; MüKo-*Leipold,* § 1943 BGB, Rn. 5; Palandt-*Weidlich,* § 1943 BGB, Rn. 2; Burandt/Rojahn-*Najdecki,* § 1943 BGB, Rn. 6.

Die Anfechtung der Annahme und der Ausschlagung wird im deutschen Erbrecht in den §§ 1954–1957 BGB geregelt. Das ZGB enthält in den Art. 566 ff. keine Ausführungen zur Anfechtbarkeit. Die Anfechtung der Ausschlagung ist bei Willensmängel jedoch gem. Art. 7 ZGB i.V.m. Art. 23 ff. OR möglich.[680] Gleiches gilt für die Annahmeerklärung.[681]

Hinsichtlich der Verwirkung der Ausschlagungsbefugnis und deren Rückgängigmachung können also zwischen den hier verglichenen Rechtsordnungen keine Unterschiede festgestellt werden.

4. Zwischenergebnis

Die Regelungen zur Ausschlagung und Annahme der Erbschaft ähneln sich in beiden Rechtsordnungen, weisen aber zugleich Unterschiede auf. Die schweizerischen Regelungen gewähren zum einen durch Art. 566 Abs. 2 ZGB und zum anderen durch die längere Ausschlagungsfrist des Art. 567 Abs. 1 ZGB ein „Mehr" an Erbenschutz im Vergleich zu den deutschen Regelungen.

II. Haftungsbeschränkungsmöglichkeiten

Die Haftungsbeschränkungsmöglichkeiten sind – wie bereits erwähnt – für den Erben sehr interessant, weil er durch sie eine Haftung mit seinem persönlichen Vermögen vermeiden kann. Vorrangig dienen sie also dazu, dass Eigenvermögen des Erben vor dem Zugriff der Nachlassgläubiger zu schützen. Aus diesem Grund ist es interessant, die deutschen Haftungsbeschränkungstatbestände mit denen des schweizerischen Rechts zu vergleichen, weil so Rückschlüsse für die Beantwortung der Frage, ob der Erbenschutz im deutschen oder im schweizerischen Erbrecht ausgeprägter ist, gezogen werden können.

1. Wirkung der Erstellung eines Inventars

Die Wirkung des Inventars ist in den beiden Rechtsordnungen unterschiedlich ausgestaltet. Im schweizerischen Recht kann der Erbe gem. Art. 590 Abs. 1 ZGB der Haftung sowohl mit seinem Eigen- als auch mit dem Nachlassvermögen entgehen, wenn es die Gläubiger versäumt haben, Forderungen in das Inventar aufnehmen zu lassen. Es kommt also sogar zu einem Haftungsausschluss. Wurden Verbindlichkeiten ohne Schuld des Gläubigers nicht in das Inventar

680 BGE 129 III 305, 315; BK-*Tuor/Picenoni,* Art. 570 ZGB, Rn. 6; ZK-*Escher,* Art. 570 ZGB, Rn. 8; BSK-*Schwander,* Art. 566 ZGB, Rn. 4.

681 BK-*Tuor/Picenoni,* Art. 571 ZGB, Rn. 4; BSK-*Schwander,* Art. 571 ZGB, Rn. 3.

aufgenommen, haftet der Erbe gem. Art. 590 Abs. 2 ZGB auf die Höhe der Bereicherung aus der Erbschaft beschränkt. Für die Forderungen, die ordnungsgemäß in das Inventar aufgenommen wurden, haftet der Erbe nach wie vor unbeschränkt, Art. 589 Abs. 2, 3 ZGB.

Im deutschen Recht hat die Erstellung des Inventars eine andere Wirkung. Die Formulierung des § 1993 BGB ist irreführend, weil der Wortlaut davon spricht, dass der Erbe „berechtigt" ist, ein Inventar zu errichten, aber dazu schweigt, was dies für den Erben bedeutet.[682] Sie führt weder eine Haftungsbeschränkung noch einen Haftungsausschluss herbei.[683] Der Erbe erhält sich aber durch die Inventarerrichtung die Möglichkeit, seine Haftung auf den Nachlass zu beschränken, vgl. §§ 1994 Abs. 1 S. 2, 2013 Abs. 1 S. 1 BGB. Das Inventar ist vor allem für die Nachlassgläubiger nützlich, weil es den ursprünglichen Bestand des Nachlasses dokumentiert.[684] Gem. § 1994 Abs. 1 S. 1 BGB können auch die Nachlassgläubiger die Errichtung eines Inventars verlangen, während dieses Recht nach Art. 580 Abs. 1 ZGB nur den Erben zusteht. Die Möglichkeit der Errichtung des Inventars nach dem BGB wird deswegen auch als „Angriffswaffe der Gläubiger" bezeichnet.[685]

Gem. Art. 581 Abs. 1 ZGB handelt es sich bei dem Inventar nach dem ZGB um ein amtliches Verfahren. Gleiches gilt auch für das Inventar nach den §§ 1993 ff. BGB, denn ein reines Privatinventar des Erben, ohne Mitwirkung der zuständigen Behörde, ist nicht möglich.[686]

Im Vergleich zu den Rechtsfolgen des Inventars nach dem schweizerischen Erbrecht dient es in Deutschland nur sehr eingeschränkt dem Erbenschutz. Das deutsche Recht kennt aber auch das Aufgebotsverfahren nach den §§ 1970 ff. BGB, das dem Rechnungsruf im Rahmen der Inventarerrichtung nach Art. 582 Abs. 1 ZGB ähnelt. Erfolgt die Anmeldung einer Forderung im Rahmen des Aufgebotsverfahrens nicht bis zum Erlass des Ausschließungsbeschlusses gem. § 438 FamFG,[687] haftet der Erbe gem. § 1973 BGB nur noch auf den Nachlass beschränkt, wenn er die sog. Ausschlusseinrede erhebt. Der Gläubiger wird an dieser Stelle nach schweizerischem Recht schlechter gestellt, weil ihm der Erbe nach Art. 590 Abs. 1 ZGB

682 *van Venrooy,* AcP 186 (1986), 357–358; *Muscheler,* ErbR II, Rn. 3738.

683 Palandt-*Weidlich,* § 1993 BGB, Rn. 4; MüKo-*Küpper,* § 1993 BGB, Rn. 1; Burandt/Rojahn-*Joachim,* § 1993 BGB, Rn. 1; *Osthold,* ErbR 2016, 609, 611.

684 RGZ 129, 239, 244; MüKo-*Küpper,* § 1993 BGB, Rn. 1; Palandt-*Weidlich,* § 1993 BGB, Rn. 4.

685 *Lange/Kuchinke,* ErbR, S. 1186.

686 Palandt-*Weidlich,* § 2002 BGB, Rn. 1; Burandt/Rojahn-*Joachim,* § 2002 BGB, Rn. 1.

687 OLG Düsseldorf NJW-RR 2012, 841; OLG München NJW-RR 2016, 11; *Brox/Walker,* ErbR, § 38 Rn. 1.

weder mit dem Eigen- noch mit dem Nachlassvermögen haftet, wenn er es unterlässt, seine Verbindlichkeit ordnungsgemäß anzumelden.

Dass die Errichtung eines Inventars nach deutschem Recht keine Haftungsbeschränkung zur Folge hat, wird auf das Misstrauen des damaligen Gesetzgebers bzgl. einer Trennung von Eigen- und Nachlassvermögen, die nur auf dem Papier steht, zurückgeführt.[688]

Das Inventar nach den Art. 581 ff. ZGB unterscheidet sich also von der deutschen Ausgestaltung in den §§ 1993 ff. BGB in der Hinsicht, dass es zu einem Haftungsausschluss und zu einer Haftungsbeschränkung auf den Nachlass führen kann. Die Regelungen der Schweiz bewirken an dieser Stelle also einen stärkeren Schutz des Erben. Allerdings muss für die Frage, in welcher Rechtsordnung der Erbenschutz ausgeprägter ist, berücksichtigt werden, dass das BGB dem Erben mit dem Aufgebotsverfahren nach den §§ 1970 ff. BGB ein Mittel an die Hand gibt, welches einen ähnlichen Schutz des Erben gegenüber Nachlassgläubiger bedeutet, wenn diese ihre Forderungen nicht rechtzeitig angemeldet haben. Für Forderungen, bei denen die Gläubiger es schuldhaft versäumt haben, sie in das Inventar aufnehmen zu lassen, bewirkt das öffentliche Inventar nach dem ZGB einen Haftungsausschluss. Diese Nichtanmeldung hat im Aufgebotsverfahren nach dem BGB nur eine auf den Nachlass beschränkte Haftung des Erben zur Folge. Es kann also festgehalten werden, dass die schweizerischen Regelungen an dieser Stelle für den Erben günstiger sind.

2. Wirkung der amtlichen bzw. konkursamtlichen Liquidation

Die amtliche Liquidation entspricht weitgehend der Nachlassverwaltung im deutschen Recht. Sowohl nach der deutschen als auch nach der schweizerischen Rechtsordnung haben die Nachlassgläubiger die Möglichkeit, die amtliche Liquidation bzw. das Nachlassverwaltungsverfahren zu beantragen, wenn diese fürchten müssen, dass der Erbe ihre Forderungen nicht befriedigt.

Die gleiche Ähnlichkeit kann auch zwischen der konkursamtlichen Liquidation und dem Nachlassinsolvenzverfahren festgestellt werden.

III. Haftung des Erben

Für die Frage, in welcher Rechtsordnung der Erbenschutz ausgeprägter ist, ist es natürlich unumgänglich, dass die jeweilige Ausgestaltung der Haftung des Erben miteinander verglichen wird.

---

688 *Muscheler,* ErbR II, Rn. 3738; *Brox/Walker,* ErbR, § 38 Rn. 8.

1. Haftung des Erben gegenüber dem Vermächtnisnehmer

Im schweizerischen Erbrecht kann der Vermächtnisnehmer für Verschlechterungen, die am Vermächtnis eingetreten sind, vom Beschwerten gem. Art. 485 Abs. 2 ZGB Ersatz verlangen. Auch das deutsche Recht sieht eine solche Haftung vor. Zwischen Vermächtnisnehmer und Beschwerten entsteht mit dem Erbfall ein Schuldverhältnis, sodass dieser für Leistungsstörungen nach den §§ 280 ff. BGB haftet.[689] In diesem Haftungsverhältnis können demnach keine Unterschiede zwischen der deutschen und der schweizerischen Rechtsordnung herausgearbeitet werden.

2. Haftung des Erben während der Inventarerrichtung

Um zu gewährleisten, dass das Inventar den tatsächlichen Bestand der Aktiva und Passiva dokumentiert, dürfen gem. Art. 585 Abs. 1 ZGB nur die notwendigen Verwaltungsmaßnahmen vorgenommen werden. Trifft der Erbe anderweitige Handlungen, die den Nachlass mindern, so haftet er nach den Grundsätzen des Auftragsrechts.[690] Eine solche Haftung ist im deutschen Recht nicht vorgesehen, weil der Anwendungsbereich von § 1978 Abs. 1 S. 1 BGB erst mit Erheben einer Haftungsbeschränkungsmöglichkeit eröffnet ist. Die Errichtung des Inventars führt nach dem BGB jedoch nicht zu einer Haftungsbeschränkung des Erben.[691] Insofern können die verschiedenen Regelungen an dieser Stelle nicht verglichen werden, um die Ausgangsfrage, in welcher Rechtsordnung der Erbenschutz ausgeprägter ist, beantworten zu können. Zu beachten ist jedoch, dass der Erbe bei absichtlicher Herbeiführung einer erheblichen Unvollständigkeit des Inventars (§ 2005 Abs. 1 S. 1 Alt. 1 BGB) oder wenn er absichtlich die Aufnahme einer nicht bestehenden Nachlassverbindlichkeit bewirkt, um einen Nachlassgläubiger zu benachteiligen (§ 2005 Abs. 1 S. 1 Alt. 2 BGB), unbeschränkt haftet. Das BGB sanktioniert also ebenfalls die Herbeiführung einer Unrichtigkeit des Inventars.

3. Haftung des Erben für Verwaltungsmaßnahmen vor Erheben einer Haftungsbeschränkungsmöglichkeit

Der markanteste Unterschied zwischen dem deutschen und dem schweizerischen Erbrecht kann im Bereich der Verwaltungshaftung festgestellt werden.

---

689 Palandt-*Weidlich,* § 2174 BGB, Rn. 5; MüKo-*Rudy,* § 2174 BGB, Rn. 11; Burandt-Rojahn-*Burandt,* § 2174 BGB, Rn. 9.

690 BSK-*Wissmann/Vogt/Leu,* Art. 585 ZGB, Rn. 3; BK-*Tuor/Picenoni,* Art. 585 ZGB, Rn. 9; CHK-*Abt,* Art. 585 ZGB, Rn. 3.

691 Palandt-*Weidlich,* § 1993 BGB, Rn. 4; MüKo-*Küpper,* § 1993 BGB, Rn. 1; Burandt/Rojahn-*Joachim,* § 1993 BGB, Rn. 1.

Während der Erbe nach deutschem Recht ab dem Zeitpunkt des Erhebens einer Haftungsbeschränkungsmöglichkeit einer strengen Haftung für Verwaltungsmaßnahmen gem. § 1978 Abs. 1 S. 1 BGB ausgesetzt ist, sucht man im ZGB vergeblich nach einer derartigen Haftungsnorm. Das bedeutet, dass der Erbe auch nicht für Schlechtverwaltungshandlungen haftet, die er in Kenntnis der unmittelbar bevorstehenden Nachlassverwaltung vornimmt.[692] Für den Erben ist diese Situation natürlich sehr günstig, weil er keinerlei Haftung fürchten muss. Diametral dazu birgt das Fehlen einer derartigen Haftungsnorm ein hohes Risiko für die Nachlassgläubiger. Es kann insofern festgehalten werden, dass an dieser Stelle der Schutz des Erben deutlich ausgeprägter ist.

Auch aus einem anderen Grund ist das Fehlen einer zu § 1978 Abs. 1 BGB vergleichbare Regelung interessant, weil eine solche Haftung nur mittels Rückwirkungen zustande kommen könnte.[693] Der damalige Gesetzgeber in der Schweiz hat sich mit dem Aufstellen der Haftungsregelungen in Art. 485 Abs. 2, 585 Abs. 1 ZGB dazu entschieden, dass eine Verantwortlichkeit des Erben für Schlechtverwaltungsmaßnahmen grundsätzlich in Betracht kommt. Diese Regelungen begründen die Verantwortlichkeit jedoch erst ab einem bestimmen Zeitpunkt. Im Rahmen des Art 485 Abs. 2 ZGB ist dies bereits ab der Eröffnung des Erbgangs, also gem. Art. 537 Abs. 1 ZGB mit dem Tod des Erblassers der Fall. Für die Haftung nach Art. 585 Abs. 1 ZGB ist der Zeitpunkt der Erstellung des Inventars entscheidend. Das ZGB verzichtet bei der Haftung des Erben wegen nachlassmindernde Handlungen auf Rückwirkungen, während das deutsche Recht sie benutzt, um die Verantwortlichkeit des Erben zu begründen.

Das Fehlen einer mit dem § 1978 Abs. 1 BGB vergleichbaren Regelung im ZGB hat für die Gläubiger des Erblassers weitreichende Folgen. Dieser Umstand führt im Ergebnis zu nicht interessengerechten Ergebnissen, sodass eine Neubewertung der Rechtslage an dieser Stelle durch den schweizerischen Gesetzgeber wünschenswert ist.

IV. Gründe für die Unterschiede zwischen den Rechtsordnungen

Interessant ist die Frage, warum die Rechtsordnungen die hier präsentierten Unterschiede aufweisen. Während im vorangegangenen Teil vorwiegend auf die Wirkungen der Regelungen auf den Erben- und Gläubigerschutz eingegangen

692 *Gübeli,* Gläubigerschutz im ErbR, S. 59.
693 Vgl. S. 159–163.

wurde, geht es hier darum, den Grund für die Unterscheidungen zwischen der deutschen und schweizerischen Rechtsordnung zu ermitteln. Es soll also herausgearbeitet werden, ob der schweizerische Gesetzgeber bewusst eine stärkere Berücksichtigung der Interessen des Erben bezweckt hat.

1. Ausschlagungsvermutung des Art. 566 Abs. 2 ZGB

Die Ausschlagungsvermutung des Art. 566 Abs. 2 ZGB kommt dem Erben zugute, weil sie ihn davor schützt, von den Nachlassgläubigern in Anspruch genommen zu werden, wenn der Nachlass überschuldet ist und der Erbe es versäumt hat, die Ausschlagung zu erklären. Diese Regelung soll nach den Materialien zum ZGB ein „Korrektiv" zum Erbschaftserwerb kraft Gesetzes darstellen und dem Erben die Möglichkeit geben, sich der Haftung gegenüber den Nachlassgläubigern zu entziehen.[694] Art. 566 Abs. 2 ZGB wurde also vom damaligen Gesetzgeber bewusst wegen der schützenden Wirkung gegenüber den Erben eingeführt.

Wie bereits festgestellt, fehlt eine derartige Regelung im BGB. Nach § 1943 BGB gilt die Erbschaft als angenommen, wenn die Ausschlagungsfrist des § 1944 Abs. 1 BGB abgelaufen ist. Eine derartige Regelung ohne eine mit Art. 566 Abs. 2 ZGB vergleichbare Einschränkung des Vonselbsterwerbs ist nach den Motiven zum BGB wegen der Interessen der Nachlassgläubiger angebracht.[695] Dies spricht dafür, dass der damalige deutsche Gesetzgeber die Belange der Gläubiger den Belangen des Erben vorgezogen hat, während der schweizerische Gesetzgeber sich für einen ausgeprägten Erbenschutz entschieden hat.

2. Länge der Ausschlagungsfrist

Die in Art. 567 Abs. 1 ZGB aufgestellte Frist beträgt drei Monate und ist damit um einiges länger als die Frist von sechs Wochen gem. § 1944 Abs. 1 BGB. In den Materialen zum ZGB heißt es nur, dass drei Monate für die Erklärung der Ausschlagung „nicht zu ausgedehnt" wären.[696] Die Motive zum BGB werden an dieser Stelle konkreter. Eine Frist von sechs Monaten sei „zu lang".[697] Sechs Wochen seien „völlig ausreichend".[698] Als Begründung wird angeführt, dass zum einen die Interessen desjenigen, der an die Stelle des Ausschlagenden tritt, und

694 BK, Materialien zum ZGB II, Rn. 1122.
695 Mot. V, S. 486.
696 BK, Materialien zum ZGB II, Rn. 1133.
697 Mot. V, S. 498.
698 Mot. V, S. 498.

die Interessen der Gläubiger durch eine längere Frist beeinträchtigt werden.[699] Es zeigt sich an dieser Stelle also, dass der deutsche Gesetzgeber mit dem Aufstellen der deutlich kürzeren Frist die Belange des Erben den der Nachlassgläubiger untergeordnet hat, während das ZGB sich zugunsten des Erben für einen längeren Zeitraum zur Erklärung der Ausschlagung entschieden hat.

3. Wirkung des Inventars

Nach dem BGB führt die Inventarerrichtung nicht zu einer Beschränkung der Haftung des Erben.[700] Durch das Aufgebotsverfahren in den §§ 1970 ff. BGB wird dem Erben aber ebenfalls ermöglicht, seine Haftung auf den Nachlass zu beschränken, wenn Gläubiger es versäumen, Forderungen anzumelden.[701] Der Grund, warum der deutsche Gesetzgeber sich gegen eine haftungsbeschränkende Wirkung des Inventars entschieden hat, hängt mit der Gestaltung des Errichtungsverfahrens zusammen. Der deutsche Gesetzgeber misstraut der nur auf dem Papier stehenden Trennung von Eigen- und Nachlassvermögen und möchte ihr deswegen keine haftungsbeschränkende Wirkung zukommen lassen.[702] Der damalige Gesetzgeber befürchtete also, dass es zu einer Benachteiligung der Gläubiger kommt, wenn der Grund, warum der Erbe ihnen gegenüber nicht haftet, nur auf eine schriftliche Trennung der beiden Vermögensmassen zurückgeführt wird.

Zu berücksichtigen ist aber, dass nach Art. 582 Abs. 1 ZGB ein Rechnungsruf mit der Aufnahme des Inventars verbunden ist, während nach § 2001 BGB nur ein Verzeichnis über die vorhandenen Nachlassgegenstände und über die zum Zeitpunkt der Inventarerstellung bekannten Nachlassverbindlichkeiten erstellt werden soll.[703] Das Verfahren nach dem ZGB weist also – wie bereits erwähnt – eher Parallelen zum Aufgebotsverfahren nach den §§ 1970 ff. BGB als zur Inventarerrichtung nach den §§ 1993 ff. BGB auf. Versäumt es ein Gläubiger, seine Forderung in diesem Verfahren anzumelden, so haftet der Erbe nur noch beschränkt auf den Nachlass, § 1973 BGB. Schuldhafte Nichtanmeldung einer Forderung während des Rechnungsrufs im Zusammenhang mit der

---

699 Mot. V, S. 498.

700 Palandt-*Weidlich,* § 1993 BGB, Rn. 4; MüKo-*Küpper,* § 1993 BGB, Rn. 1; Burandt/Rojahn-*Joachim,* § 1993 BGB, Rn. 1; *Osthold,* ErbR 2016, 609, 611.

701 Vgl. S. 169–170.

702 *Muscheler,* ErbR II, Rn. 3738; *Brox/Walker,* ErbR, § 38 Rn. 8; vgl. S. 169.

703 BGH NJW 1960, 959, 962; Palandt-*Weidlich,* § 2001 BGB, Rn. 1; Burandt/Rojahn-*Joachim,* § 2001 BGB, Rn. 2.

Inventarerrichtung hat gem. Art. 590 Abs. 1 ZGB dagegen einen Haftungsausschluss zur Folge. Der Grund für diese Unterscheidung ist also wieder, dass der deutsche Gesetzgeber den Interessen der Nachlassgläubiger den Vorrang gegenüber den Interessen des Erben eingeräumt hat.

4. Haftung des Erben für Schlechtverwaltungsmaßnahmen vor Erheben einer Haftungsbeschränkung

Fraglich ist, warum sich der schweizerische Gesetzgeber dafür entschieden hat, keinen Haftungstatbestand für nachlassmindernde Handlungen des Erben vor dem Erheben der amtlichen Liquidation in das ZGB aufzunehmen. Wie oben ausgeführt, haben die Unterschiede im Rahmen der Ausschlagung und innerhalb des öffentlichen Inventars ihren Ursprung darin, dass der Gesetzgeber dem Erben eine höhere Schutzwürdigkeit im Vergleich zu den Nachlassgläubigern zuspricht. Das Fehlen eines Haftungstatbestandes bedeutet einen sehr ausgeprägten Erbenschutz und berücksichtigt die Interessen der Gläubiger des Erblassers gar nicht. Die Erläuterungen zum ZGB sprechen nur davon, dass es konsequent sei, dem Erben die Befugnis zur Verwaltung des Nachlasses für den Zeitraum der amtlichen Liquidation zu versagen[704], gehen aber nicht darauf ein, ob der Erbe für nachlassmindernde Handlungen im Vorfeld verantwortlich ist.

Aus diesem Grund kann nicht geklärt werden, ob der Gesetzgeber in der Schweiz tatsächlich gewollt hat, dass der Erbe den Nachlassgläubigern in dieser Situation so deutlich bessergestellt wird. Zweifelhaft erscheint dies vor allem im Hinblick auf die Regelungen in Art. 585 Abs. 1 ZGB, die eine Haftung des Erben für nachlassmindernden Handlungen während der Inventarerrichtung bestimmt. Dieser Umstand führt zu der Annahme, dass das Missverhältnis bei der Berücksichtigung der Interessen des Erben auf der einen Seite und auf der anderen Seite die Interessen der Nachlassgläubiger vom damaligen Gesetzgeber schlicht nicht gesehen wurde.

V. Zwischenergebnis

In dieser rechtsvergleichenden Betrachtung konnte also festgestellt werden, dass der Erbenschutz in der Schweiz deutlich ausgeprägter ist als in der hiesigen Rechtsordnung. Die kleineren Unterschiede der schweizerischen Regelungen zugunsten des Erben im Bereich der Ausschlagung, also die vermutete Ausschlagung nach Art. 566 Abs. 2 ZGB und die längere Ausschlagungsfrist in

704 BK, Materialien zum ZGB II, Rn. 1168.

Art. 567 Abs. 1 ZGB, spielen für dieses Ergebnis eher eine untergeordnete Rolle. Entscheidender ist vielmehr, dass der Erbe nicht für nachlassmindernde Handlungen vor Erheben einer Haftungsbeschränkungsmöglichkeit haftet und somit im Bereich der Erbenhaftung keine Verantwortlichkeit des Erben über Rückwirkungen begründet werden. Im Vergleich zum deutschen Recht ist dies ein entscheidender Unterschied. Fraglich ist allerdings, ob dieser Umstand in Anbetracht einer Abwägung zwischen den Interessen des Erben und der Erbschaftsgläubiger eine gerechte Lösung darstellt. Nicht geklärt werden konnte, ob der damalige Gesetzgeber in der Schweiz diese deutliche Besserstellung des Erben wirklich gewollt hat oder einfach übersehen hat, dass beim Fehlen einer Haftung des Erben für nachlassmindernde Handlungen vor der amtlichen Liquidation die Interessen der Nachlassgläubiger gar keine Berücksichtigung finden.

Zusammenfassend ist zu sagen, dass durch die hier vorgenommene rechtsvergleichende Betrachtung zwei erhebliche Unterschiede aufgedeckt werden konnten. Auf der einen Seite ist in der deutschen Rechtsordnung die vor allem den Interessen der Nachlassgläubiger dienende Regelungen des § 1978 Abs. 1 S. 1 BGB zu finden und auf der anderen Seite das Fehlen eines derartigen Haftungstatbestands im Erbrecht der Schweiz, was einen ausgeprägten Schutz des Erben zur Konsequenz hat.

Für das deutsche Recht konnte die nützliche Erkenntnis gewonnen werden, dass man sich mit einer analogen Anwendung der §§ 2131, 277 BGB auf § 1978 Abs. 1 S. 1 BGB im Vergleich zur schweizerischen Rechtsordnung keinesfalls am unteren Rand des Gläubigerschutzes befindet, sondern sie vielmehr als plausibler Weg erscheint, die Waage zwischen der Schutzbedürftigkeit des Erben einerseits und der Schutzbedürftigkeit der Gläubiger andererseits zu halten.

I. Fazit

Ein Ziel dieses Vorhabens war, zu klären, wie ein rückwirkend fingiertes Verschulden konstruiert werden kann. Die Ansichten von *Stein*[705] und *von Lübtow*[706] haben den Vorteil, dass es für die Begründung einer Haftung des Erben gegenüber den Nachlassgläubigern gar keiner Rückwirkung des Verschuldens bedarf und sich somit die Frage nach der Konstruktion gar nicht stellt, sofern man einer dieser Ansichten folgt. Jedoch konnten gewichtige Argumente gegen die Anwendung des § 277 BGB im Rahmen eines Verschuldens gegen sich selbst[707] als auch gegen die Annahme einer „Verwaltungspflicht" des Erben von Anfang an[708] herausgearbeitet werden.[709] Zum einen sprechen die Motive zum BGB davon, dass die Verantwortlichkeit des Erben „vollständig" der des Beauftragten entsprechen soll und damit § 276 Abs. 1 S. 1 BGB zur Anwendung kommt.[710] Zum anderen ist dem § 1978 Abs. 1 BGB zu entnehmen, dass die Haftung des Erben gerade wegen einer Pflichtverletzung gegenüber den Nachlassgläubigern eintritt und somit kein Raum für die Annahme eines Verschuldens gegen sich selbst besteht. Die Annahme einer „Verwaltungspflicht" des Erben von Anfang an hat den Nachteil, dass sie auf das bloße Wollen des Erben beruhen würde, später eine Haftungsbeschränkungsmöglichkeit zu erheben. Die „Verwaltungspflicht" wird also nicht auf rechtliche Tatsachen gestützt, sondern allein auf den subjektiven Erbenwillen.[711] Hauptsächlich ist an dieser Ansicht aber zu kritisieren, dass der Erbe in der Regel nichts von dieser anfänglichen „Verwaltungspflicht" gegenüber den Nachlassgläubigern wissen wird, weil er den Nachlass aufgrund seiner aus § 1922 Abs. 1 BGB resultierenden Stellung als Rechtsinhaber in der Regel nicht als fremdes Gut behandeln wird.[712]

Die hier zusammengefassten Ansichten konnten also nicht überzeugen, sodass die Frage nach der Konstruktion eines rückwirkend fingierten Verschuldens weiterhin zu klären war. Der in dieser Arbeit präsentierte Vorschlag

---

705 Soergel-*Stein,* § 1978 BGB, Rn. 5.
706 *v. Lübtow,* ErbR II, S. 1131.
707 Soergel-*Stein,* § 277 BGB, Rn. 5.
708 v. *Lübtow,* ErbR II, S. 1131.
709 Vgl. S. 118–122.
710 Mot. V, S. 628.
711 Vgl. S. 121.
712 Vgl. S. 122.

greift auf den Rechtsgedanken des § 142 Abs. 2 BGB zurück. Demnach führt die Kenntnis oder das Kennenmüssen einer Person über gewisse Umstände – auch im Rahmen von Zwei-Person-Verhältnissen – dazu, dass sie sich so behandeln lassen muss, als hätte sie eine Rechtsfolge gekannt oder hätte sie kennen müssen.[713]

Herauszuarbeiten war also, was im Rahmen des § 1978 Abs. 1 BGB die gewissen Umstände sein könnten, die zur Annahme führen, dass der Erbe die Rechtsfolge des § 1978 Abs. 1 BGB kennt oder hätte kennen müssen. Dies wird nach der in dieser Arbeit präsentierten Konstruktion des Verschuldens kraft Fiktion über das in der Regel bestehende Bewusstsein des Erben begründet, dass nahezu jeder Erblasser Gläubiger haben wird und er deswegen durch nachlassmindernde Handlungen ihr Interesse an einem ungeschmälerten Nachlass beeinträchtigt. Durch die Anwendung des Rechtsgedankens des § 142 Abs. 2 BGB auf § 1978 Abs. 1 BGB führt die Kenntnis bzw. das Kennenmüssen des Erben über diese Gläubigerinteressen dazu, dass er hinsichtlich der rückwirkend fingierten Verwaltungspflicht so behandelt wird, als hätte er im Zeitpunkt der nachlassmindernden Handlung von ihr Kenntnis gehabt bzw. haben müssen.[714] Damit konnte das Ziel dieser Arbeit, eine Konstruktion des rückwirkend fingierten Verschuldens zu ermöglichen, erreicht werden.

Ein weiterer Schwerpunkt lag in der Fragestellung, ob die Regelung des § 1978 Abs. 1 BGB für den Erben eine interessengerechte und angemessene Haftung gegenüber den Nachlassgläubigern bedeutet. Die Untersuchung hat gezeigt, dass dies nicht der Fall ist.[715] Deswegen wurde sowohl eine Lösungsmöglichkeit zur Abmilderung *de lege lata* als auch *de lege ferenda* präsentiert. Über eine Analogie zu den §§ 2131, 277 BGB kann erreicht werden, dass der Erbe für leicht fahrlässig verschuldete Nachlassminderungen vor Erheben einer Haftungsbeschränkungsmöglichkeit nicht haftet, wenn er die Sorgfalt angewendet hat, die er in eigenen Angelegenheiten anzuwenden pflegt.[716] Dadurch kann das Missverhältnis beseitigt werden, dass der Erbe einer genauso strengen Haftung wie der bösgläubige Anfechtungsgegner im Eigentümer-Besitzer-Verhältnis unterliegt.[717] Die Einwände, dass § 277 BGB eine veraltete Regelung sei, überzeugen nicht, weil der heutige Gesetzgeber immer noch auf die *diligentia quam in*

713 Vgl. S. 123–128.
714 Vgl. S. 123–128.
715 Vgl. S. 117–118.
716 Vgl. S. 138–143.
717 Vgl. S. 106–112.

suis zurückgreift.[718] Zu beachten ist jedoch, dass die Analogie zu den §§ 2131, 277 BGB nur auf § 1978 Abs. 1 S. 1 BGB angewendet werden kann und nicht auf § 1978 Abs. 1 S. 2 BGB, weil der Erbe vor Annahme der Erbschaft nicht zur Verwaltung des Nachlasses verpflichtet ist und sich deswegen passiv verhalten kann. Dieser Umstand führt dazu, dass der Erbe vor Annahme der Erbschaft weniger schutzwürdig ist als der Erbe, der nach Annahme zur Verwaltung des Nachlasses verpflichtet ist, sodass eine Abmilderung der Haftung für Nachlassminderungen vor der Erbschaftsannahme nicht nötig ist.[719]

Wünschenswert ist, dass der Gesetzgeber eine Neubewertung des Haftungsverhältnisses zwischen dem Erben und den Nachlassgläubigern in § 1978 Abs. 1 S. 1 BGB vornimmt. Der in dieser Arbeit entwickelte Reformvorschlag basiert auf den Überlegungen, das Haftungsprivileg der §§ 2131, 277 BGB analog auf § 1978 Abs. 1 S. 1 BGB anzuwenden. Es soll also die Haftung des Erben abgemildert werden, der zwischen Erbschaftsannahme und Erheben eines Haftungsbeschränkungsmittels nachlassmindernde Handlungen vorgenommen hat. Dies kann dadurch erreicht werden, dass in § 1978 Abs. 1 BGB ein Verweis auf § 277 BGB eingefügt und so die Berufung auf die Anwendung der eigenüblichen Sorgfalt möglich wird.[720] Der Vorteil dieser Reform ist, dass die unzumutbare Härte der Regelung des § 1978 Abs. 1 S. 1 BGB für den Erben durch eine geringe Gesetzesänderung beseitigt werden kann.

Der Vergleich mit der schweizerischen Rechtsordnung hat gezeigt, dass der damalige Gesetzgeber mit § 1978 Abs. 1 S. 1 BGB eine Norm geschaffen hat, die den Interessen der Nachlassgläubiger dient, aber die Interessen des Erben nicht genug im Blick hat. Das Fehlen einer mit § 1978 Abs. 1 BGB vergleichbaren Regelung im ZGB irritiert jedoch. Während das BGB mit § 1978 Abs. 1 S. 1 BGB die Interessen des Erben zu wenig würdigt, bedeutet das Fehlen einer Verwaltungshaftung des Erben im ZGB, dass die Interessen der Nachlassgläubiger an einem möglichst ungeschmälerten Nachlass gar nicht berücksichtigt wurden.

Die Ansicht von *Gübeli*, eine Haftung des Erben für Nachlassminderungen, die sich in der Zeit zwischen der Erbschaftsannahme und dem Erheben der amtlichen Liquidation des Nachlasses manifestiert haben, über eine analoge Anwendung des Art. 485 Abs. 2 ZGB zu begründen[721], wurde hauptsächlich mit

718 Vgl. S. 141–143.
719 Vgl. S. 143–144.
720 Vgl. S. 145–147.
721 *Gübeli*, Gläubigerschutz im ErbR, S. 64.

dem Argument abgelehnt, dass dafür Rückwirkungen nötig wären, die Art. 485 Abs. 2 ZGB in seinem direkten Anwendungsbereich gerade nicht vorsieht.[722]

In der Einleitung dieser Arbeit wurde die Frage aufgeworfen, ob sich der damalige Gesetzgeber hinsichtlich der Haftung des Erben im BGB als „Fallensteller“[723] betätigt hat. Nach Abschluss der Untersuchung kann diese Frage wie folgt beantwortet werden: Ja, aber nicht bewusst. Das „Aber“ resultiert daraus, dass der Gesetzgeber zum einen von der zumindest meistens nicht zutreffenden Einschätzung ausging, dass der Erbe den Nachlass als fremdes Gut behandeln würde[724], und zum anderen hat er nicht erkannt, dass es zu einem rückwirkend fingierten Verschulden kommt, was den Erben als Rechtsinhaber in Vergleich zu anderen Haftungsverhältnissen besonders hart trifft[725].

Zum Abschluss bleibt zu sagen, dass sowohl durch die Lösung *de lege lata* als auch durch den hier präsentierten Reformvorschlag der Haftungstatbestand des § 1978 Abs. 1 S. 1 BGB in das Gesamtgefüge der Haftungsverhältnisse im BGB eingerückt werden kann. Die rechtsvergleichende Betrachtung hat auch in einer von den deutschen Regelungen losgelösten Sicht gezeigt, dass die aktuelle Fassung des § 1978 Abs. 1 S. 1 BGB keinesfalls das absolute Mindestmaß an Gläubigerschutz gewährt, sondern vielmehr eine Regelung darstellt, die die Stellung des Erben als materiellen Rechtsinhaber nicht ausreichend berücksichtigt und dadurch eine unangemessen harte Haftung des Erben nach sich zieht. Dieses Problem kann durch die in dieser Arbeit dargestellten Lösungsmöglichkeiten beseitigt werden.

---

722 Vgl. S. 161–163.

723 *Muscheler*, ErbR II, Rn. 3541.

724 Mot. V, S. 627; vgl. S. 124.

725 Vgl. S. 117–118.

Literaturverzeichnis

Ann, Christoph: Die Erbengemeinschaft, Köln u.a. 2001

Bärmann, Johannes: Wohnungseigentumsgesetz, Kommentar, 14. Auflage, München 2018 (zitiert als: Bärmann-*Bearbeiter*)

Basler Kommentar: Basler Kommentar zum Zivilgesetzbuch, Band II, Art. 457–977 ZGB, Art. 1–61 SchlT ZGB, 5. Auflage, hrsg. v. Heinrich Honsell, Nedim Peter Vogt und Thomas Geiser, Basel 2015 (zitiert als: BSK-*Bearbeiter*)

Baumbach, Adolf/Hopt, Klaus Jürgen: Handelsgesetzbuch, 38. Auflage, München 2018 (zitiert als: Baumbach/Hopt-*Bearbeiter*)

Berner Kommentar: Kommentar zum schweizerischen Privatrecht, Materialien zum Zivilgesetzbuch, Band II, Die Erläuterungen von Eugen Huber, Text des Vorentwurfs von 1900, hrsg. v. Heinz Hausheer und Hans Peter Walter, Bern 2008 (zitiert als: BK, Materialien zum ZGB II)

Berner Kommentar: Kommentar zum schweizerischen Privatrecht, Erbrecht, Zweite Abteilung: Der Erbgang, Art. 537–640 ZGB, hrsg. v. Arthur Meier-Hayoz, Bern 1964 (zitiert als: BK-*Bearbeiter*)

Binder, Julius: Bürgerliches Recht, Erbrecht, 2. Auflage, Berlin 1930

Boehmer, Gustav: Erbfolge und Erbenhaftung, Halle (Saale) 1927

Bonifatio, Michael: Die Haftung des Erben als Hausgeldschuldner nach dem WEG, in: MDR 2006, S. 244–246

Bräcklein, Jürgen: Wann ist ein Nachlaß geteilt?, in: NJW 1967, S. 431–432

Braun, Eberhard: Insolvenzordnung, Kommentar, 7. Auflage, München 2017 (zitiert als: Braun-*Bearbeiter*)

Breitschmid, Peter/Rumo-Jungo, Alexandra: Handkommentar zum Schweizer Privatrecht, Erbrecht, Art. 457–640 ZGB, 3. Auflage, Zürich u.a. 2016 (zitiert als: CHK-*Bearbeiter*)

Briesemeister, Lothar: Die Dereliktion von Wohnungseigentum, in: ZWE 2007, S. 218–226

Breska, Herbert von: Die Nachlaßverbindlichkeiten des Erben, Berlin 1913 (zitiert als: *v. Breska*; Nachlaßverbindlichkeiten)

Brox, Hans/Walker, Wolf-Dietrich: Erbrecht, 28. Auflage, München 2018

Burandt, Wolfgang/Rojahn, Dieter: Erbrecht, 3. Auflage, München 2019 (zitiert als: Burandt/Rojahn-*Bearbeiter*)

Conrad, Christian: Die bereicherungsrechtliche Rückabwicklung nach Anfechtung wegen arglistiger Täuschung (§ 123 I Var. 1 BGB), in: JuS 2009, S. 397–400

Dauner-Lieb, Barbara: Unternehmen in Sondervermögen, Tübingen 1998 (zitiert als: *Dauner-Lieb,* Sondervermögen)

Derleder, Peter: Vermögensdispositionen nach Heimunterbringung, in: NJW 2012, S. 2689–2694

Deutsch, Erwin: Abschied von der culpa in concreto?, in: JuS 1967, S. 496–499

Dötsch, Wolfgang: Beschränkte Erbenhaftung für Hausgeldschulden?, in: ZMR 2006, S. 902–907

Druey, Jean Nicolas: Grundriss des Erbrechts, 5. Auflage, Bern 2002

Ebenroth, Carsten Thomas: Erbrecht, München 1992

Eitel, Paul: Die Anwartschaft des Nacherben, Bern 1991

Endemann, Friedrich: Erbrecht des Bürgerlichen Gesetzbuchs, Berlin u.a. 1923 (zitiert als: *Endemann,* ErbR)

Engisch, Karl: Einführung in das juristische Denken, Stuttgart 1956

Erman, Walter: Bürgerliches Gesetzbuch, Handkommentar, Band 1 (§§ 1–758), 15. Auflage, hrsg. v. Harm Peter Westermann/Barbara Grunewald/Georg Maier-Reimer, Köln 2017 (zitiert als: Erman-*Bearbeiter*)

Erman, Walter: Bürgerliches Gesetzbuch, Handkommentar, Band 2 (§§ 759–2385), 15. Auflage, hrsg. v. Barbara Grunewald/Georg Maier-Reimer/Harm Peter Westermann, Köln 2017 (zitiert als: Erman-*Bearbeiter*)

Firsching, Karl/Graf, Hans Lothar: Nachlassrecht, 10. Auflage, München 2014

Fritzsche, Jörg: Unterlassungsanspruch und Unterlassungsklage, Berlin u.a. 2000

Graf, Hans Lothar: Möglichkeiten der Haftungsbeschränkung für Nachlassverbindlichkeiten, in: ZEV 2000, S. 125–131

Gübeli, Christian: Gläubigerschutz im Erbrecht, Zürich 1998

Haferkamp, Hans-Peter: „Fehleridentität" – zur Frage der Anfechtung von Grund- und Erfüllungsgeschäft, in: Jura 1998, S. 511–516

Heilemann, Edgar: Nachlaß-Erben-Schulden, Marburg 1939

Hellwig, Konrad: Anspruch und Klagerecht, Leipzig 1924

Herzog, Stephanie: Haftung des Erben für Miet- und WEG-Schulden, in: NZM 2013, S. 175–184

Hoffmann, Hans Joachim: Die Fragwürdigkeit der Haftung für diligentia quam in suis, in: NJW 1967, S. 1207–1210

Hügel, Stefan: Das Ableben eines Wohnungseigentümers und dessen Folgen für die Eigentümergesellschaft, in: ZWE 2006, S. 174–181

Hügel, Stefan/Elzer, Oliver: Wohnungseigentumsgesetz, Gesetz über das Wohnungseigentum und das Dauerwohnrecht, München 2015 (zitiert als: *Hügel/Elzer*)

Huguenin, Claire: Obligationenrecht, Allgemeiner und Besonderer Teil, Zürich 2012

Jauernig, Othmar: Bürgerliches Gesetzbuch (Kommentar), 17. Auflage, München 2018 (zitiert als: Jauernig-*Bearbeiter*)

Joachim, Norbert: Die Haftung des Erben, in: ZEV 2005, S. 99–102

Kaiser, Dagmar: Die Rückabwicklung gegenseitiger Verträge wegen Nicht- und Schlechterfüllung im BGB, Tübingen 2000 (zitiert als: *Kaiser*, Rückabwicklung)

Kipp, Theodor/Coing, Helmut: Erbrecht, 14. Auflage, Tübingen 1990

Köhler, Wilfried: Vor- und Nacherbschaft bei der Verwaltung von Wohnungseigentum, in: ZWE 2007, S. 186–187

Kreß, Hugo: Lehrbuch des allgemeinen Schuldrechts, München 1929

Kuhn, Georg/Uhlenbruck, Wilhelm: Konkursordnung, Kommentar, 11. Auflage, München 1994 (zitiert als: *Kuhn/Uhlenbruck*)

Lange, Heinrich/Kuchinke, Kurt: Erbrecht, 5. Auflage, München 2001 (zitiert als: *Lange/Kuchinke,* ErbR)

Lange, Knut Werner: Erbrecht, München 2011 (zitiert als: *Lange,* ErbR)

Larenz, Karl: Lehrbuch des Schuldrechts, Erster Band, Allgemeiner Teil, 14. Auflage, München 1987 (zitiert als: *Larenz,* SchuldR I)

Larenz, Karl: Lehrbuch des Schuldrechts, Zweiter Band, Besonderer Teil, 1. Halbband, 13. Auflage, München 1986 (zitiert als: *Larenz,* SchuldR II/1)

Larenz, Karl/Canaris, Claus-Wilhelm: Lehrbuch des Schuldrechts, Zweiter Band, Besonderer Teil, 2. Halbband, 13. Auflage, München 1994 (zitiert als: *Larenz/Canaris,* SchuldR II/2)

Larenz, Karl: Methodenlehre der Rechtswissenschaft, 6. Auflage, Berlin u.a. 1991

Lettmann, Christian: Die Beschränkung der Erbenhaftung, in: RNotZ 2002, S. 538–557

Looschelders, Dirk: Schuldrecht, Allgemeiner Teil, 16. Auflage, München 2018

Lorandi, Franco: Erblasser, Erbengemeinschaft, Erbe(n) und Erbschaft als Schuldner, in: AJP 2012, S. 1378–1392

Lübtow, Ulrich von: Erbrecht, 2. Halbband, Berlin 1971 (zitiert als: *v. Lübtow,* ErbR II)

Marotzke, Wolfgang: Anmerkung zu BayObLG, Beschluss vom 7.10.1999 – 2Z BR 73/99, in ZEV 2000, S. 151–155

Martin, Paul: Die Haftung des Erben für die Nachlassverbindlichkeiten, Leipzig 1909 (zitiert als: *Martin,* Erbenhaftung)

Medicus, Dieter/Petersen, Jens: Bürgerliches Recht, 26. Auflage, München 2017

Möhring, Oskar/Beisswingert, Rolf/Klingelhöffer, Hans: Vermögensverwaltung in Vormundschafts- und Nachlaßsachen, 7. Auflage, Heidelberg 1991

Münchener Kommentar: Münchener Kommentar zum Bürgerlichen Gesetzbuch, Band 1, Allgemeiner Teil §§ 1–240 BGB (ProstG, AGG), 8. Auflage, hrsg. v. Franz Jürgen Säcker u.a., München 2018 (zitiert als: MüKo-*Bearbeiter*)

Münchener Kommentar: Münchener Kommentar zum Bürgerlichen Gesetzbuch, Band 2, Schuldrecht – Allgemeiner Teil, §§ 241–432 BGB, 7. Auflage, hrsg. v. Franz Jürgen Säcker u.a., München 2016 (zitiert als: MüKo-*Bearbeiter*)

Münchener Kommentar: Münchener Kommentar zum Bürgerlichen Gesetzbuch, Band 2, Schuldrecht – Allgemeiner Teil, §§ 241–432 BGB, 3. Auflage, hrsg. v. Franz Jürgen Säcker u.a., München 1994 (zitiert als: MüKo-*Bearbeiter*)

Münchener Kommentar: Münchener Kommentar zum Bürgerlichen Gesetzbuch, Band 5, Schuldrecht – Besonderer Teil II, §§ 631–704 BGB, 7. Auflage, hrsg. v. Franz Jürgen Säcker u.a., München 2017 (zitiert als: MüKo-*Bearbeiter*)

Münchener Kommentar: Münchener Kommentar zum Bürgerlichen Gesetzbuch, Band 7, Sachenrecht, §§ 854–1296 BGB, 7. Auflage, hrsg. v. Franz Jürgen Säcker u.a., München 2017 (zitiert als: MüKo-*Bearbeiter*)

Münchener Kommentar: Münchener Kommentar zum Bürgerlichen Gesetzbuch, Band 9, Familienrecht II, §§ 1598–1921 BGB, 7. Auflage, hrsg. v. Franz Jürgen Säcker u.a., München 2017 (zitiert als: MüKo-*Bearbeiter*)

Münchener Kommentar: Münchener Kommentar zum Bürgerlichen Gesetzbuch, Band 10, Erbrecht, §§ 1922–2385 BGB, 7. Auflage, hrsg. v. Franz Jürgen Säcker u.a., München 2017 (zitiert als: MüKo-*Bearbeiter*)

Münchener Kommentar: Münchener Kommentar zum Handelsgesetzbuch, Band 1, §§ 1–104a HGB, 4. Auflage, hrsg. v. Karsten Schmidt, München 2016 (zitiert als: MüKo-*Bearbeiter*)

Münchener Kommentar: Münchener Kommentar zum Handelsgesetzbuch, Band 3, §§ 161–237 HGB, 3. Auflage, hrsg. v. Karsten Schmidt, München 2012 (zitiert als: MüKo-*Bearbeiter*)

Münchener Kommentar: Münchener Kommentar zur Insolvenzordnung, Band 1, §§ 1–79 InsO, 3. Auflage, hrsg. v. Hans-Peter Kirchhof u.a., München 2013 (zitiert als: MüKo-*Bearbeiter*)

Münchener Kommentar: Münchener Kommentar zur Insolvenzordnung, Band 3, §§ 217–359 InsO, 3. Auflage, hrsg. v. Hans-Peter Kirchhof u.a., München 2014 (zitiert als: MüKo-*Bearbeiter*)

Münchener Kommentar: Münchener Kommentar zur Zivilprozessordnung, Band 2, §§ 345–945b ZPO, 5. Auflage, hrsg. v. Wolfgang Krüger u.a., München 2016 (zitiert als: MüKo-*Bearbeiter*)

Muscheler, Karlheinz: Die Haftungsordnung der Testamentvollstreckung, Tübingen 1994 (zitiert als: *Muscheler,* Haftungsordnung)

Muscheler, Karlheinz: Erbrecht, Band 2, Tübingen 2010 (zitiert als: *Muscheler,* ErbR II)

Muscheler, Karlheinz: Universalsukzession und Vonselbsterwerb, Tübingen 2002 (zitiert als: *Muscheler,* Universalsukzession)

Musielak, Hans-Joachim/Voit, Wolfgang: Zivilprozessordnung mit Gerichtsverfassungsgesetz, Kommentar, 16. Auflage, München 2019 (zitiert als: Musielak/Voit-*Bearbeiter*)

Nerlich, Jörg/Römermann, Volker: Insolvenzordnung, Kommentar, 37. Ergänzungslieferung, München 2018 (zitiert als: Nerlich/Römermann-*Bearbeiter*)

Nomos-Handkommentar: Nomos-Kommentar Bürgerliches Gesetzbuch – Handkommentar, 10. Auflage, hrsg. v. Reiner Schulze, Baden-Baden 2019 (zitiert als: HK-*Bearbeiter*)

Oetker, Hartmut: Kommentar zum Handelsgesetzbuch, 5. Auflage, München 2017 (zitiert als: Oetker-*Bearbeiter*)

Olzen, Dirk: Die Erbenhaftung, in: Jura 2001, S. 520–525

Osthold, Konrad: Das Haftungsregime des § 1978 Abs. 1 S. 1 BGB, in: ZEV 2015, S. 444–449

Osthold, Konrad: Instrumente im Recht der Erbenhaftung (Teil 1): Das Inventarrecht des BGB – Schutz des Erben oder Waffe der Gläubiger, in: ErbR 2016, S. 609–688

Otto, Hansjörg/Schwarze, Roland/Krause, Rüdiger: Die Haftung des Arbeitnehmers, 4. Auflage, Berlin 2014 (zitiert als: Otto/Schwarze/Krause-*Bearbeiter*)

Palandt, Otto: Bürgerliches Gesetzbuch, Kommentar, 78. Auflage, München 2019 (zitiert als: Palandt-*Bearbeiter*)

Piotet, Paul: Schweizerisches Privatrecht, Band IV/2, Erbrecht, Zweiter Halbband, Basel 1981 (zitiert als: *Piotet,* SPR IV/2)

Planck, Gottlieb: Planck´s Kommentar zum Bürgerlichen Gesetzbuch, Band V, Erbrecht, §§ 1922–2385 BGB, 4. Auflage, hrsg. v. Emil Strohal, Berlin u.a. 1930 (zitiert als: Planck-*Bearbeiter*)

Prütting, Hanns/Wegen, Gerhard/Weinreich, Gerd: BGB Kommentar, 13. Auflage, Köln 2018 (zitiert als: PWW-*Bearbeiter*)

Prütting, Hanns: Sachenrecht, 36. Auflage, München 2017

Rebmann, Stefanie: Der Eintritt des Erben in pflichtbelastete Rechtspositionen, Tübingen 2004 (zitiert als: *Rebmann,* Pflichtbelastete Rechtspositionen)

Reichsgerichtsräte-Kommentar: Das Bürgerliche Gesetzbuch, Kommentar, Band V/1, §§ 1922–2146 BGB, 12. Auflage, hrsg. v. Mitgliedern des Bundesgerichtshofes, Berlin 1974 (zitiert als: RGRK-*Bearbeiter*)

Roth, Herbert: Grundfälle zum Eigentümer-Besitzer-Verhältnis, in: JuS 1997, S. 710–714

Rother, Werner: Haftungsbeschränkungen im Schadensrecht, München 1965 (zitiert als: *Rother,* Schadensrecht)

Rusch, Norbert: Die erbrechtlichen Gestaltungsrechte nach Eröffnung des Erbganges, Zürich 1983 (zitiert als: *Rusch,* Erbrechtliche Gestaltungsrechte)

Schlüter, Wilfried/Röthel, Anne: Erbrecht, 17. Auflage, München 2015

Schmidt, Karsten: Insolvenzordnung (Kommentar), 19. Auflage, München 2016 (zitiert als: Schmidt-*Bearbeiter*)

Schmidt, Karsten: Zum Prozeßrecht der beschränkten Erbenhaftung, in: JR 1989, S. 45–48

Schmidt-Kessel, Alfred: Was ist Nachlass? – Kann die Insolvenzpraxis dazu beitragen, den Begriff „Nachlass" und die ihm zukommende haftungsrechtliche Funktion besser zu verstehen? –, in: WM 2003, S. 2086–2091

Schreiber, Klaus: Die Haftung des Erben für Nachlassverbindlichkeiten, in: Jura 2010, S. 117–121

Schünemann, Wolfgang: Vertragstypen im Sicherheitsgewerbe, in: NJW 2003, S. 117–121

Siber, Heinrich: Haftung für Nachlassschulden nach geltendem und künftigem Recht, Berlin u.a. 1937 (zitiert als: *Siber,* Haftung für Nachlassschulden)

Siegmann, Gerhard: Nochmals: Haftung des Erben für Wohngeldschulden, in: NZM 2000, S. 995–997

Soergel, Hans Theodor: Bürgerliches Gesetzbuch mit Einführungsgesetz und Nebengesetzen, Kommentar, Band 2, Allgemeiner Teil, §§ 104–240 BGB, 13. Auflage, Stuttgart 1999 (zitiert als: Soergel-*Bearbeiter*)

Soergel, Hans Theodor: Bürgerliches Gesetzbuch mit Einführungsgesetz und Nebengesetzen, Kommentar, Band 3/2, Schuldrecht I/2, §§ 243–304 BGB, 13. Auflage, Stuttgart 2014 (zitiert als: Soergel-*Bearbeiter*)

Soergel, Hans Theodor: Bürgerliches Gesetzbuch mit Einführungsgesetz und Nebengesetzen, Kommentar, Band 10, Schuldrecht 8, §§ 652–704 BGB, 13. Auflage, Stuttgart 2012 (zitiert als: Soergel-*Bearbeiter*)

Soergel, Hans Theodor: Bürgerliches Gesetzbuch mit Einführungsgesetz und Nebengesetzen, Kommentar, Band 11/3, Schuldrecht 9/3, §§ 780–822 BGB, 13. Auflage, Stuttgart 2012 (zitiert als: Soergel-*Bearbeiter*)

Soergel, Hans Theodor: Bürgerliches Gesetzbuch mit Einführungsgesetz und Nebengesetzen, Kommentar, Band 21, Erbrecht 1, §§ 1922–2063 BGB, 13. Auflage, Stuttgart 2002 (zitiert als: Soergel-*Bearbeiter*)

Staudinger, Julius von: Kommentar zum Bürgerlichen Gesetzbuch mit Einführungsgesetz und Nebengesetzen, Buch 1, Allgemeiner Teil, Einleitung zum Bürgerlichen Gesetzbuch, §§ 1–14 BGB, Neubearbeitung 2013, Berlin 2013 (zitiert als: Staudinger-*Bearbeiter*)

Staudinger, Julius von: Kommentar zum Bürgerlichen Gesetzbuch mit Einführungsgesetz und Nebengesetzen, Buch 1, Allgemeiner Teil, §§ 139–163 BGB (Allgemeiner Teil 4b), Neubearbeitung 2015, Berlin 2015 (zitiert als: Staudinger-*Bearbeiter*)

Staudinger, Julius von: Kommentar zum Bürgerlichen Gesetzbuch mit Einführungsgesetz und Nebengesetzen, Buch 2, Recht der Schuldverhältnisse, §§ 255–304 BGB (Leistungsstörungsrecht 1), Neubearbeitung 2014, Berlin 2014 (zitiert als: Staudinger-*Bearbeiter*)

Staudinger, Julius von: Kommentar zum Bürgerlichen Gesetzbuch mit Einführungsgesetz und Nebengesetzen, Buch 2, Recht der Schuldverhältnisse, §§ 657–704 BGB (Geschäftsbesorgung), Neubearbeitung 2006, Berlin 2006 (zitiert als: Staudinger-*Bearbeiter*)

Staudinger, Julius von: Kommentar zum Bürgerlichen Gesetzbuch mit Einführungsgesetz und Nebengesetzen, Buch 2, Recht der Schuldverhältnisse, §§ 677–704 BGB (Geschäftsführung ohne Auftrag), Neubearbeitung 2015, Berlin 2015 (zitiert als: Staudinger-*Bearbeiter*)

Staudinger, Julius von: Kommentar zum Bürgerlichen Gesetzbuch mit Einführungsgesetz und Nebengesetzen, Buch 3, Sachenrecht, §§ 985–1011 BGB (Eigentum 3), Neubearbeitung 2012, Berlin 2012 (zitiert als: Staudinger-*Bearbeiter*)

Staudinger, Julius von: Kommentar zum Bürgerlichen Gesetzbuch mit Einführungsgesetz und Nebengesetzen, Buch 2, Recht der Schuldverhältnisse, §§ 812–822 BGB (ungerechtfertigte Bereicherung), Neubearbeitung 2007, Berlin 2007 (zitiert als: Staudinger-*Bearbeiter*)

Staudinger, Julius von: Kommentar zum Bürgerlichen Gesetzbuch mit Einführungsgesetz und Nebengesetzen, Buch 4, Familienrecht, §§ 1626–1633 BGB (Elterliche Sorge 1), Neubearbeitung 2015, Berlin 2015 (zitiert als: Staudinger-*Bearbeiter*)

Staudinger, Julius von: Kommentar zum Bürgerlichen Gesetzbuch mit Einführungsgesetz und Nebengesetzen, Buch 5, Erbrecht, §§ 1967–2063 BGB (Rechtsstellung des Erben), Neubearbeitung 2016, Berlin 2016 (zitiert als: Staudinger-*Bearbeiter*)

Staudinger, Julius von: Kommentar zum Bürgerlichen Gesetzbuch mit Einführungsgesetz und Nebengesetzen, Buch 5, Erbrecht, Einleitung zum Erbrecht, §§ 1922–1966 BGB (Erbfolge), Neubearbeitung 2017, Berlin 2017 (zitiert als: Staudinger-*Bearbeiter*)

Staudinger, Julius von: Kommentar zum Bürgerlichen Gesetzbuch mit Einführungsgesetz und Nebengesetzen, Buch 5, Erbrecht, §§ 2064–2196 BGB (Testament 1), Neubearbeitung 2012, Berlin 2012 (zitiert als: Staudinger-*Bearbeiter*)

Steindorff, Ernst: Fahrlässigkeit der Arbeitnehmer, in: JZ 1959, S. 1–9

Thomas, Heinz/Putzo, Hans: Zivilprozessordnung, Kommentar, 39. Auflage, München 2018 (zitiert als: Thomas/Putzo-*Bearbeiter*)

Trott, Jakob: Über die Sicherung der Erbschaftsgläubiger und der Erbengläubiger nach dem schweizerischen ZGB, in: ZSR 32 (1913), S. 366–418

Tuhr, Andreas von: Bürgerliches Recht, Allgemeiner Teil, 4. Auflage, Berlin 1932

Tuor, Peter/Schnyder, Bernhard/Schmid, Jörg/Rumo-Jungo, Alexandra: Das Schweizerische Zivilgesetzbuch, 13. Auflage, Genf 2009 (zitiert als: *Tuor/Schnyder/Schmid/Rumo-Jungo, ZGB*)

Uhlenbruck, Wilhelm: Insolvenzordnung, Kommentar, 14. Auflage, München 2015 (zitiert als: Uhlenbruck-*Bearbeiter*)

Ulmer, Peter: Die höchstrichterlich „enträtselte" Gesellschaft bürgerlichen Rechts, in: ZIP 2001, S. 585–590

Venrooy, Gerd Johannes van: Zum Sinn des Nachlaßinventars, in: AcP 186 (1986), S. 356–407

Wacke, Andreas: Gefahrerhöhung als Besitzverschulden, in: Gottfried Baumgärtel, Hans-Jürgen Becker, Ernst Klingmüller und Andreas Wacke (Hrsg.): Festschrift für Heinz Hübner, Berlin 1984, S. 667–695

Wegmann, Rudolf: Die Beschränkung der subjektiven Rechte des Erben durch Gläubiger, Miterben und Ehegatten nach dem Rechte des Schweizerischen Zivilgesetzbuches, Zürich 1937 (zitiert als: *Wegmann,* Beschränkung der subjektiven Rechte des Erben)

Weibel, Thomas: Das Ende der Solidarhaftung der Erben, Basel 2002

Weimar, Wilhelm: Die Bedeutung der Kenntnis des Anfechtungsgrundes gem. § 142 Abs. 2 BGB für Haftungstatbestände, in: MDR 1975, S. 116–118

Weissler, Adolf: Das Nachlaßverfahren, Band 1, 2. Auflage, Berlin 1920

Westermann, Harm Peter: Haftung für Nachlaßschulden bei Beerbung eines Personengesellschafters durch eine Erbengemeinschaft, in: AcP 173 (1973), S. 24–45

Wilhelm, Jan: Sachenrecht, 5. Auflage, Berlin 2016

Wolf, Ernst: Allgemeiner Teil des bürgerlichen Rechts, 3. Auflage, Köln 1982 (zitiert als: *Wolf, BGB* AT)

Wolf, Ernst: Lehrbuch des Sachenrechts, 2. Auflage, Köln 1979 (zitiert als: *Wolf,* SachenR)

Wolf, Ernst: Lehrbuch des Schuldrechts, Band 1, Allgemeiner Teil, Köln 1978 (zitiert als: *Wolf,* Schuldrecht AT)

Wolf, Manfred: Prinzipien und Anwendungsbereich der dinglichen Surrogation, in: JuS 1975, S. 643–646

Wolf, Manfred: Die Fortführung eines Handelsgeschäfts durch die Erbengemeinschaft, in: AcP 181 (1981), S. 480–514

Wolf, Stephan/Genna, Gian Sandro: Schweizerisches Privatrecht, Band IV/1, Erbrecht, 1. Teil, Basel 2012 (zitiert als: *Wolf/Genna,* SPR IV/1)

Wolf, Stephan: Erbschaftserwerb durch mehrere Erben und Erbteilungsrecht – Erbengemeinschaft – Erbteilung, in: ZSR 125 (2006) II, S. 211–276

Zürcher Kommentar: Kommentar zum Schweizerischen Zivilgesetzbuch, Band III/1, Erbrecht, Erste Abteilung: Die Erben, Art. 457–536 ZGB, 3. Auflage, hrsg. v. August Egger u.a., Zürich 1959 (zitiert als: ZK-*Bearbeiter*)

Zürcher Kommentar: Kommentar zum Schweizerischen Zivilgesetzbuch, Band III/2, Erbrecht, Zweite Abteilung: Der Erbgang, Art. 537–640 ZGB, 3. Auflage, hrsg. v. August Egger u.a., Zürich 1960 (zitiert als: ZK-*Bearbeiter*)

www.ingramcontent.com/pod-product-compliance
Ingram Content Group UK Ltd.
Pitfield, Milton Keynes, MK11 3LW, UK
UKHW021854290926
8980IPUK00005B/823

9 783631 787328